KB071999

중세 서유럽의 흑사병

사상 최악의 감염병과 인간의 일상

중세 서유럽의 흑사병

이상동 지음

사상 최악의 감염병과
인간의 일상

성균관대학교 출판부

이병우, 서숙희, 허민정 님께

이 책을 바칩니다

머리말

2023년 5월 3일, 세계보건기구(WHO)는 코로나19의 비상사태를 종식한다고 선언했다. 2020년 1월 20일 코로나19를 팬데믹으로 선포한 이후 3년 4개월 만의 일이다. 그간 7억6천5백만여 명이 확진 판정을 받았고, 692만 명이 넘는 인원이 사망했다.[1]

그 유례없던 팬데믹은 인간에게 많은 영향을 미쳤다. 무엇보다 가까이서 죽음을 경험함으로써 삶을 보다 깊이 성찰하게 했다. 많은 이들이 부모와 형제, 친구를 떠나보냈다. 어떤 이는 자식을 먼저 떠나보내야 했고, 생의 마지막을 사랑하는 이와 함께할 수도 없었다. 그 누구와의 접촉도 허락되지 않은 채, 적절한 장례 절차조차 없이, 화장터 화로에서 세상과 하직했다. 남겨진 이들은 슬픔과 아픔 속에 생을 이어간다.

팬데믹이 가져온 상실감이 삶과 죽음을 숙연한 자세로 대면하게 했다면, 팬데믹이 초래한 공포는 인간의 생존본능을 자극했다. 인정하기 거북하지만 인간은 자기 생존을 최우선의 가치로 삼는다. 팬데믹에 따른 공포, 두려움, 분노는 생존본능을 강화시켰고, 자기 생존을 위협하는 타자에 대한 배타성을 키웠다.

코로나19가 중국 우한에서 시작했다는 이유로 백인·흑인집단에서 아시아인에 대한 혐오감이 커졌고, 아시아인 사회에서는 중국인에 대한 거부감이 증가했다. 중국 내에서는 코로나19의 확산세가 강한 지역을 멀리했다. 길거리에서나 대중교통을 이용하다가 기침하는 이를 보면 본능적으로 거리를 두게 되었다. 그러니 같은 공간 속 타인이란 언제고 코로나바이러스를 전파시킬지 모르는 잠재적 위험 존재다.

팬데믹이 인간 개인의 생존본능을 자극한 것처럼, 권력집단 역시 살아남기 위해 더 정치적이 되었다. 의학계에서 전(감)염병에 어떻게 대응할 것인가는 논쟁적 이슈다. 철저한 방역만이 살길이라는 쪽과 자연면역력 강화로 가야 한다는 주장이 타협 없이 평행선을 걷는다. 결국 정치권력이 개인의 자유와 공공의 이익 가운데 어떤 가치를 우선시하느냐에 따라 방역체계가 결정된다.

한번 결정하면 후퇴는 없다. 후퇴는 곧 퇴출이요, 무능을 인정하는 것이다. 또한 정치력의 상실이다. 방역당국과 정치권력에게 방역체계의 옳고 그름은 중요하지 않다. 옳게 보이는 게 목표다. 여기에 언론권력과 지식권력이 나팔수 역할을 한다. 지지자들도 힘을 모은다.

주도권 밖에 있는 쪽도 마찬가지다. 방역체계에 대한 비판은 부차적일 뿐, 상대 진영을 타도하는 게 목적이다. 여기서도 언론과 지식인집단 그리고 지지자가 힘을 합친다. 양측 모두에게 옳고 그름은 의미가 없다. 우리가 옳고 너희가 틀렸을 뿐이다. 코로나19는 많은 사람의 생명을 위험에 빠트린 것만큼, 정치권력과 언론권력 그리고 지식권력을 더 정치적으로, 아니 광적으로 만들어버렸다.

팬데믹이 초래한 권력집단의 광폭 행동은 사회를 더 대립하게 하고 비관용적으로 내몰았다. 오직 1번과 2번만 존재하며, 그 중 하나만 선택할 수 있다. 1번을 택하면, 2번의 적이 된다. 2번을 선택하는 순간, 1번에게서 배신자 소리를 듣는다. 1번과 2번 말고 다른 존재는 용인되지 않는다. 1번과 2번 모두 부정하는 것도, 모두 인정하는 것도 불가하다. 정치권력, 언론권력, 지식권력 내부에서 성향이 맞는 세력이 결탁해 대립과 갈등을 추동한다. 생존을 위해 일반 대중을 자기편으로 포섭하고자 선동한다. 혹세무민이다. 일반 대중은 각자도생이고.

필자는 서양 중세사를 공부하고 가르친다. 연구 분야가 서유럽 공간과 중세 시기라서 한국의 현실사회와는 직접적인 연관성이 희박하다. 에세이스트가 아닌바, 전문성을 결여한 현실문제 발언을 자제하고 아끼는 이유다.

그럼에도 앞서 코로나19가 창궐한 이래 우리 사회에 드러난 인간 개인과 권력집단의 모습을 거칠게나마 묘사한 데에는 까닭이 있다. 무엇보다 중세 서유럽에서 있었던 흑사병이라는 역사적 경험을 통해 오늘날의 코로나19 팬데믹의 상황을 다시 성찰할 수 있으리라는 생각에서다. 필자가 보건대, 흑사병 창궐로 생겨났던 팬데믹과 코로나19 팬데믹은 다르면서도 유사하다. 시대 맥락 차이로 구체적 내용이야 다르지만, 팬데믹이 인간사회

브뤼헐(Bruegel, Pieter the Elder), 죽음의 승리(1562년)

에 영향을 미치고 인간 개인과 권력집단이 이에 대응하는 양상은 서로 크게 다르지 않다.

코로나19 팬데믹 초기에 많은 연구자가 각자의 전문성을 발휘해 상황을 진단하고 포스트-코로나19를 전망했다. 그런데 여타 분야와 달리 유독 역사 연구자들만 이 대열에 적극적으로 합류하지 않았던 것 같다. 여러 이유가 있겠으나 스스로 팬데믹에 대한 전문성이 부족하다고 여기는 게 가장 큰 이유일 터이다. 하지만 생각해보면, 인류 역사에 존재했던 여러 팬데믹들 가운데 가장 대표적인 게 흑사병이다. 역사 연구자, 특히 서양 중세사 전공자 입장에서라면—코로나19 팬데믹은 아닐지언정—적어도 이 흑사병에 대해서는 논할 수 있다. 나아가 이를 통해 코로나19 팬데믹을 성찰할 수 있는 시사점을 제시할 수도 있을 것이다.

필자에게도 소박하나마 전공자로서 소명의식이 있다. 더구나 선배 연구자들이 나서길 기다리기에는 참을성이 좀 부족했다. 여러 선행연구들에 도움 받아, 나아가 흑사병을 비롯한 의학사 전반에 대한 관심에 힘입어 이 책을 쓴다.

물론 여타 분야의 전문가들이 코로나19 팬데믹 상황을 진단하고 미래를 전망하는 것과 달리, 이 책은 과거에 집중한다. 무엇보다 지난 몇 년간 우리 사회의 개인과 권력집단들에 대한 거친 스케치를 초과해 현실과 미래에 진력할 정도로 과감하지 못하다. 현실을 진단하고 미래까지 전망하기에는 필자의 능력이 부족한 까닭이다. 다만 이 책에 정리된 흑사병 관련 논의들을 통해, 독자들이 코로나19 팬데믹과 포스트-코로나 시대를 성찰하고 전망하는 데 약간이나마 도움이 되었으면 하는 바람이다.

그런 마음을 담아 이 책은 제1부에서 흑사병을 종교·심성적인 면과 사회·경제적인 측면에서 분석한다. 우선 '유스티니아누스 역병'을 살펴보는 것에서 논의를 시작함으로써 14세기 흑사병이 창궐하기 이전에 발생했던 페스트 팬데믹을 알아본다. 이어서 채찍질 고행과 유대인 학살 그리고 노동시장의 상황과 임금 변화를 집중적으로 검토한다. 제2부는 의학사적 관점에서 흑사병을 살펴본다. 먼저 흑사병의 원인이 무엇인지 병인론(病因論)의 관점에서 분석한다. 또한 중세 의학체계에서 흑사병의 발생 원인을 무엇으로 인식했으며, 그 예방법과 치료법은 어떠했는지 검토한다.

이 책이 나올 수 있도록 지금껏 도움 주신 분들이 많다. 우선 서유럽 중세의 세계로 인도하고 지도해주신 김동순, 마이클 펜만 선생님께 감사드린다. 생활고로 연구자 생활을 접고자 했던 시절 옆에서 염려해주고 응원해주신 백종률, 이진일 선생님, 나혜심, 양재혁, 오영인, 이찬행, 윤비 선배, 김성익 형, 전영석, 김기용에게 감사드린다. 그 외 수많은 분의 도움으로 어려운 시간을 지나왔다. 고개 숙여 고마움을 전한다. 성균관대학교출판부 현상철 편집자께도 감사드린다. 끝으로 내 삶의 원동력인 1번, 2번, 3번, 4번에게 무한한 감사와 사랑을 전한다. 짧게 살다 간 모든 소년소녀와 그 부모의 영혼에 평화가 깃들기를 두 손 모아 기원하며 머리말을 마친다.

2023년 가을

이상동

목차

일러두기

이 책에서 다뤄지고 있는 14세기 서유럽의 제1차 흑사병 창궐은 1347년 이탈리아에서 처음 시작된 이래, 시차를 두고 여러 지역으로 확대되어갔다. 따라서 이 시기 서유럽 각지에서 흑사병이 처음 창궐한 연도는 각각 다르다(1347년이나 1348년이기도 하고, 경우에 따라 그 이후가 되기도 했다). 마찬가지로 창궐했던 흑사병이 소멸된 시기 또한 지역마다 다르다. 다만 일반적으로는 1351년을 서유럽에서 제1차 흑사병 창궐이 종료된 연도로 파악한다.

프롤로그

전 세계를 공포로 내몬 코로나19는 여느 전(감)염병의 발병과 확산이 그러하듯 병인(病因)이 언제 처음 인간사회에 침투해 발현했는지 정확히 알 수 없다. 다만 2019년 11월 17일, 중국 우한(Wuhan, 武漢)에서 처음 확진자가 확인된 때를 코로나19의 시작점으로 여길 수 있다.[1] 최초 확진자 발생 후, 코로나19는 중국 전역으로 퍼져나갔고, 한국을 비롯한 주변국과 세계 여러 나라로 확산되었다. 2020년 3월 11일, 114개 국가에서 118,000명이 확진 판정을 받고 4,291명이 사망한 시점에 세계보건기구(이하 WHO)는 코로나19의 확산이 전 세계적으로 이뤄지고 있다고 인정하면서 '팬데믹'을 선언했다.[2]

'세계적 유행병'으로 번역되는 팬데믹은 질병이 "국경을 넘어 광범위한 지역에 걸쳐 발생해 더 많은 사람에게 영향을 미치는 상태"로 정의한다. "특정 지역이나 사회에 과도하게 발생"하는 국지적 전(감)염병을 뜻하는 에피데믹(epidemic)과 지리적 확산규모에서 구별된다. 다시 말해 어떤 질병의 확산을 팬데믹으로 규정할지는 그것이 발병한 지리적 규모에 따른다.[3] 사망률이 높은 전(감)염병이라도 전파규모가 세계적이지 않으면 팬데믹으로 분류하지 않는 이유다. 2002~2003년 중국 본토와 홍콩에서 창궐했던 사스(SARS)와 2015년 사우디아라비아에서 발병해 중동지역 일대로 확산되면서 한국에서도 확진자가 나왔던 메르스(MERS)는 각각 10퍼센트와 35퍼센트라는 높은 치사율을 보였다. 그럼에도 그 상황을 팬데믹으로 선언하지 않은 것은 바로 이런 이유에서였다.[4] 또한 WHO가 코로나19가 114개국으로 확산되고서야 팬데믹을 선언한 배경이기도 하다.

코로나19 창궐 이전, WHO의 팬데믹 목록에는 20세기에 발병했던 '스페인독감(Spanish Flu)', '아시아독감(Asian Flu)', '홍콩독감(Hong Kong Flu)'과 '신종플루(Swine Flu)가 포함되어 있었다. 스페인독감은 1918~1920년 사이 창궐해 2천만~5천만 명으로 추산되는 인원을 사망하게 했다. 아시아독감은 1957년 중국 구이저우(Guizhou, 貴州省)에서 최초 발생해 세계 전역에서 적어도 1백만 명 이상의 사망자를 냈다. 홍콩독감은 1968년 처음 발병해 1969년까지 지속되었고, 전 세계적으로 1백만 명 이상을 죽음으로 내몰았다. 끝으로 신종플루는 2009~2010년에 창궐해 첫해에만 10~40만 명가량을 죽게 했다.[5]

위 목록에서 알 수 있듯이 WHO는 20세기 이전에 발생했던 전(감)염병은 팬데믹으로 거론하지 않는다. 과학적 데이터에 기반해 팬데믹 여부를 판단해야 하는데, 20세기 이전 전(감)염병은 자료 수집에 한계가 있기 때문이다. 그러나 WHO가 목록에 넣

스페인독감 유행 당시 마스크 없이 탑승 금지 당하는 승객(시애틀, 1918년)

진 않았지만 20세기 이전에도 전(감)염병이 "국경을 넘어 광범위한 지역에 걸쳐 발생해 더 많은 사람에게 영향을 미치는 상태", 즉 팬데믹은 존재했다. 물론 팬데믹을 초래한 시대별 질병 종류는 연구자 입장에 따라 차이가 있지만, 14세기 중반 이래로 유럽사회를 강타했던 흑사병(Black Death)이 파괴적이었다는 데에는 모두가 공감한다.

익히 알다시피 이 흑사병은 다른 지역에서 유럽으로 전파되어 온 것이다. 기원 및 확산경로에 대해 논란이 있으나[6] 당시 유럽 이외 지역에서도 후대에 흑사병으로 불리게 되는 역병이 창궐했다는 사실엔 의심의 여지가 없다. 인도나 중국, 사하라 이남 아프리카 등지로까지 확산되었는지는 불분명하나, 1346~1353년 유럽뿐 아니라 북아프리카 및 (지리적으로 유럽 관점에 따라) 근동에서도 흑사병은 발생했다.[7] 하지만 유럽을 제외한 다른 지역에서는 이때의 역병에 관한 연구가 상대적으로 미진하다.[8] 이러한 연구 상황은 북아프리카 및 근동지역에서 이른바 흑사병이 창궐하지 않았거나 발생했어도 유럽과 달리 파괴적이지 않았다는 오해를 양산한다. 반복하지만, 이는 사실이 아님을 미리 인지해둘 필요가 있다(물론 이 책에서는 서유럽의 경우에 집중한다).

흑사병의 파급력을 살펴보기에 앞서 그 용어에 대해 알아보자. 뒤에서 자세히 다루겠지만, 흑사병이라 불리는 역병은 병리학적으로 페스트균(*Yersinia pestis*)을 병원균으로 하는 페스트다. 제1장과 제5장에서 논할 텐데, 흑사병이 페스트일 때, 이 역병의 유행은 제2차 페스트 팬데믹을 말한다. 제1차 페스트 팬데믹은 유스티니아누스 역병의 유행이며, 제3차는 19세기 말에서 20세기 초 인도를 중심으로 확산되었던 경우다. 페스트균은 19세기 말에 발견되었기 때문에, 14세기 중반 이래 발생했던 흑사병을 당대 저술가들은 당시 주요 문자언어인 라틴어를 사용해 *pestis, pestilentia, epidemia, mortalitas* 등으로 표현했다.[9] 당대 서유럽 저술가들은 이른바 흑사병을 그저 역병이라고 칭했다고 보면 된다. 한국어는 이 단어들을 역병으로 번역한다.

이 역병이 오늘날 우리가 말하는 '흑사병(black death)'으로 명명된 것은 시대를 거쳐 진행된 번역 과정과 관련 있다. 이른바 흑사병이 라틴어로 '검은 죽음'을 뜻하는 '모르스 니그라(*mors*(죽음) *nigra*(검은))'로 표현된 것은 프랑스인 의사이자 연대기 작가인 시몽 드 쿠뱅(Simon de Couvin, 1320~1367년)이 1350년, 당시 창궐했던 역병에 관해 기술했을 때가 처음이다. 그가 이 역병을 '검은' 죽음으로 표현한 이유는 화농성 농양 때문에 사타구니 등에서 '타는 듯한 고통'이 발생하는 증상을 은유적으로 나타내기 위해서였다. 그러므로 많은 사람이 오해하는 바와 달리 '흑사병'이라는 명칭은 환자의 피부가 검게 변화하는 증상과 무관하다. '모르스 니그라'가 1350년에 처음 사용되긴 했지만, 당대인들은 이 표현을 따라 쓰지 않았다. 그저 위에서 언급한 *pestis, pestilentia, epidemia, mortalitas* 등으로 이른바 흑사병을 지칭했다.

이후 '검은 죽음'을 뜻하는 라틴어 '모르스 아트라(*mors atra*)'라는 용어가 이른바 흑사병을 지칭하는 데 널리 사용되었다. 여기서 '아트라(*atra*)'도 '검은(*black*)'을 의미한다. 이 용어는 16세기와 17세기 스웨덴과 덴마크 자료에 등장했고, 이후 다른 지역 언어로 번역되었다. 영어 표현인 'Black Death'로 번역해 사용된 것은 19세기 초가 되어서다.[10] 이후 한자 문화권에서 이를 '흑사(黑(검은) 死(죽음))'로 번역했다. 이런 과정을 거쳐 14세기 중반 이래 창궐했던, 이른바 흑사병이라고 불리는 역병에 오늘날 우리가 명명하는 '흑사병(Black Death, 黑死病)'이라는 고유 명칭이 붙게 되었다.

흑사병은 14세기 중반 창궐한 이래 주기적으로 재발했다. 누차의 창궐 가운데 첫 번째(1347~1351년)가 가장 파괴적이었다. 단기간에 수많은 사람을 죽음으로 내몰았다. 얼마나 많은 사람이 사망했느냐는 논쟁거리다. 일반적으로 이 시기 유럽 인구의 3분의 1가량이 사망했다고 보는데, 사망률을 더 높게 보는 연구자도 있다. 예컨대 베네딕토우(Ole J. Benedictow)와 애버스(J. Aberth) 같은 연구자는 당시 사망률이 전체 인구의 50~60퍼센트는 되었을 것이라고 주장한다.[11] 잉글랜드를 예로 들어 제1차 흑사병 창궐에 따른 사망률을 살펴보면 연구자마다 차이가 있다. 러셀(J. C. Russell)은 당시 잉글랜드 전체 인구의 23.6퍼센트가 사망했다고 본다. 지글러(P. Ziegler)는 3분의 1이, 골드버그(J. Goldberg)는 45퍼센트 정도 줄어든 것으로 추정한다.[12]

당시 사망률에 여러 이견이 존재하는 건 자료의 부재로 사망자 현황을 정확히 파악할 수 없기 때문이다. 후대 연구자들은 단지 일부 주교구 내 성직자들의 죽음을 기록한 『주교구 기록부』나 장원 내 임차인들의 사망 정도를 확인할 수 있는 『장원 기록부』[13] 등을 통해 특정 지역의 사망자 수를 확인한다. 그리고 이렇게 확인된 사망률을 더 넓은 지역 단위에 적용하고, 동일한 방식으로 왕국 전체의 사망률을 추산한다. 사망률과 관련한 정확한 통계의 부재와 그에 따른 이견들에도 불구하고, 분명한 건 제1차 흑사병 창궐 기간인 몇 년 사이 인구가 급격하게 감소했다는 점이다.

14세기 중반 이전에도 전쟁과 질병으로, 또 흉작에 따른 기아로 많은 사람이 사망하기는 했다.[14] 하지만 제1차 흑사병 창궐의 경우처럼 단기간에 서유럽 인구의 3분의 1 혹은 그 이상이 감소한 것은 처음이었다. 후대 연구자들처럼 수적으로 사망률을 가늠하진 못했겠지만, 당대 사회는 실제로 엄청나게 많은 사람이 죽어가는 걸 직접 목격해야만 했다. 큰 충격에 빠지지 않을 수 없었을 것이다. 이탈리아 문필가 보카치오(Giovanni Boccaccio, 1375년 몰)는 『데카메론』에서 그 실상을 이렇게 그렸다.

> (1348년에 발생한) 재난은 이렇듯 너무나 큰 공포를 남자들과 여자들의 가슴속에 심어놓았고, 형제가 형제를 버리고, 삼촌이 조카를, 누이가 남동생을, 그리고 더 흔하게는 아내가 남편을 저버리게 했다. 믿기 어렵지만 더 심각하게는 부모가 아이들을 마치 자기 자식이 아닌 양 돌보지 않고, 병간호하는 일도 거부했다. (…) 매일 수천 명씩 (역)병에 걸렸다. 그들을 보살피고 병간호할 사람이 없었기에 예외 없이 모두 죽어갔다. 밤낮 할 것 없이 길거리에 많은 시체가 널브러져 있었고, 집안에는 더 많은 시체가 놓여 있었

사바텔리(Sabatelli, Luigi), 『데카메론』의 배경이 되었던 1348년 피렌체 흑사병

DAL BOCCACCIO DESCRITTA

Pier Roberto Capponi

다. 시체 썩는 냄새가 나면 그때서야 이웃이 죽었다는 걸 알게 되었다. 도시 전체에 걸쳐 모두가 죽었다. 시체가 여기저기 사방에 널브러져 있었다.[15]

보카치오가 이렇게 기술한 지 600여 년이 지난 1960년대, 미국의 대표 싱크탱크인 랜드연구소(Rand Corporation)는 제1차 흑사병 창궐을 인류 역사에서 제1, 2차 세계대전에 이어 세 번째로 파괴적이었다고 평가했다.[16] 제1차 세계대전은 1914년부터 1918년 사이 치러졌다. 이 기간 동안 1천5백만 명 정도가 사망했는데, 그중 9백만 명가량이 군인, 6백만 명 정도가 민간인이었다. 제2차 세계대전이 있었던 1939년부터 1945년 사이엔 대략 7천만~8천5백만 명이 전쟁으로 목숨을 잃었다. 사망자 중 60~67퍼센트가 민간인이었다.[17] 현실적으로 20세기 사건에 대한 기억과 경험이 더 강렬하며, 또 랜드연구소가 우파 지향적·서구 중심적 성향이라는 점을 고려할 때, 이 연구소가 제1·2차 세계대전이 왜 인류 역사상 가장 고통스러운 사건이었다고 평가하는지 이해할 수 있다. 물론 같은 이유에서 제1차 흑사병 창궐에 대한 랜드연구소의 평가가 공정하다고 볼 수는 없지만, 흑사병 창궐이 20세기 이전 역사에서 '유럽사회'에 가져온 충격이 가장 컸다는 연구소의 평가는 주목할 만하다.

흑사병은 중세 유럽세계의 근간을 흔들 정도로 사회 전반에 영향을 끼쳤다. 특히 기존 체제와 권위에 균열을 가했으며 당대인의 세계관에 커다란 변화를 가져왔다. 그리고 그 근저에는 단기간에 진행된 급격한 인구 감소가 있다.

우선 종교계를 보자. 당시 수많은 사람이 희생되는 상황은 성직자집단이라고 예외일 수 없었다. 흑사병은 다른 계층과 마찬가지로 상당수 성직자를 죽음으로 내몰았다. 예컨대 제1차 창궐 기간에 잉글랜드 요크(York)에서 (성직록을 받은) 성직자의 40퍼센트가 사망한 것으로 추정된다. 흑사병이 맹위를 떨치던 1349년 잉글랜드 내 10개 교구에서 성직자 사망률은 대략 45퍼센트에 이르렀다. 그중 노리치(Norwich), 에섹스(Exeter), 윈체스터(Winchester)는 50퍼센트 전후였다.[18] 오늘날 스페인의 바르셀로나(Barcelona) 교구는 1348년 5월에서 1349년 4월 사이 대략 성직자 60퍼센트가 사망했다.[19] 이러한 수치는 유럽 전체 인구의 3분의 1 혹은 많게는 50~60퍼센트로 추정되는 사회 전체 사망률과 비교해 결코 뒤쳐지지 않는다.

흑사병은 예외 없이 모든 인간을 덮쳤지만, 특히나 많은 성직자가 희생된 까닭은 이들의 직업 특성과 관련이 있다. 성직자 중 특히 속인(俗人)을 대상으로 사목활동을 하는 재속성직자는 '종부성사', 즉 "세례를 받은 신자로 의사능력이 있는 자가 병이나 노쇠로 죽을 위험에 놓였을 때 받는 성사"를 집전할 의무가 있었다.[20] 병상에 누워 있는 교구 내 환자에게 종부성사를 베풀어야 하는 성직자는 흑사병에 노출되기 쉬운 위치였다. 많은 재속성직자가 흑사병에 걸려 사망한 이유가 여기에 있었다. 한편 세속사회를 멀리하며 수도원이나 수녀원에서 수도생활을 하는 계율성직자의 경우엔, 고립된 공간에서 집단생활을 하는 특성상

리페랭스(Lieferinxe, Josse), 유스티니아누스 역병 사망자들을 위해 탄원하는 성 세바스티안

구성원 중 누군가 흑사병에 걸리면 다른 많은 구성원에게 이를 확산시켰다. 예컨대 흑사병 창궐 이전 잉글랜드 계율성직자는 17,500명 정도였지만, 이중 절반이 1348~1350년 사이에 사망했다.[21]

성직자 부족 현상은 속인사회를 상대로 한 교회활동에 제약을 가져왔다. 이런 상황을 1349년 잉글랜드 로체스터(Rochester) 주교 하모 헤드(Hamo Hethe)는 "교구 교회들은 오랫동안 성사를 집전하지 못했으며, (속인에 대한) 영혼 구제는 거의 방치되었다"라며[22] 안타까워했다. 같은 해 배스와 웰스(Bath and Wells) 주교 역시 "성직자가 없어서 (…) 많은 사람이 고해성사하지 못하고 죽고 있다"라며 우려를 표했다.[23] 이런 진술이 성직자의 공석에 따른 염려에서 나왔다면, 성직자의 탐욕을 비판하는 목소리도 있었다. 1350년 잉글랜드 캔터베리(Canterbury) 대주교 시몬 아이슬립(Simon Islip)은 성직자들이 속인 대중의 "영혼 구제라는 책무를 방기하고" 대신 사례금을 많이 주는, 일부 부유한 "개인을 기념하는 미사"를 좇는다며 성직자의 "억제되지 않는 탐욕"을 개탄했다.[24]

교회 고위층의 근심은 단순히 속인을 대상으로 한 사목활동이 위축되고 성직자의 탐욕이 커지는 현실에 국한되지 않았다. 더 큰 문제는 교회 권위가 추락한 데 있었다. 당대인들은 인간이 범한 죄를 벌하고자 신이 역병 즉, 흑사병을 인간사회에 내렸다고 믿었다. 그런데 속인의 영혼 구제를 (외견상) 궁극의 목적으로 삼는 교회는, 흑사병이 창궐하자 실질적으로 할 수 있는 게 없었다.

신의 분노를 어떻게 사그라트려 역병을 잠재울지 해결책을 제시하지 못했던 것이다. 할 수 있는 일이라고는 주로 종부성사를 비롯한 사목활동을 통해 속인을 일시적으로 위로하는 것뿐이었다. 그런데 그것도 여의찮았다. 많은 성직자가 사망해버려 여러 교구 교회에서 성직자가 부족했고, 생존한 성직자들도 개인의 탐욕을 추구하는 경향이 커졌다. 이러한 사정은 민심의 이반으로 이어졌다. 속인의 신뢰를 상실함에 따라 중세사회를 구성하던 큰 축인 교회는 권위를 상실했으며, 교회조직에는 균열이 발생했다.

흑사병 창궐로 교회만 타격을 입은 게 아니었다. 세속의 기득권 세력과 그들을 지탱하던 사회·경제적 관습과 제도 역시 크게 영향 받았다. 이 또한 급격한 인구 감소에서 비롯되었다. 당대 사회가 기본적으로 농업 중심의 사회·경제체제였기 때문에, 노동인구의 부족은 농지를 임대하는 영주계급과 임차인인 농업노동자가 서로 오랫동안 유지해왔던 질서에 파장을 일으켰다.

즉, 급격한 인구 감소는 노동력 부족을 초래했고, 노동력 감소는 이전과 비교할 수 없을 정도로 임금을 상승시켰다. 예컨대 1348~1349년 잉글랜드 한 지역의 농업노동자는 고용된 기간 중 작업량 절반에 대해서는 흑사병 창궐 이전 임금인 에이커 당 3페니를, 나머지 절반에 대해서는 기존보다 67퍼센트가 상승한 5페니를 지급받았다. 고용주는 현금 외에도 현물을 추가로 지급했다. 잉글랜드의 또 다른 지역에서 한 쟁기질꾼은 흑사병 발생 이전에는 주당 2실링을 임금으로 받았으나 1349년에는 임금이 주당 3실링으로, 1350년에는 10실링으로 상승했다.[25] 농업노동자뿐만 아니라 도시노동자의 임금도 상승했다. 잉글랜드 남부지역에서 활동한 건설숙련공은 1340년대와 비교해 1390년대에는 임금이 66퍼센트 상승했다. 같은 기간 비숙련공의 임금은 두 배, 수공업자의 임금은 45퍼센트 상승했다.[26]

노동자의 임금 상승은 고용주의 소득 감소를 의미했다. 인력난을 해소하고자 이전과 비교해 임차인에게 더 유리한 조건으로 지대계약을 해야 했고, 고용노동자에게 더 많은 임금을 지급해야 했다. 보르쉬(S. J. Borsch)에 따르면, 토지 임대인은 1348년부터 15세기 중반까지 100여 년간 25~50퍼센트 정도 소득이 감소했다.[27] 이는 농업에 기반을 둔 사회·경제적 기득권 세력이 큰 손해를 본 것으로, 중세 서유럽사회의 사회·경제적 지배구조체제에 충격이 가해졌음을 의미한다.

중세 서유럽사회를 지탱하던 사회·경제적 체제의 균열과 더불어 정치·통치질서 또한 변화했다. 시기와 지역에 따라 관습·제도적으로 정도 차가 있겠지만, 일반적으로 중세 서유럽사회는 지방분권적 정치·통치체제인 이른바 봉건질서 하에 있었다. 지방분권적 봉건체제 하에서 국왕으로 상징되는 중앙권력은 지역에까지 통치력을 행사하지 못했다. 지방은 이른바 봉건귀족(영주)이 봉건관습에 따라 해당 지역을 관할했다. 흑사병 창궐은 이러한 정치·통치환경에 변화를 초래했다.

잉글랜드를 예로 들어보면, 국왕 에드워드 3세(Edward Ⅲ, 재위 1327~1377년)는 흑사병이 창궐하고 얼마 지나지 않은 1349년과 1351년에 각각 '조례'와 '법령'을 제정했다. 노동력 부족에 따른 임금 상승을 억제하는 등 노동시장을 흑사병 창궐 이전으로 되돌리려는 의도였다. 왕실의 조치가 실제로 어느 정도 효력을 발휘했는지는 논란거리다. 그러나 1352년 에섹스에서 관련법을 위반해 벌금형을 받은 자가 7,556명에 이른다는 점은 왕실의 조치가 비록 왕국 전체 단위는 아닐지라도 일부 지역에서는 집행되었다는 사실을 보여준다.[28]

이러한 상황은 의도했든 그렇지 않았든 왕권이 강해지는 동력이 되었다. 왕실에서 제정한 법이 어느 정도 집행되었느냐와 별개로, 원론적으로 법을 위반한 자는 벌금을 내야 했고, 벌금은 왕실재정으로 들어갔다. 예전 같으면 지역의 봉건귀족(영주)에게 돌아갈 재원이었다. 또한 왕실은 법을 통해 노동자와 고용주의 사적 관계에 개입함으로써 개인과 지역사회에 대한 통치권을 강화했다. 왕실은 지역의 하급귀족을 왕실의 대리자로 삼아 지역에 대한 통제권을 확대했다. 봉건체제 하에서 지역의 통치·재정권을 장악했던 봉건귀족(영주)의 기득권은 서서히 약화해갔다. 반면 왕권은 점진적으로 강해졌다. 봉건적 정치·통치질서에 변화가 일어난 것이다.

요컨대 흑사병 창궐은 서유럽 중세사회에 큰 변화를 가져왔다. 당대 사회를 떠받치던 세 개의 큰 축에 균열과 변화가 발생했다. 종교 측면에서 교회는 신뢰를 상실했고, 권위는 추락했다. 세속의 기득권계급을 지탱하던 사회·경제적 관습과 제도에도 균열이 발생했다. 정치·통치적으로는 지방분권적 봉건체제가 해

체되어갔다.

나아가 흑사병 창궐은 당대인의 인식구조 변화에도 영향을 미쳤다. 교회와 성직자를 바라보는 태도가 바뀌었고, 오랫동안 당연시되어 거부할 수 없던 사회·경제적 관습과 제도에 대해 다시 생각하게 되었다. 정치·통치상의 변화도 체감되었다. 이런 배경하에선 개인이나 계층에 따라 차이는 있겠으나 누구든 세상과 사회를 대하는 태도와 시선에 변화가 일어나는 게 당연했다.

당대인의 인식구조가 어떻게 변화했는지는 다양하게 논의할 수 있겠으나, 흑사병이 질병인 만큼 특히 의학계에서 있었던 인식 변화가 주목할 만하다. 이전 역병과 달리 흑사병은 짧은 시간에 많은 사람을 죽게 했고, 확산속도와 인체에 미치는 강도 등 기존의 의학지식으로는 설명하기도 이해하기도 어려운 측면이 있었다. 그러니 사람들은 전통적 의학지식에 더해 새로운 접근을 통해 흑사병을 이해하기 시작했다. 흑사병의 발생 원인과 확산 메커니즘에 대한 새로운 인식은 예방·치료법의 변화로 이어졌다. 흑사병 창궐은 당대 의학계가 지적·인식론적인 측면에서 전통적인 틀을 넘어 새로운 영역으로 진입할 수 있는 동력이 되었다.

간략하게 살펴봤듯이 흑사병 창궐은 중세 서유럽사회에 큰 변화를 초래했다. 비록 흑사병 연구와 관련해 서유럽 전체나 한 왕국 단위를 총괄적으로 종합하는 연구는 미진하지만,[29] 다양한 분야와 여러 개별 지역에 관한 연구성과는 축적되었다. 더욱이 베네딕토우가 지적하듯이 최근 몇 십 년 사이 의학 및 과학기술의 눈부신 발전으로 새로운 방법론을 통한 흑사병 연구가 활발해졌다. 특히 미생물학과 역병학 분야에서 흑사병 및 역병에 대한 14가지 이론이 제기되었다.[30] 미생물학·역병학적 접근을 통해 도출된 새로운 이론에 동의하는가와 별개로 흑사병 연구가 전통적인 역사 방법론을 넘어 활발하게 이뤄지고 있음을 시사하는 대목이다. 이와 같은 역사적 맥락과 연구사적 상황 하에서 이 책은 몇 가지 분야에 집중해 흑사병을 살펴보고자 한다.

제1부

종교·심성 및 사회·경제적 관점

제1장

유사 이래 최초의 팬데믹:
유스티니아누스 역병

1. 최초의 팬데믹

흑사병은 페스트균을 병원균으로 하는 페스트라는 질병이다. 페스트균이 전파되기 시작하는 것은 야생 설치류에 의해서다. 지금껏 200여 종이 넘는 야생 설치류가 페스트균에 감염되었던 것으로 밝혀졌다. 이 중에서 인간사회로 페스트를 전파한 것은 인간이 사는 곳에 서식하는 '공생 쥐(commensal rats)'다.[1] 더 자세히 보면, 야생 설치류가 페스트균에 감염되고 그 과정에서 쥐 역시 감염된다. 감염된 쥐를 숙주 삼아 기생하던 벼룩이 쥐를 흡혈하면서 페스트균에 감염되고, 벼룩은 인간 숙주에게로 옮겨와 인간의 피를 빨아먹으며 기생한다. 그러면서 페스트균이 인간에게로 확산된다. 이것이 인간이 페스트균에 감염되는 기본 경로다.[2] 흑사병의 병인론(病因論) 관련 논의는 제5장에서 자세히 다룬다.

14세기에 창궐했던 흑사병이 유사 이래 처음 등장한 페스트는 아니다. 또한 최초의 팬데믹도 아니다. 중세 흑사병 창궐 이전에도 페스트가 초래한 팬데믹이 존재했다. 비잔티움제국 유스티니아누스 황제(재위: 527~565년) 통치기에 처음 발생했기 때문에 후대인들이 그의 이름을 따 '유스티니아누스 역병(Justinian's Plague)'으로 부르는 재난이 바로 그것이다. 이 감염병은 541년 처음 발병해 750년까지 2세기가 넘는 기간 동안 방대한 지역에 걸쳐 창궐했다. 비잔티움 역사가 프로코피우스(Procopius, 500년경~570년경)에 따르면, 역병은 541년 여름 나일강 삼각주 동부에 있는 이집트 항구도시 펠루시움(Pelusium)에서 시작했다. 프로코피우스의 말을 들어보자.

> 이것[역병]의 시작은 펠루시움에 살고 있는 이집트인들에게서였다. 이후 역병은 한쪽으로는 알렉산드리아를 비롯해 이집트 다른 지역으로, 다른 쪽으로는 이집트와 국경을 접한 팔레스타인으로 확산되었다. 그리고 이곳에서부터 전 세계로 퍼져나갔다. (…) 역병은 항상 해안에서 창궐하기 시작해 내륙으로 퍼져갔다.[3]

이렇게 확산된 역병은 542년이 되면 비잔티움제국 수도인 콘스탄티노폴리스를 비롯해 안티오크, 일루리쿰(Illyricum), 북아프리카, 이베리아반도까지 확산되었으며, 유스티니아누스 황제 본인이 역병에 걸리기도 했다. 543년에는 시리아, (소아시아로 알려진) 아나톨리아, 그리스를 비롯해 이탈리아반도, 갈리아지역(오늘날의 북부 이탈리아 및 프랑스·벨기에 일대)까지 번져갔다.[4] 지중해 권역 전체에 페스트 장막이 쳐진 것이다. 이후 역병은 지리적으로

스위어츠(Sweerts, Michiel), 아테네 역병 당시의 고대 도시

더 확산해, 서쪽으로는 아일랜드와 잉글랜드, 동쪽으로는 사산조페르시아까지 퍼져갔다. 동쪽으로는 심지어 중국에까지 미쳐, 7세기 초 중국에서 페스트가 창궐하기도 했다.[5]

요컨대 유스티니아누스 역병은 두 세기 동안 비잔티움제국과 북아프리카, 레반트지역, 소아시아 및 이베리아반도를 포함한 지중해 전 권역과 갈리아지역, 영국제도(British Isles), 사산조페르시아 (혹은 중국까지 포함하는) 등 광대한 지역에서 창궐했다. 교통이 발달하고 국경을 가로지르는 국제교류가 활발해진, 세계화된 오늘날과 비교할 수는 없지만, 확산규모에서 분명 세계적이었다. 후대 역사가와 병리학자 및 관련 분야 연구자들이 유스티니아누

르바세르(Levasseur, Jules Gabriel), 로마 역병 당시 문을 두드리는 죽음의 천사

스 역병을 팬데믹으로 규정하는 이유다.

또한 이 역병은 (적어도 서구 중심적 관점에서) 유사 이래 최초로 발생한 팬데믹이었다. 유스티니아누스 역병 이전에도 전(감)염병 창궐로 인간사회가 집단으로 고통을 겪긴 했다. 서양사 맥락에서 보면 펠로폰네소스전쟁이 한창이던 기원전 430~427년 아테네에서 창궐했던 '아테네 역병(Plague of Athens)'과 기원후 165년에 발병했던 '안토니우스 역병(Antonine Plague)'이 그런 경우다. 전자는 장티푸스, 후자는 두창이나 홍역으로 추정된다.[6] 하지만 이 경우는 당대 기준으로 확산규모가 크기는 했지만, 각각 아테네와 로마 통치영역이라는 특정 지역에 국한한 에피데믹 수

준일 뿐 팬데믹이라고 규정할 정도는 아니었다. 이는 역사 기록을 시작한 이래 유스티니아누스 역병이 창궐할 때까지 질병의 확산범위가 세계적 차원이었던 적이 없었음을 의미한다. 따라서 이에 대해 뒤에서 더 논하겠지만, 유스티니아누스 역병을 유사 이래 최초로 발생한 팬데믹으로 규정할 수 있다.

여기서 짚고 갈 부분이 있다. 6세기 중반부터 2세기 동안 페스트가 지속되었다고 해서 2세기 내내 끊임없이 그러했다는 건 아니다. 몇 년 창궐했다가 휴지기를 갖고 다시 창궐하는 식을 반복했다. 콘스탄티노폴리스를 예로 들면, 페스트는 542년에서 544년 사이에 처음 창궐했다. 두 번째는 558년에 시작되었고, 세 번째는 573년에 발생해 이듬해에 종식되었다. 다음은 590~591년 사이에 발병했다. 이후로도 몇 년 간격으로 여러 차례 창궐했다. 다른 지역에서도 같은 식으로 역병이 발생했다. 그 과정에서 여러 지역으로 페스트가 확산되는 것은 자연스러운 일이었다. 그 결과 2세기 동안 방대한 지역에 걸쳐 11년에서 17년을 주기로 역병이 총 18번 창궐했다.[7] 이 모든 과정을 통틀어 유스티니아누스 역병의 창궐이라고 부르며, 그 현상은 팬데믹으로 평가된다.

2. 최초의 페스트 창궐

유스티니아누스 역병이 창궐할 당시의 모습을 기록한 대표 저술가가 바로 프로코피우스이다. 그는 540년대 초반 콘스탄티노폴리스의 유스티니아누스 황제 궁전에서 활동했으며, 당시 역병을 직접 경험했다. 그는 이렇게 말했다.

> 대부분 경우 (역병에 걸린) 어떤 사람은 자고 일어나서, 또 어떤 사람은 걸어 다니던 중 (…) 갑작스레 열이 난다. (…) 어떤 환자는 당일이나 다음 날, 혹은 며칠 후 (림프절에) 화농성 염증이 생긴다. (…) 발생 부위는 겨드랑이, 귀 부위, 넓적다리다.[8]

프로코피우스와 동시대 인물인 비잔티움의 법률가 아가티아스(Agathias, 536년경~582년경) 역시 증상에 대해 언급했다. 그는 558년 콘스탄티노폴리스에서 페스트가 두 번째 창궐했을 당시를 기록하면서 첫 번째 때와 증상이 다르지 않으며, 고열을 동반하고 서혜부(鼠蹊部)가 부어오른다고 진술했다. 시리아 출신 학자 에바그리우스(Evagrius, 536년경~594년경)도 질병의 증상으로 고열과 특정 부위가 부어오른다고 기록했다.[9] 이 외에도 당대 여러 저술가들이 위에서 언급된 바를 역병의 대표적 증상으로 기술했다. 이로써 당시 역병은 페스트, 그중에서도 고열과 함께 림프절이 부어올라 통증을 느끼며 화농성 염증을 동반하는 선(腺) 페스트(bubonic plague) 증상과 유사하거나 동일했다는 걸 알 수 있다.[10]

그런데 기록에 묘사된 대표 증상인 신체 특정 부위의 부종(浮腫)만으로 이 질병이 선 페스트라고 어떻게 확증할 수 있을까. 다시 말해 다른 질병 역시 이와 유사·동일한 증상을 보일 수 있진 않을까. 만약 그렇다면 6세기 후반부터 2세기가량 창궐했던 역병이 페스트가 아니라 다른 질병일 수도 있지 않을까. 이와 같은 합리적 의문과 추론은 얼마든지 가능하다.

예컨대 트위그(G. Twigg)는 천연두와 탄저병 역시 선 페스트 증상과 유사한 ("병적 작용에 의해 조직 및 체액 등에 변화가 일어나 피부세포나 조직에 일어나는 변화"인) 피부병변, 즉 부어오름 증상이 있다는 사실을 근거로, 유스티니아누스 시대의 역병이 페스트가 아니라 천연두나 탄저병일 수 있다고 주장했다.[11] 그의 견해는 일면 그럴듯한 점이 있다. 천연두 증상은 발열과 구토를 시작으로, "입 주위에 염증 및 통증이 생기고 피부발진을 동반한다. 며칠이 더 지나면 피부발진이 난 곳은 물집으로" 뒤덮인다. 탄저병은 감염 부위에 "가려움증, 부스럼 및 물집이 생겼다가 2일에서

6일 이후에는 고름이 형성되며", 감염 부위가 검게 변한다.[12] 그러나 선 페스트는 서혜부, 겨드랑이, 귀 주변과 같은 특정 부위에서 피부병변이 발생하는 반면, 천연두는 신체 전반에 걸쳐 일어난다. 탄저병은 피부를 통해 탄저균에 감염되었을 때는 노출된 부위에서 피부병변이 생긴다. 따라서 서혜부, 겨드랑이, 귀 주변의 부어오름이 유스티니아누스 역병의 특징적 증상인 점을 고려하면, 트위그의 주장과 달리 그것이 탄저병이나 천연두일 리는 없다.

결론적으로 문헌자료가 묘사한 증상은 이때의 역병이 페스트임을 가리킨다. 더욱이 기록 속의 또 다른 여러 증상, 즉 환각, 두통, 설사가 동반된다는 내용과 증상의 지속 기간, 화농이 터지면 생존 가능성이 커졌다는 사례, 생존자가 겪는 장기적 후유증으로 허벅지와 혀 기능이 약화한다는[13] 등의 내용은 이 역병이 페스트임을 더 확실하게 보여준다. 이상의 논의에서 확인할 수 있듯이 유스티니아누스 역병은 페스트였다.[14] 앞으로 제5장에서 밝히겠지만, DNA 분석법을 통해서도 유스티니아누스 역병이 페스트임이 드러난다.

하지만 이 역병이 페스트 창궐의 역사에서 인간사회에 영향을 끼친 첫 번째 경우인가라는 의문은 여전히 유효하다. 관련 물음은 표도로프(V. N. Fyodorov)가 처음 제기했다. 그는 페스트균의 숙주인 설치류의 흔적이 수백만 년 된 화석에서 발견되었고, 또 설치류와 인간을 매개하는 벼룩 역시 화석에서 발견되었다는 사실에 근거해 페스트라는 질병이 수백만 년 전부터 존재했을 수

푸생(Poussin, Nicolas), 이스라엘의 고대 도시 아슈도드(Ashdod)의 역병

있다는 가설을 제시했다.[15]

그의 주장은 유스티니아누스 역병 이전에 이미 인간사회에서 페스트가 창궐했을지 모른다는 가능성으로 이어졌다. 예컨대 기원전 16세기경 기록된 이집트 에베르스 파피루스(Ebers Papyrus)나 기원전 1200년경 후기 청동기시대의 종식을 알린 재난 가운데 페스트와 관련한 흔적을 발견하려는 노력이 있었다. 또 다른 경우로 성서 「사무엘」 편에서 언급된 "팔레스타인 사람들의 역병(Plague of the Philistines)"과 기원전 430년에 창궐했던 '아테네 역병'이 페스트일 수 있다는 가능성이 제기되기도 했다.[16]

그러나 이런 시도와 주장은 설득력이 부족하다. 우선 파피루스와 후기 청동기 시절 관련 자료에서는 페스트의 흔적을 발견할 수 없다. 또 성서가 언급한 내용만으로는 그것이 페스트라고 단정하기 어렵다. 게다가 구약성서의 '사료' 활용 가능성에 대해서는 근본적인 문제가 제기되기도 한다. 아테네 역병과 관련해서도 이 역병을 언급한 당대 역사가인 투키디데스의 진술에서 페스트와 연관 지을 만한 내용을 찾을 수 없다. 또한 아테네에서 역병이 창궐하던 시대를 살았던 히포크라테스(기원전 460년경~기원전 377년경)는 여러 질병들을 상세하게 기록했는데, 거기서도 페스트와 관련한 내용은 부재하다.[17]

이 외에도 역사시대 이래로 다른 역병이 존재했을 수 있고, 그 중에 페스트가 있지 않았겠냐는 의문이 제기될 수 있다. 만약 그러했다면, 다시 말해 중세 흑사병이 초래한 인구 감소에서 알 수 있듯이, 높은 치사율을 보이는 페스트의 창궐로 인간사회는 큰 피해를 입었을 것이고, 당대인은 그 재난을 어떤 식으로든 기록했을 것이다. 따라서 기록의 부재는 그런 일이 발생하지 않았다는 확신을 강화하며, 그럼으로써 위에서 제기한 의문의 실제성을 희박하게 한다. 지금까지 논의를 종합해보면, 페스트가 인간사회에 창궐해 피해를 준 것은 유스티니아누스 역병이 최초라는 결론에 어렵지 않게 도달한다.

유스티니아누스 역병이 인간사회에 창궐한 첫 번째 페스트라면, 그 발원지는 어디일까. 앞서 언급했듯이, 프로코피우스는 이때의 페스트가 이집트 항구도시 펠루시움에서 시작했다고 말했다. 하지만 그곳을 유스티니아누스 역병의 발원지라고 단정할 수 있을까. 혹여 당대인이 역병을 인지하기 시작한 장소였던 것은 아닐까. 달리 표현하자면, 병리학적인 면에서 전(감)염병은 특정 장소에서 다양한 조건이 결합해 발병하고, 그것이 여러 변수와 상호작용하면서 다른 지역으로 확산되며, 특수 조건 하에서 폭발력을 발휘해 인간사회에서 창궐한 건 아닐까.[18]

유스티니아누스 역병에도 이와 같은 병리학적 메커니즘을 적용해보면, 인간사회가 이 역병을 인지하기 전부터 다른 곳에서 병인이 활성화되었을 수 있다. 따라서 펠루시움이 아니라 다른 곳이 유스티니아누스 역병의 발원지일 수도 있다. 이는 중세 흑사병의 발원지를 특정하지 못한 채 이곳저곳으로 추정하다가, 19세기 중반 이래로 중국, 홍콩, 인도 등지에서 창궐했던 이른바 '제3차 페스트 팬데믹'을 경험한 후 그 발원을 만주나 내몽골 또는 유라시아 스텝지역으로 보게 된 것과[19] 같은 맥락이다.

문헌 사료와 고고학 자료 등의 역사적 증거로는 위 의문에 분명한 답을 구하는 게 사실상 불가능하다. 그저 여러 가능성 가운데 설득력 있는 것을 선택할 뿐이다. 이런 이유에서 연구자들은 페스트의 역사와 관련된 수많은 자료들을 근거 삼아 그 '고대 발원지'로[20] 세 곳을 지목했다. 만주에서 우크라이나에 이르는 유라시아 스텝지역, 히말라야 산기슭, 중앙아프리카 대호수 지역(Great Lake) 등이 그곳이다.[21] 유스티니아누스 역병은 인간사회에서 처음 발병한 페스트이므로, 그 발원은 제시된 (페스트) '고대 발원지' 가운데 한곳으로 여겨진다.

논의를 좀 더 이어가보면, 우선 러셀(J. C. Russell)과 같은 연구자들은 유라시아 스텝지역을 발원지로 꼽았다.[22] 하지만 맥닐은 이곳에서 페스트가 발생한 것이 13세기 몽골제국이 건설되고 과거 고립되었던 지역들 사이에 교류가 활발해지면서부터라고 주장했다.[23] 그의 논리에 따르면, 스텝지역에서는 13세기에 처음 페스트가 발병했고, 그것이 서쪽으로 확산해 결국 다음 세기 중반 유럽에서 흑사병이 창궐했다. 하지만 13세기 이전 스텝지역에서는 페스트가 발병하지 않았다는 그의 논리에 전적으로 동의하지 않더라도, 6세기 후반 이전, 즉 유스티니아누스 역병이 창궐하기 전에는 스텝지역에서 페스트가 존재했다는 관련 증거를 발견할 수 없다.[24] 유스티니아누스 역병의 발원지로 스텝을 꼽는 것에 설득력이 부족한 이유다.

둘째, 히말라야 기슭 그리고 그곳과 지리적으로 연결되는 인도에서 유래했을 가능성에 대해서는, 현존하는 인도 고대어(산스크리트어) 문헌에서 6세기 인구 대변화에 대한 언급이 발견되지 않는다는 점에 우선 주목해야 한다. 이는 인구의 대량 감소를 촉발한 역병이 창궐하지 않았음을 의미한다. 물론 비잔티움제국과 인도 아대륙(亞大陸) 간의 상업교류를 고려하면, 인도에서 페스트가 발생해 지중해세계로 확산되었을 가능성도 있다. 하지만 지리적으로 시야를 확대해 인도–중국 관계를 고려하면, 이 가설은 설득력이 약해진다. 지리상 거리와 (해상) 상업교류 정도를 생각해보면, 인도–지중해 권역보다 인도–중국이 더 밀접하다. 인도에서 페스트가 확산되었다면, 지중해세계에 앞서 중국이 먼저 영향 받았을 것이다. 그런데 중국에서는 빨라야 610년이 되어야 페스트가 창궐한다.[25] 게다가 지중해세계와 인도 사이에는 사산조페르시아가 존재했다. 즉 지리적으로 동쪽으로부터 인도–사산조페르시아–비잔티움제국이 펼쳐졌다는 점을 고려해야 하는 것이다. 사산조페르시아와 비잔티움제국 중 페스트가 먼저 창궐한 쪽은 비잔티움제국이었다. 이로써 인도가 아니라 비잔티움세계에서 사산조페르시아로 페스트가 확산되었음을 알 수 있다. 결론적으로 인도, 즉 히말라야 기슭 역시 유스티니아누스 역병의 발원지로 보기 어렵다.

세 개 고대 발원 중 남은 곳은 중앙아프리카이다. 유스티니아누스 역병의 아프리카 발원설과 관련해서는, 이집트 펠루시움에서 역병이 시작되었다는 프로코피우스의 진술을 통해 반드시 이집트가 아닐지라도 인근 지역, 즉 아프리카 어딘가가 발원지라는 추론이 가능하다. 특히 이곳이 홍해와 이어지는 거점으로 오리엔트세계 및 동부 아프리카지역과 활발히 교류했다는 점을 고려하면,[26] 다른 지역에서 창궐한 페스트가 바다를 통해 전파했을 가능성이 크다. 게다가 에바그리우스가 동부 아프리카에 있는 악숨(Aksum/Axum), 즉 에티오피아를 발원지로 꼽았다는[27] 사실은 아프리카 발원설에 힘을 더 실어준다.

한편 에바그리우스가 남긴 기록과 관련해서 현대 역사가 앨런(P. Allen)은 "에바그리우스는 그 지역에서 질병이 발생한다는 전통적인 편견"에 입각해 있었다면서 그의 견해를 부정했다.[28] 투키디데스는 '아테네 역병'을 언급하면서 그것이 에티오피아에서 유래했다고 진술했다. 투키디데스의 진술에서 알 수 있듯이 고대에는 에티오피아에 대한 편견이 존재했다. 그러나 에바그리우스는 유스티니아누스 역병의 증상이 아테네 역병과 유사한 면이 있지만 분명 다르다고 말했다.[29] 이로 미루어 알렌의 견해와 달리 에바그리우스는 결코 투키디데스를 모방해 에티오피아를 지목했다고 보기 어렵다.

그렇다면 에바그리우스는 합리적 근거에 기반해 에티오피아를 꼽은 것인가. 이에 대해선 6세기 초 상황을 살펴봄으로써 그 해답의 실마리를 찾을 수 있다. 502년 사산조페르시아와 비잔티움제국 간 전쟁이 재개되었다. 이 시기 비잔티움제국은 남부 아라비아지역에 대한 사산조페르시아의 영향력을 견제할 목적으로 에티오피아지역 기독교 지도자들과 군사·외교·경제적으로 긴밀한 관계를 구축했다. 당시 에티오피아는 아프리카 내륙지역, 즉 페스트의 고대 발원지 중 하나로 지목되는 중앙아프리카지역과 교역이 활발했다.[30]

이와 같은 연대기적·지리적 상황을 염두에 둘 때, 다음과 같은 추론이 가능하다. 중앙아프리카의 페스트 발원지에서 에티오피아로 페스트가 확산되었고, 그것이 이집트(특히 펠루시움)를 비롯한 비잔티움제국에 전파되었으며, 따라서 에바그리우스는 유스티니아누스 역병의 시작점으로 에티오피아를 지목했다는 추론 말이다. 이상의 논의로 보건대, 유스티니아누스 역병의 발원지는 고대 발원지들 가운데서 중앙아프리카지역으로 보는 견해가 가장 설득력 있다.

3. 유스티니아누스 역병에 대한 대응

광범위한 영역에 걸쳐 발생했던 유스티니아누스 역병에 대한 대응(반응)은 어떠했을까. 이를 논하기 위해서는 이 역병이 사회에 미친 영향이 어떠했는지 먼저 살펴볼 필요가 있다. 그 영향 정도에 따라 대응(반응)이 결정되기 때문이다. 결론부터 말하면, 비잔티움제국과 지중해세계에 미친 역병의 영향이 어느 정도였느냐는 논쟁적이다. 그 골자는 유스티니아누스 역병이 비잔티움제국을 비롯해 지중해세계에 큰 영향을 미쳤다는 주장과 그렇지 않다는 견해의 대립이다.

우선 전자의 입장은 당대 저술가들의 기록에 근거한다. 라틴어, 그리스어, 시리아어, 아랍어로 기록된 당대 문헌자료는 역병 창궐로 인구가 심각하게 감소했다고 진술한다. 예컨대 프로코피우스는 542년 당시 콘스탄티노폴리스에서만 하루 5천 명, 나중에는 만 명씩 사망했다고 기록했다. 에페소스의 요하네스(John of Ephesos)는 매일 1만6천 명씩 죽어갔으며, 사망자가 23만 명이 넘어선 이후에는 제국 차원에서 사망자 파악을 포기했다고 말했

라벤나 성비탈레 성당의 유스티니아누스 1세와 그 수행원들의 모자이크

다.[31] 이에 근거해 유스티니아누스 역병으로 비잔티움세계는 큰 피해를 보았다는 게 전자의 견해다.

이 입장에 따르면, 역병 창궐 이전 비잔티움제국은 번성했고 대부분 지역과 주요 도시는 풍요로웠으며 인구는 증가 추세였다. 제국 내 사기는 충만했고 돈은 넘쳐났으며 인력도 풍부했다. 그런데 역병이 발생함으로써 모든 것이 바뀌어버렸다. 역병이 첫 번째로 창궐했던 3여 년 동안 전체 인구는 20~25퍼센트가 감소했으며 장기적으로 인적 자원이 부족해졌다. 세수(稅收)도 줄었다. 서로마제국의 과거 영토를 재정복하려는 시도 역시 무산되었다. 나아가 국력이 약해지면서 7세기 전반기 이슬람 세력의 도전에 제대로 대응하지 못하는 결과가 초래되었다. 그 결과 "(유스티니아누스) 역병은 순전히 그 질병이 갖는 힘만으로 6, 7세기 사회를 인구학적으로나 사회적으로 새로운 형태로 만들었다. 새롭게 형성된 구조는 중세 내내 유지"되었다. 이것이 유스티니아누스 역병이 미친 영향이 컸다는 견해의 골자다.[32]

반면 후자의 입장은 당대 문헌자료가 묘사한 역병의 참상이 수사적 과장이기 때문에 신뢰할 수 없다고 본다. 대신 비문헌자료인 묘비명, 파피루스, 화폐, 고고학 자료 등에 의존해 유스티니아누스 역병이 초래한 영향을 분석해 다음과 같이 주장한다. 즉, 소수의 묘비에서만 역병 때문에 사망했다는 기록을 발견할 수 있고, 파피루스 기록에 따르면 페스트 창궐 이전과 비교해 세수가 크게 변하지 않았다. 역병 피해가 컸다면 경제가 극심하게 침체하면서 화폐 유통이 현저하게 줄었을 텐데, 그런 징후가 발견되지 않았다. 이런 이유에서 당대 사회에서 유스티니아누스 "역병은 주요 걱정거리가 아니"었으며, "경제 위기, 인구 감소와 관련한 어떠한 징표도 보이지 않는다"는 입장이다.[33] 이처럼 유스티니아누스 역병이라는 팬데믹이 사회에 미친 영향을 바라보는 입장 차이는 견고하다.

유스티니아누스 역병이 당대 사회에 미친 영향의 정도가 어떠했든, 역병이 창궐함에 따라 그에 대한 대응·반응은 존재했다. 우선 사회·경제적 충격을 줄이기 위한 법적 조치가 단행되었다. 544년 역병의 첫 번째 창궐이 끝나고 유스티니아누스 황제는 물가와 임금을 역병 창궐 이전 상태로 낮출 것을 명령했다. 또한 관리 소홀로 황무지가 된 토지를 특정인에게 할당해 배정하고 그 토지에 세금을 부과했다. 세수 확보가 목적이었다.[34]

정치·문화적인 측면에서는 황제의 신성함을 부각하는 조치를 단행했다. 비잔티움제국 신민은 역병을 겪으면서 정치권력, 즉 황제를 신뢰하지 않게 되었다. 역병이라는 어려움 속에서 황제는 무력했고, 게다가 황제 본인이 역병에 걸리기도 했기 때문이다. 황제를 향한 비판 여론이 높아졌고 황제가 신으로부터 은총을 받지 못한다는 불신이 팽배해졌다. 이에 대한 대응으로 유스티니아누스는 '자기–신성화(self-sacralization)' 정책을 추진했다. 본인을 신과 인간사회를 매개하는 성인의 반열에 올리는 조치를 단행했다. 금욕적인 생활을 추구했으며, 기적을 행한 성인을 모방해 자신을 포장했다. 의례 중에는 자신의 화상(picture)을 예수의 그것과 함께 놓게 하는 등 전례를 통해 본인이 신성한 존재라고 선전했다. 이런 조치들로 황제의 신성함을 강조했고, 나아가 그 누구도 황제의 신앙심과 황제에 대한 신의 은총을 의심하지 못하게 만들었다.[35] 신민의 지지와 권위는 다시 회복되었다.

어수선한 사회 분위기를 극복하기 위해 종교·문화적으로도 새로운 유행이 전개되었다. 동정녀 마리아를 숭배하는 의식이 번성했고 성상을 숭배하는 문화가 성행했다.

동로마제국이 마리아 숭배의식을 받아들인 것은 성모(Mother of God)라는 마리아의 역할이 확립된 에페소스공의회(431년) 이후다. 하지만 적극적인 숭배는 6세기 역병을 겪으면서부터 시작된다. 역병이 창궐한 542년 황제는 '예수사원(성전)봉헌(The

하기아소피아 사원 돔의 동정녀 마리아와 아기 예수 모자이크

Presentation of Jesus at the Temple)일'을 2월 14일에서 2월 2일로 변경했다. 2월 2일이 동정녀 마리아의 순결을 기념하는 성촉절(Candlemas)이었다는 점을 상기해보면, 이는 원래 예수의 축일을 마리아를 위한 날로 바꾼 것이었다. 요컨대 이 조치는 마리아 숭배를 강조하기 위한 정책의 일환이었다. 여기엔 마리아가 성모이며, 그리하여 성모에게 재앙 극복을 기원하려는 의도가 깔려 있었다. 구체적으로는 마리아가 역병을 치유했다는 전설 때문이었다. 이렇게 제국은 역병 치유 능력이 있다고 믿어진 마리아를 더 숭배함으로써 역병을 진정시키고자 했다.

마리아를 향한 이런 태도는 교황 그레고리오(Gregorius, 재위: 590~604년)를 통해서도 엿보인다. 그레고리오는 젊은 시절 콘스탄티노폴리스에 몇 년간 체류하면서 동정녀 마리아 숭배를 통해 역병을 이겨내려는 모습을 몸소 목격했다. 그러고는 당시 경험을 바탕으로 590년 로마에서 페스트가 창궐했을 때, 마리아 숭배의식을 강화하는 대책을 제시했다.[36] 이러한 전통은 14세기 중반까지 이어져 성 세바스티아누스(St Sebastianus)와 성 로크(St Roch)의 숭배의식과 더불어 흑사병을 이겨내기 위한 목적으로 유행했다.[37]

유스티니아누스 역병의 창궐은 성상 숭배도 성행하게 했다. 성상 숭배는 사실 우상 숭배를 금지하는 기독교 교리에 어긋난다.[38] 그러나 기독교 교세가 성장하는 과정에 이교도를 개종시키기 위한 수단으로서 성상 숭배는 불가피했다. 믿음이 없는 자에게 신의 존재와 그 영험한 능력을 인지시키기 위해서는 백 마디

말보다 시각적인 확인이 더 효과적이었다.

이를 위해서는 초월적 존재가 행하는 기적이 가장 확실한 방법이었다. 그러나 기적이 일상적일 순 없었기에 차선책으로 기적을 행한 존재의 형상을 숭배함으로써 신의 존재를 구체화할 수 있었다. 이런 맥락에서 우상 숭배를 금지하는 기독교 교리와 별개로 성상 숭배가 관행으로 자리 잡았다. 현실의 어려움이 커질수록 초월적 존재에 대한 의존도는 커지기 마련이다. 6세기 중반에 창궐한 역병은 신의 용서와 은총을 더욱 갈망하게 했고, 그에 따라 성상을 숭배하는 마음이 더 커지도록 유도했다. 유스티니아누스 역병이 당대 사회에 미친 영향의 정도가 어떠했든 사회는 그것이 초래한 변화에 대응하는 조치들을 강구했다.[39]

*

유스티니아누스 역병은 인간사회에 발생한 최초의 페스트이며, 역사시대로 접어든 이후 발생한 첫 번째 팬데믹이었다. 역병은 이집트 항구도시에서 발원해 광범위한 지역으로 퍼져나갔다. 지리적 확산규모에 대해서는 대체로 의견이 일치하지만, 역병의 영향 정도가 어떠했는가에 대해서는 여전히 논쟁이 이어지고 있다. 즉 역병 창궐이 사회적으로 치명적이었다는 견해와 그렇지 않았다는 입장이 서로 맞선다. 그러나 이러한 대립에도 불구하고 역병이 일으킨 변화에 사회가 대응(반응)했다는 사실은 분명하다. 제도적 장치를 통해 그에 유기적으로 대처하려는 시도들이 있었고, 무엇보다 (정치·종교)문화적 측면에서의 대응이 두드러졌다.

환언하자면, 이는 인간의 믿음·사유체계에 의거한 대응이었다. 유스티니아누스 역병이 비잔티움제국을 비롯한 지중해 권역의 헤게모니에 균열을 가져왔든 그렇지 않든, 역병 창궐에 대응하는 과정에서 인간의 믿음·사유체계에 일대 패러다임 전환이 일어난 것이다. 유스티니아누스 역병이라는 팬데믹은 그렇게 새로운 시대를 열었다.

14세기 중반 창궐해 수많은 사람의 생명을 앗아간 흑사병 역시 많은 변화를 초래한다. 인간의 믿음과 인식체계에 미치는 영향 또한 컸다. 이에 대해서는 다음 장에서 살펴본다.

제2장

종교 · 심성적 영향 :
채찍질 고행

*

동서고금을 막론하고, 극단적 위기가 닥쳐오면 개개인은 물론 사회 전체적으로도 초월적 존재에 의존하는 경향이 커진다. 평상시라면 그렇지 않았을 광적인 상황들이 연출되기도 하는데, 흑사병이 창궐했을 때가 바로 그랬다. 다수의 죽음으로 사회 전체가 공포로 내몰렸고, 사람들은 이에 광적인 방식으로 대응하곤 했다. 특히 스스로 채찍질하는 고행이 유행해 세상에 널리 퍼졌다. 당대 기록은 이렇게 말한다.

> 1348년 (…) 스스로 '십자가 지는 사람(cross bearers)' 혹은 '채찍질 고행자(flagellants)'라 부르는 이들이 독일[1] 전역에서 나타났다. (…) 그들은 채찍질 고행자로 불린다. '공적인 속죄(public penance)'를 행할 때 채찍을 사용하기 때문이다. 채찍은 (손잡이인) 막대기와 거기에 연결된 3개의 가죽 끈으로 이루어졌다. 가죽 끈에는 각각의 매듭이 있으며, 매듭 중간에는 십자가 모양을 한 매우 날카로운 금속

라르(Laer, Pieter van), 채찍질 고행자들

> 물이 달려 있다. (…) 이 채찍으로 자신의 맨살을 후려친다. 살갗이 멍들고 부어오르며, 피가 흐를 때까지 계속 채찍질한다.[2]

1348년부터 유럽사회에 등장한 채찍질 고행운동은 오늘날 오스트리아와 헝가리지역에서 시작된 것으로 보인다. 이듬해인 1349년이 되면, 이 운동은 오늘날 중부 독일지역과 플랑드르를 비롯해 잉글랜드까지 확산된다.[3] 고행자 무리의 규모는 지역과 시기에 따라 차이가 있지만, 운동이 활발하던 곳에서는 수백 명이 여기에 동참하기도 했다. 예컨대 투르네(Tournai: 오늘날 벨기에

에 위치함) 출신의 한 수도사에 따르면, 헝가리, 독일 및 브라반트 공국(Duchy of Brabant: 오늘날 벨기에와 네덜란드에 걸쳐 있음)에서는 지역 인구규모에 따라 200~300명, 심지어 500여 명이 고행행렬에 합류했다.[4]

이러한 고행운동은 대중적 지지만 받은 게 아니다. 성직자 역시 고행자의 속죄를 향한 열정에 감화되곤 했다. 운동 초창기에 몸소 그 행렬에 동참했던 교황 클레멘스 6세(Clement VI, 재위: 1342~1352년)의 경우가 그러하다. 하지만 대중과 성직자의 열렬한 지지를 받으며 빠른 확산세를 보이던 이 운동은 급격하게 쇠퇴한다. 1349년 10월 교회당국이 금지 조치를 내리기 때문이다.[5]

채찍질 고행운동이 집단적으로 등장한 것은 이때가 처음이 아니다. 1260년 이탈리아에서 시작해 알프스 이북으로 확산된 역사가 있다. 당시 이 운동은 1348~1349년의 활동과 여러 면에서 유사하다. 이를 먼저 살펴보면 흑사병 창궐이 초래한 채찍질 고행운동을 더 잘 이해할 수 있다.

1. 1260년의 채찍질 고행

종교적으로 채찍질 고행은 오래전부터 존재해왔다. 고행은 애당초 수도원에서 계율을 어긴 수도승을 처벌하는 형태였으나 점차 속죄를 위해 수도승이 자발적으로 행하는 종교행위가 되었다.[6] 이후 고행은 수도원을 넘어 교회당국이 속인을 벌하는 형태로 확대되었다. 교회당국은 존속살인, 신성모독, 타락과 부패, 성직자를 공격하는 행위와 같은 심각한 범죄를 저지른 자에게 공적(public), 즉 공개적으로 속죄하는 행위로서 채찍질 고행을 강제했다. 이에 더해 아시시의 프란체스코(Francis of Assisi, 1226년 몰)와 그의 추종자들이 수도원 밖에서 채찍질 고행을 한 것에서 알 수 있듯이 적어도 12세기 후반이 되면 일부 속인 역시 속죄를 위해 자발적으로 스스로를 채찍질했다.[7]

이때까지 채찍질 고행이 속죄를 위한 개인 단독의 자발적이거나 비자발적인 행동이었다면, 집단적으로 행해진 것은 1260년 이탈리아에서 시작된 채찍질 고행운동 때부터다. 이때부터 여러 사람이 행렬(procession)을 이뤄가며 고행했다. 제노아의 대주교

프라이티에르스(Fruytiers, Philip), 아시시의 프란체스코

자코부스 다 보라지네(Jacobus da Voragine, 1298년 몰)는 당시 모습을 이렇게 회상했다.

> 채찍질 행위가 거의 이탈리아 전역으로 확산되었다. 신분이 높든 낮든 귀족이건 평민이건 사람들이 상체를 탈의하고 마을과 도시를 행진했다. 이때 그들은 스스로를 채찍질했으며 성모와 다른 성인에게 기도하는 성가를 불렀다. (…) 그들이 채찍질하면서 도시를 행진할 때 (사람들은) 그들을 멍청하고 미쳤다며 비웃었다. 그러나 갑작스레 도시 전체가 신의 의지에 감화되었다. 그리하여 신분 고하를 막론하고 귀족이건 평민이건 낮이건 밤이건 채찍질하고 성가를 부르면서 이 교회에서 저 교회로 행진했다. 처음에 그들을 비웃는 데 앞장섰던 사람이 후에는 고행자 행렬의 선두에 섰다. (…) 고행자 무리는 십자가와 깃발을 든 성직자들이 앞장서고 그 뒤를 둘씩 짝을 이뤄 행진하면서 채찍질했다.[8]

위의 인용문에서 묘사하는 채찍질 고행운동은 1260년 4월 1일 이탈리아 중부의 페루자(Perugia)에서 시작했다. 때는 성목요일(Good Thursday)로 사순절이 끝나는 날이었다.[9] 은둔자로 불리는 파즈아니(R. Fasani)가 주도했다. 속인 대중뿐만 아니라 성직자들도 그가 이끈 고행행위에 크게 열광했다. 페루자의 주교는 고행행위를 승인함으로써 고행행렬을 지지했으며, 고행자 무리는 종교적 정당성을 확보한 상태에서 운동을 전개할 수 있었다.[10] 여기서 크게 두 가지, 왜 1260년에 이 운동이 일어났으며, 또 왜 다른 곳이 아닌 페루자에서 이 활동이 시작되었는가라는 의문이 제기된다.

먼저 1260년이란 시작점을 보자. 이는 넓은 의미에서 종말론적 세계관과 관련되어 있다. 기원 1000년을 맞이해 세상에 종말이 온다는 이 세계관은 11세기 내내 팽배했으며, 그 믿음은 13세기에도 여전했다. 이해를 돕기 위해 13세기의 상황을 간략히 살펴보자.

1241~1242년 몽골 군대가 중동부 유럽을 침략했다. 사건은 당대인들에게 종말의 시기에 북쪽에서 곡(Gog)과 마곡(Magog)이 침략해온다는 「요한계시록」의 예언을 상기시켰다. 또한 교황과 대립각을 세우던 신성로마제국의 황제 프리드리히 2세(Frederic Ⅱ, 재위: 1220~1250년)를 반대 세력이 적그리스도(Antichrist)로 낙인찍었다. 적그리스도는 종말 시기에 나타나 그리스도의 적대자가 될 것으로 예언된 인물이다.

이와 같은 어수선한 상황에 더해 이탈리아 출신 요아킴(Joachim of Fiore, 1202년 몰)이 내세웠던 종말론의 위세가 프리드리히 2세가 사망한 시점(1250년)부터 1260년까지 극에 달했다. 요아킴의 예언에 따르면, 삼위일체론에 따라 세 위격이 동일한 본질을 갖는 것과 같이 역사(history)는 세 단계로 구성된다. 구약시대에 부합하는 '성부시대(Age of the Father)', 예수 탄생부터 1260년까지의 '성자시대(Age of the Son)', 마지막은 아직 도래하

피오레의 요아킴

지 않았지만 영성 충만한 시기이자 세상의 종말에 선행하는 '성령시대'다. 이탈리아에서 요아킴 추종자들은 '성자시대'가 끝나고 '성령시대'가 시작되는 시점을 1260년으로 보았다.[11] 요아킴은 「마태복음」 1장 속 내용을 근거로, 예수가 인간 세상에 등장하기 전에 42세대가 존재했다고 말한다. 한 세대를 30년이라고 보면 42세대에 도달하는 데 1260년이 걸린다. 다시 말해 예수 도래 이전의 1260년간은 성부시대였으며, 이후 성자시대 역시 동일 기간 지속되다가 서기 1260년을 기점으로 막을 내린다. 성령시대로 전환되는 것이다.[12] 이것이 요아킴의 예언을 신봉하던 자들이 1260년을 기해 새로운 세상이 열린다고 주장한 근거다.

종말론의 관점에서 1260년은 영성이 충만한 새로운 시대가 열리는 시점이며, 따라서 세상의 종말에 앞서 영혼을 구원하기 위해 속죄하는 삶을 실천해야 하는 시기였다. 고행자들이 활동을 시작한 날이 사순절이 끝나는, 즉 회개와 기도 그리고 절제를 통해 예수의 고행을 기억하고 기리는 40일간의 여정을 마무리하는 시점인 것 또한 같은 맥락으로 이해할 수 있다.

그렇다면 왜 페루자에서 고행자들이 채찍질하는 활동이 시작되었는가. 이 질문에 대한 대답은 간단치 않다. 우연을 포함한 많은 요인들이 중층적으로 상호작용하는 과정에서 이 운동이 바로 이곳에서 시작했기 때문이다. 이 책에서는 채찍질 고행운동이 페루자에서 시작되었을 당시의 상황적 맥락을 살펴보는 것으로 논의를 대신하고자 한다.

사실 이 문제 역시 종말론이 팽배하던 당대 분위기와 관련이 있다. 당시 사람들은 예수가 추구했던 가치와 그가 실천했던 삶의 방식을 따르는 것이 구원을 받을 수 있는 가장 효과적인 방법이라고 생각했다. 이런 생각은 11세기부터 시작되었는데, 특히 (성 프란체스코로 알려진) 아시시의 프란체스코를 통해 극대화했다. 그는 "예수는 무소유의 빈자였다"면서 예수의 삶처럼 청빈한 삶을 주장했고, 그런 가치를 지향하며 프란체스코수도회를 창시했다.[13] 청빈의 삶을 살다 간 그는 실제로 예수가 십자가를 짊어지고 채찍질 당했던 고난을 모방해 속죄를 위한 종교행위로서 자신 몸을 채찍질했다. 당대 최고 신학자였던 보나벤투라(Bonaventura, 1274년 몰)가 1260년경 성 프란체스코를 '또 다른 그리스도(alter Christus)'라고[14] 칭송한 것에서 알 수 있듯이, 예수의 삶을 따르고자 했던 그의 실천은 당대 사회에서 높이 평가받았다.

프란체스코수도회의 주요 분파는 요아킴의 예언을 열렬하게 지지했다. 프란체스코수도회 소속 수도사이자 연대기 작가였던 살림베네(Salimbene, 1290년 몰)가 당대에 이미 언급했듯이, 요아킴의 예언과 채찍질 고행은 서로 연관이 있었다.[15] 요아킴의 종말론을 신봉하는 자들에게 최고의 목표는 종말 이후 구원을 받는 것이었다. 이를 위해 그들은 현세에서 속죄해야 했고, 예수가 당했던 채찍질 고행만큼 그에 적합한 수단이 없었다. 그들은 그렇게 예수와 같은 삶을 추구했다. 요컨대 속죄행위로서 채찍질 고행은 프란체스코수도회에서 일종의 관행으로 자리 잡고 있었다. 여기에 요아킴의 종말론이 더해지면서 고행의 의미가 더 확고해졌다.

페루자는 이처럼 영적 삶을 추구한 성 프란체스코와 프란체스코수도회로부터 많은 영향을 받은 지역이었다. 성 프란체스코의 활동 본거지이자 그 추종자들의 본거지였던 아시시에서 불과 25킬로미터 정도 떨어진 곳에 있었기 때문이다. 결과적으로 성 프란체스코와 그 추종자들의 경향성이 페루자에서도 강하게 나타났다.[16] 이런 종교적·지리적 맥락 아래서 페루자의 신실한 이들도 채찍으로 자기 몸을 내리치곤 했다. 그리고 그런 속죄행위를 통해 구원을 보장받을 수 있다고 믿었다.

여기에 당시 혼란스러운 정치 상황 또한 페루자 채찍질 고행 운동의 원인으로 더해진다. 13세기 이탈리아엔 대립과 갈등이 만연했다. 각 도시마다 서로 정쟁관계에 있는 가문들이 폭력적인 모습으로 대립했다. 좀 더 넓은 차원에서는 교황과 신성로마제국 황제가 대결했다. 이탈리아사회는 그 양자를 각각 지지하는 세력들로 나뉘어 갈등이 첨예했다. 페루자 또한 이탈리아 여느 도시와 마찬가지로 교회당국과 귀족 그리고 포폴로(popolo) 세력이 격렬하게 대립했다. 포폴로는 부유한 상인·수공업자의 이해관계를 보호하기 위해 만들어진 단체였다. 그런데 이렇게 정치적 우위를 고수하기 위한 세력 간 대립이 치열하던 상황에서 페루자 시민들 사이에 평화를 추구하는 움직임이 싹텄다.[17] 그들이 택한 방법이 바로 집단적인 채찍질 고행이었다. 당시 이 고행과 연결되는 평화 추구의 광경을 제노아의 대주교 자코부스 다 보라지네는 다음과 같이 기록했다.

> 또한 누군가를 살해한 많은 이들이 자기 적에게 가서 칼집에서 뽑은 칼을 쥐어주며 어떤 방식으로든 원하는 대로 복수하라고 제안한다. 그러자 (칼을 잡은 이들이) 칼을 땅바닥에 집어던지고 상대의 발을 향해 몸을 낮춘다. 그 광경을 지켜보던 모든 이가 (감화해) 신실한 마음으로 흐느낀

다. 그 후 상대는 스스로를 벌하기 위해 채찍질한다."[18]

1260년의 채찍질 고행운동은 집단적으로 이뤄졌으며, 또 행렬을 동반했다. 이때 행렬은 종교행위로서 전례의식을 수반했다. 일반적으로 이런 형식의 전례, 즉 여러 명이 열을 맞춰 행진하면서 행하는 행렬의식은 특히 역병, 전쟁, 기근, 가뭄, 홍수 등이 초래한 공포와 재난에 직면했을 때 종교적 의미를 강조한다. 환언하자면 집단적 행렬의식은 공동체가 직면한 역경을 해결하고 안정을 되찾으려는 목적을 지녔다.[19] 집단적으로 속죄함으로써 신을 달래고, 그럼으로써 신이 인간사회에 내린 재난과 공포가 해소될 것이라고 믿었던 것이다.

1260년 페루자 시민들이 시작한 채찍질 고행운동 역시 같은 맥락에서 이해된다. 그들은 사회적으로 폭력과 혼란이 만연한 것은 인간이 저지른 죄 때문이며, 이를 벌하기 위해 신은 사회를 더 폭력적이고 혼돈스러운 상태로 만든다고 믿었다. 그러니 폭력과 혼란을 밀어내고 평화를 되찾기 위해 인간은 신에게 속죄해야 했다. 그렇게 채택된 것이 채찍질 고행이었다. 앞서 말했듯 채찍질 고행은 예수의 고난을 모방하는 것으로 신실한 행위이자 속죄를 위한 효과적인 수단이었다. 종말론이 팽배한 시대 상황과 평화를 추구하는 인간의 욕망이 결합해 1260년 페루자에서 채찍질 고행운동은 시작된다.

특히 이 운동은 교회당국의 승인 아래 진행되면서 이탈리아의 다른 지역으로 확산해갔다. 평화를 향한 열망이 그 동력이었다. 1260년 9월 피렌체(Firenze)와 시에나(Sienna) 사이에 벌어졌던 전투의 참상을 접한 후, 파즈아니와 성직자들은 평화를 염원하며 페루자의 시민 무리를 이끌고 순례에 나섰다.[20] 그들이 처음에 향한 곳은 로마였다. 거기서 북쪽으로 방향을 틀어 10월 볼로냐(Bologna)에 도착했고, 이어서 모데나(Modena)로 향했다. 한 연대기 작가에 따르면, 순례자 무리가 모데나에 도착했을 때 그 인원은 무려 2만이 넘었다. 그들은 채찍질을 하며 도시로 들어섰다. 그리고 아스티(Asti)와 제노아(Genoa)를 비롯해 트레비소(Treviso)와 같은 이탈리아 북부지역에서 그해 겨울을 보냈다.[21] 1260년 4월 페루자의 시민 무리에서 시작해 귀족사회와 성직자들의 지지를 받게 된 채찍질 고행운동이 이탈리아 여러 지역으로 퍼진 것이다.

고행운동은 알프스 이북으로도 전파되었다. 그러나 이때 운동의 성격이 달라졌다. 첫째, 이탈리아에서와 달리 상류층의 지지를 잃었다. 알프스 이북의 바이에른(Bavaria), 오스트리아(Austria), 보헤미아(Bohemia) 등지에서는 귀족과 기사계층 및 상인들이 고행행렬에 동참했다. 그러나 튀링겐(Thuringia), 헝가리, 폴란드로 확산되었을 때는 귀족을 비롯한 상류층의 지지를 상실하고, 대신 농민이 주도하는 농민운동의 성격이 강해졌다.[22] 채찍질 고행자들의 행위가 평화와 안정을 추구하는 것이 아니라 오히려 사회 구성원 간 화합을 위협하고 사회 안정에 해를 끼친다고 여겨지기 시작했다.

둘째, 채찍질 고행이 추구하는 목표도 변했다. 이탈리아에서는 평화 추구를 목적으로, 즉 공공선을 위해 집단적으로 속죄행위가 이뤄졌다. 하지만 알프스 이북으로 넘어간 채찍질 고행은 공동체보다 개인 구원을 목적으로 삼는 경향이 강해졌다.[23] 물론 이탈리아에서도 종말론의 영향으로 개인의 구원이 고행 참여의 주목적이었음은 분명하다. 그러나 무엇보다 공동체의 평화를 갈망하는 염원의 비중을 무시할 수 없다는 점이 알프스 이북의 경우와 달랐다고 해야 할 것이다.

헝가리 왕국의 채찍질 고행자들 목판화(14세기경)

셋째, 알프스 이북에서 활동한 고행자 무리는 이탈리아의 경우보다 더 조직적이었다. 이들은 보다 더 엄격하고 체계적으로 무리를 운영했다. 한 가지 사례로 그 복장을 살펴보면, 이탈리아 고행자들이 상체를 탈의한 반나체 상태였다면, 이들은 새로운 형태의 복장 코드를 추구했다. 후드(hood)와 고깔로 얼굴 일부를 가리고, 발목까지 내려오는 긴 옷을 입었다. '의사(pseudo)-수도승' 복장이었다.[24] 복장 규정이 암시하듯 이들이 추구한 것 역시 의사-수도승과 같은 삶이었다. 기존의 성직사회를 대신할 일종의 대안을 제시한 것이다.

나아가 사실 여부에 논란이 있긴 하지만, 고행자들이 서로 '고해(Confession)'하고 죄를 용서하는 등 '성사(Sacrament)'를 집전했다는 진술이 있다.[25] 만약 이것이 사실이거나 적어도 고행자들이 그럴 의도가 있었다면, 이는 교회조직에 대한 도전이며 교회의 위계와 권위에 균열을 가하는 행위가 명백했다. 후대에 남겨진 진술의 진위 여부를 떠나 교회당국의 허락 없이 새로운 종교적 가치와 행위를 체계화하고 제도화하는 것은 성직사회가 고수하던 기존 질서에 혼란을 일으키는 것이었다.

이상에서 살펴본 바와 같이 이탈리아에서 전개된 채찍질 고행운동은 평화를 추구하는 목적에서 시작된 것으로 성직자들이 적극적으로 참여하거나, 적어도 교회당국이 승인하고 지지했다. 반면 알프스 이북에서는 그 운동의 성격이 변화한다. 개인의 구원을 목적으로 삼는 경향이 강화되고, 농민운동 성향으로 전환되었다. 또 고행활동에 기존 성직사회의 권위를 침해하는 요소가 커졌다. 결국 1261년 교황 알렉산데르 4세(Alexander Ⅳ, 재위: 1254~1261년)는 채찍질 고행을 금지시켰다.[26] 세속의 상류사회 역시 고행자들을 사회 안정을 위협하는 잠재 세력으로 인식해 지지를 철회했다. 이후 채찍질 고행운동은 점차 동력을 상실해 쇠퇴해갔다.

2. 흑사병 창궐 시기의 채찍질 고행

1260년 이탈리아에서 유행했던 채찍질 고행운동은 종말 이후의 세상에서 구원 받으려는 종교·문화 차원의 목적과 평화를 염원하는 정치·사회적 열망이 결합한 산물이었다. 1348년에도 이 채찍질 고행이 다시 유행하기 시작하는데, 여기엔 1347년부터 유럽사회를 강타한 흑사병 창궐이 배경으로 작용했다. 특히 이때의 고행운동은 종교·심성적인 면과 관련 있었다. 인간이 범한 죄에 대해 신이 벌을 내린 것이 역병(흑사병)이며,[27] 그러므로 역병을 잠재우기 위해 신의 분노를 누그러뜨려야 한다는 이유에서였다. 사람들은 집단적인 채찍질 고행을 통해 속죄하길 바랐다.

이런 생각의 기저에는 중세 초부터 고착화되어왔던, 질병을 종교적 의미를 내포하는 죄(sin)의 산물로 여기는 믿음체계가 자리하고 있다.[28] 흑사병이 창궐하던 14세기 중반이 되면 이런 사고는 상대적으로 약해지기는 했지만, 여전히 유효했다. 흑사병 역시 질병이었으므로, 사람들은 이를 자신들의 죄 탓이라 생각

『뉘른베르크 연대기』에 수록된 채찍질 고행자들 목판화(15세기경)

했다. 그런데 바로 이 지점에서 문제가 발생했다. 흑사병이 사회 구성원 모두에게 무차별적으로 피해를 입혔기 때문이다. 신분 고하를 막론하고 어른아이 할 것 없이 흑사병 위협에서 자유로운 자가 없었다. 14세기 후반에 작성된 익명의 연대기(*Anonimalle Chronicle*)는 당시 상황을 이렇게 적고 있다.

> 1374년 잉글랜드 남부 여러 도시에서 (흑사병의) 4차 대유행이 시작되었다. (…) 이듬해 런던의 부유하고 저명

한 시민들 역시 죽어갔다. 상서국(Chancery)과 민소법원(Common Pleas) 그리고 재무부(Exchequer)의 고위 관료들 또한 죽었다. (…) 1378년 요크에서 흑사병이 다시 유행했고, 특히 어린아이들에게 치명적이었다.[29]

이뿐만이 아니다. 흑사병으로 죽어간 성직자의 사망률은 평균을 넘어섰다. 잉글랜드의 경우, 이론의 여지는 있지만, 흑사병이 처음 유행했을 당시 전체 사망률은 대략 30퍼센트로 여겨진다. 그에 반해 성직자 사망률은 40~50퍼센트에 육박했다. 당시 이탈리아 피렌체의 도미니크회 소속 수도승들은 절반 이상이 사망했으며, 오늘날 스페인의 바르셀로나에서는 40퍼센트 이상의 성직자가 죽었다.[30]

이처럼 (원론적으로) 세속의 삶을 포기하고 신실한 마음으로 신을 섬기는 성직자를 비롯해, 어른에 비해 상대적으로 죄를 범할 가능성이 낮은 어린아이들까지 흑사병의 피해자가 되었다. 바로 이 점이 문제였다. 흑사병 원인이 죄라면, 그래서 신이 죄를 범한 인간을 벌하기 위해 역병을 내린 것이라면, 왜 성직자나 어린아이처럼 신실하고 무고한 사람이 희생되어야 하는가. 14세기 후반에 활동한 랭글란드(W. Langland, 1400년 경 몰)는 이처럼 이해하기 어려운 상황에 대해, 신은 무고하게 희생된 자를 천국에서 보상하며 죄인은 지옥에서 계속 벌을 받게 한다는[31] 말로 설명하고자 했다.

랭글란드의 진술이 설득력이 있든 없든, 과연 인간이 범한 죄가 그토록 신을 노하게 했을까. 그렇다면 그토록 신을 노하게 만든 인간의 죄는 과연 또 무엇일까.

랭글란드는 흑사병 창궐을 인간사회의 도덕적 타락과 관련짓는데, 특히 '오만(pride)'을 가장 큰 이유로 보았다.[32] 랭글란드 이전에도 이미 성직세계는 흑사병 창궐을 오만이라는 죄와 연결했었다. 예컨대 1348년 잉글랜드 교회의 수장인 캔터베리 대주교 스트렛포드(J. Stratford)는 런던의 주교에게 다음과 같은 내용의 서한을 보냈다.

> 신은 인간의 수치스러운 행동을 벌한다. (…) 신은 종종 역병, 기근, 갈등, 전쟁 및 다른 형태의 고통이 일어나게 한다. 그리고 그것을 통해 인간을 두렵고 고통스럽게 하며, 그래서 인간의 죄를 사라지게 한다. 따라서 신민들의 오만함과 부패가 커짐에 따라, 또 그들의 헤아릴 수 없는 죄 때문에 잉글랜드는 많은 경우 황량하고 고통스러운 상태에 있었다. (…) 지금 (…) 역병에 억눌려 있다.[33]

이처럼 그는 인간이 범한 죄 가운데 오만함을 직접 언급했다. 오만은 죄가 가장 심각하며, 신이 역병을 내리게 만든 주된 죄라고 믿었다.

한편 14세기 후반기에 활동했던 초서(G. Chaucer, 1400년 몰)는 역병의 원인을 '잘못된 맹세' 때문이라고 보았다.[34] 이와 유사한 내용은 15세기의 또 다른 문헌에서도 발견된다. 그에 따르면,

"역병은 여러 죄 때문에 발생하는데, 그중에서도 특히 가치 없고 기만적이며 의미 없는 맹세 때문이다."[35]

여기서 '오만'과 '잘못된 맹세'는 공통점을 지닌다. 양자 공히 한 인간이 타인에 대해 갖는 태도이자, 넓은 의미에서 인간이 신에게 보이는 자세이기도 하다. 후자의 경우, 예컨대 누군가 타인에게 의미 없거나 지키지도 않을 맹세를 하는 식이다. 이런 태도가 확장되면 신에 대한 맹세에도 기만이 작용하고, 결국 신의 분노를 자아낸다는 맥락이다.

오만의 경우도 마찬가지다. 한 인간이 자만에 빠져 타인을 대하는 태도가 오만해질 수 있고, 이것이 더 확장되면 인간관계를 넘어 신을 대하는 마음가짐 또한 그렇게 된다는 식이다. 특히 오만은 교회가 규정한 7대죄(seven deadly sins) 중 가장 경계해야 할 것으로 여겨졌다. "자신의 가치와 능력을 과장하고 다른 이보다 자신을 우월하게 여기는 것으로, 인간이 자신의 한계를 뛰어넘어 신에게 도전하려는 시도와 밀접하게 관련되기" 때문이다.[36]

또한 '잘못된 맹세'와 '오만'은 인간사회 전체에 적용할 수 있는 죄이기도 했다. 특히 가장 죄악시되는 오만은 너무나 일반적이어서 시공을 초월해 언제 어디서든 인간사회를 구속하기 쉬운 죄목이었다. 결국 잘못된 맹세든 오만이든 혹은 또 다른 어떤 범죄든, 죄는 그 자체로 인간사회 전체가 범한 것이며, 그로써 신의 분노를 자아내는 동인으로 여겨졌다.

이렇듯 역병(흑사병)을 통해 인간을 벌하려는 신의 분노는 인간사회가 범한 '집단적 죄' 때문이었다.[37] 이를 잠재우기 위해서

브뤼헐(Bruegel, Pieter the Elder), 오만의 알레고리

는 속죄로 신의 분노를 사그라트려야 했다. 범죄의 집단성 탓에 개인의 개별적 속죄는 의미가 없었다. 사회 구성원이 집단적으로 참여하는 공적이고 공개적인 속죄행위가 필요했다. 여러 사람이 모여 종교적 전례의식을 갖추고 진행되는 채찍질 고행이 채택된 이유가 여기에 있다.

앞서 언급했듯이 성직자의 사망률은 전체 사망률을 넘어섰다. 이런 상황에서 교회는 흑사병이 야기한 공포에 효과적으로 대응할 수 없었다. 1349년 바스와 웰스(Bath and Wells) 주교는 당시 현실을 이렇게 묘사한다.

> 교구의 많은 교회에 성직자가 없는 상태가 되었다. 교회를 책임지고, 병자를 방문하며 성사를 집전할 (…) 성직자가 없어서—아마 그들은 자신이 병(흑사병)에 걸릴까 두려워했기 때문에—(…) 많은 사람이 고해성사하지 못하고 죽어갔다.[38]

세속사회 역시 영적으로 보살핌을 받기에는 교회의 역량이 부족하다는 것을 인식했다. 고해성사를 하는 것조차 어려운 상황에서 교회와 성직자가 주도해 신의 노여움을 가라앉힐 수 있으리라고 기대하기는 어려웠다. 속인들 스스로가 나서서 신의 분노를 잠재워야 했다. 채찍질 고행운동의 주체가 성직자가 아니라 속인인 이유다. 1260년 이탈리아에서 전개된 고행활동에 성직자들이 적극적으로 참여한 것과 대별되는 점이기도 하다.

속인이 주체였기 때문에 운동은 통일성을 갖추거나 체계적인 위계구조를 만들지는 않았다(혹은 못했다). 그렇다고 무질서하고 혼란스러운 상태로 고행자 무리가 운영된 것은 아니다. 개별 무리는 독자성을 지녔으며, 각각 나름의 의례방식과 규율이 있었다.[39] 1349년 스트라스부르(Strasbourg)를 방문한 채찍질 고행자 무리를 예로 들어보자. 고행자 행렬은 다음과 같은 방식으로 진행되었다.

> 200여 채찍질 고행자가 스트라스부르에 왔다. (…) 첫째, 그들은 10개나 8개 정도의 벨벳(velvet)으로 만든 아주 귀한 깃발과 아주 멋진 캐노피(canopy), 그리고 횃불과 많은 양초를 갖고 있었다. 그들이 도시나 마을을 들어설 때 그것들이 앞장섰다. 모든 종이 울려 퍼졌다. 그런 뒤 그들은 두 명씩 짝을 이뤄 깃발을 뒤따랐다. 그들은 모두 붉은색 십자가가 그려진 외투와 후드를 입었다. 둘 혹은 네 명이 찬송가 첫 소절을 부르자 나머지가 함께 불렀다. (…) 그들이 교회로 들어가 무릎을 꿇고 노래를 불렀다. (…) 십자가 형태로 바닥에 엎드렸다. (…) 그들이 일어섰다. 이것을 3시간 동안 반복했다.[40]

위 인용문에서 알 수 있듯이 고행자 행렬은 전례의식으로서 규칙과 절차에 따라 진행되었다. 뿐만 아니라 채찍질 행위도 의례로서 절차를 준수해 진행되었다.

채찍질 고행을 하루에 두 번 아침과 밤에 행했다. (…) 한 명이 종을 울리면 그들은 모여서 두 명씩 짝을 이뤄 노래를 부르며 행진했다. 채찍질을 위한 장소에 도착하면 속옷을 벗고 맨발로 선다. 그리고 작은 셔츠나 흰 천으로 하체를 감싼다. (…) 그들은 원 형태로 드러눕는다. (…) 맹세를 어긴 사람은 모로 누워서 손가락 세 개를 치켜 올리고 머리를 세운다. 충실해야 한다는 규율을 어긴 자는 배를 깔고 누워야 한다. 이런 식으로 자신이 범한 죄에 따라 여러 방식으로 드러눕는다. 모두가 누운 뒤, 지도자는 (…) 한 명씩 타고 넘으면서 그들 등을 채찍으로 내리친다. (…) (지도자가 지나간 뒤에는 누워 있던 사람이 일어나) 같은 방식으로 채찍질했다.[41]

고행자는 행렬을 포함해 의식을 거행할 때 노래를 불렀다. 그들이 합창하는 성가는 신(God)과 예수뿐 아니라 성모 마리아(Virgin Mary)도 강조된다는 특이점이 있다. 예컨대 고행자들이 즐겨 부른 노래 가운데 '성모가 서 있네(*Stabat Mater*)'라는 성가가 있었다. 이 곡은 13세기에 만들어진 것으로 십자가에 매달린 예수를 바라보며 고통스러워하는 성모 마리아를 떠올린다. 성가는 다음과 같은 노랫말로 시작한다. "슬픔에 찬 성모가 눈물을 흘리며 서 있네. 그녀의 아들 예수가 달려 있는 십자가 옆에서."[42] 1349년 저지대(Low Countries)에서 활동한 채찍질 고행자를 기록한 문서에서도 성모 마리아의 존재가 부각된다. 그에 따르면, 고

행자의식은 세 부분으로 나뉜다. 전례의식과 마리아-송(Mary-Song), 설교가 그것이다.[43]

고행자들의 성가에서 성모 마리아를 강조한 것은 그녀가 예수의 어머니이자 역병을 치유하는 능력이 있다고 믿어졌기 때문이다. 성모 숭배를 통해 신이 내린 역병의 위엄을 누그러뜨리고자 한 것이다. 이런 전통은 앞서 제1장에서 언급했듯이, '유스티니아누스 역병' 창궐 당시 마리아에 대한 숭배의식을 통해 역병을 물리치고자 했던 것에서도 발견된다.

행렬 그리고 채찍질과 같은 전례의식 외에도 고행자 무리가 준수해야 하는 내부 규율이 있었다. 예컨대,

> 고행자 무리에 합류하고자 하는 자는 누구든 33.5일을 머물러야만 한다.[44] (…) 고행에 참여하는 동안 매일 4펜스(pence)에 해당하는, 그래서 11실링[45] 4펜스를 지불할 수 있어야 한다. 다른 어떤 이(도시민)에게 (도움을) 요청하거나 구걸할 필요가 없는 이유다. (…) 또한 여성과 대화하는 게 허락되지 않았다. 누군가가 이 규칙을 어기고 여성에게 말을 건다면, 그는 무리의 지도자 앞에 무릎을 꿇고 고해성사해야 했다. 그러면 지도자는 (…) 그의 등에 채찍질했다. (…) 성직자가 그들 가운데 있을 수 있지만, 지도자가 되어서는 안 되며, 비밀 협의회(council)에 속해서도 안 된다.[46]

이상의 사례는 1349년 스트라스부르를 방문한 채찍질 고행자 무리가 준수한 규율이다.

하인리히(Heinrich of Herford, 1370년 몰)가 남긴 또 다른 고행자 무리에 대한 기록에서[47] 알 수 있듯이, 세부적으로는 차이가 있지만, 각각의 고행자 무리는 스트라스부르의 고행자 무리와 유사한 형태의 전례의식과 규율을 따랐다. 따라서 이렇게 정리해 볼 수 있다. 채찍질 고행자 무리는 광적인 신앙심을 바탕에 둔 즉흥적이고 무계획적인 집단이 아니었다. 비록 통일된 위계를 갖추지는 않았지만, 개별 무리마다 나름의 체계와 규율을 갖고 있었다. 채찍질 행위와 행렬 또한 전례의식의 일환으로서 절차에 따라 진행되었다.

이렇게 채찍질 고행자 무리는 즉흥적으로 모여들어 그저 채찍만 내리치는 오합지졸이 아니었다. 속인 대중으로 구성되었지만, 그들은 전례의식과 규율을 갖춘 조직체로서 기존 교회의 역할까지 대신했다. 성직자는 흑사병이라는 대공포 하에서 영적·물적 차원의 속인 구제라는 본연의 임무를 수행할 능력을 상실했다. 그런 성직사회를 대신해 고행자 무리는 대중에게 신의 자비를 구하고 궁극적으로 구원을 보장받을 수 있는 대안을 제시했다.

교회당국은 채찍질 고행운동이 확산되던 초창기에는 고행자의 신실한 모습에 지지를 보냈으나 점차 위기의식을 느껴갔다. 고행자 무리는 새로운 형태의 신앙조직으로서 교회의 위계와 권위에 균열을 가한다고 판단했기 때문이었다. 이에 대해 살펴보면, 첫째로 고행자 무리는 반-성직주의 성향을 지녔다. 고행자들은 성직자의 개입 없이 서로에게 고해성사했다. 고행자 무리 중 한 명에게 채찍질하면서 "신께서 너의 모든 죄를 사해주시니라"라면서 죄를 면해주는 의식을 거행하기도 했다. 또한 고행자 무리의 지도자는 대중을 상대로 설교했다.[48] 고해성사를 비롯해 죄를 사하는 의식과 설교는 오직 성직자의 몫이었다. 이 역할을 고행자 무리가 한다는 것은 교회의 성사(sacraments) 기능을 침해하는 일이었다.

고행자의 반-성직적 행위는 더 노골적인 형태를 띠기도 했다. 그들은 교회의 성사 집행을 비판했으며 심지어 성직자에게 폭력까지 행사했다. 이에 대해 당대 수도승이자 연대기 작가였던 하인리히는 이렇게 말했다.

> 그들은 적절한 경외심으로 성직자와 교회의 성사에 대해 생각하거나 말하지 않았다. 오히려 경멸했으며, 질책과 비판을 가했다. (…) 그들이 두 명의 도미니크회 수도승을 만났을 때, 수도승들의 설득에 격노해 (수도승들을) 죽이려 들었다. 더 민첩한 수도승은 도망쳤지만 다른 한 수도승은 돌에 맞았다. 그들은 수도승의 몸 위에 돌무더기를 올려놓았다. (…) 이런 유사한 짓을 다른 많은 지역에서도 저질렀다.[49]

이처럼 교회와 성직자를 비판하면서 교회의 고유권한인 성사 집행을 본인들이 대신하고, 심지어 성직자에게 물리적 위해를

채찍질 고행자 행렬

가하는 것은 명실상부하게 반-성직적 행위였다.

둘째, 고행자들은 자신들이 기적을 행할 수 있다고 믿었다. 1349년 10월 행한 설교에서 수도승 장 드 페(Jean De Fayt, 1395년 몰)는 이와 관련한 자신의 경험담을 다음과 같이 말했다.

> 나는 건강을 되찾기 위해 채찍질 고행자들을 찾아간 병자들을 보았다. 고행자들은 병자가 건강해지도록 모자와 채찍을 (병자에게) 올려놓았다. 어떤 단순한 사람들은 이 광경에 너무 현혹되어 고행자들이 채찍질하면서 흘리는 피를 성물로 숭배했다. (…) 나이 든 여인들과 다른 순진한 사람들이 천 조각으로 그 피를 닦아서 성물처럼 자신과 다른 이의 눈에 바르는 것을 보았다. 고행자들은 대단한 광경을 만들어내기 위해 이런 행위를 하도록 놔두었다.[50]

이는 교황의 권위를 무시하는 동시에 교회법을 위반하는 행위였다. 까닭은 이랬다. 교황 인노첸시오 3세(Innocent Ⅲ, 재위: 1198~1216년) 이래 기적에 대한 교회당국의 견해는 엄격해졌다. 기적은 악마적 요소가 있을 수 있기 때문에 더 엄정하게 검토해야 한다는 교황의 입장 때문이었다.[51] 기적에 대한 이런 견해는 1215년 4차 라테란공의회에서 결정된, "교황의 승인을 받지 않는 한 새로운 유물을 공개적으로 숭배하지 말라"는 규정을 통해 (교회)법적 효력을 지녔다.[52] 성유물과 기적은 해당 성인에 대한 숭배의식을 번성시키고, 그 결과 그 성인을 섬기는 교회기관을 번성케 하는 데 크게 기여한다. 새로운 성물을 숭배하고, 또 그 성물(혹은 성인)이 일으킨 기적을 신성시함으로써 새로운 성인 숭배의식이 번성하며, 관련 교회기관이 성장할 가능성이 커진다. 따라서 새로운 유물과 기적을 공식적으로 숭배할 수 있는지의 여부를 교황이 결정한다는 것은 '숭배의식'을 교황의 통제·감독하에 둔다는 의미다. 즉, 교황권을 강화하고 교회의 위계를 공고히 하려는 조치의 일환이었다.

그런데 고행자들 스스로가 자신들이 기적을 행한다고 주장해 버린 것이다. 더구나 대중들마저 그것을 믿고 따랐다. 기존의 숭배의식을 통제하고 새롭게 제기되는 성유물·기적까지 엄격하게 관리하겠다는 교황·교회법의 의지에 반하는 일들이었다. 고행자가 기적을 행한다는 주장과 그것을 믿는 태도는 반-성직주의 경향이자 교권에 대한 도전이었다.

고행자의 이러한 행보는 지역에 따라 차이가 있었는데, 특히 오늘날 독일 중부지역에서 급진적인 모습을 보였다. 그곳에서는 천년왕국설(Millenarianism), 적그리스도(Antichrist)의 출현과 같은 종말론적 세계관과 '자유영혼형제단(Brother of Free Spirit)'이라는 이단에 대한 믿음이 다른 지역과 비교해 팽배했다.[53] 고행자들은 이런 지역적 영향을 받아 종말론적이면서 이단적인 교리를 신봉했다.

고행자들의 행위에 위기감을 느낀 교회당국은 대응에 나섰다. 우선 파리대학 신학부 교수들에게 채찍질 고행자의 문제를 어떻게 처리하면 좋을지 자문을 구했다. 그 요청을 받은 장 드 페가 교황 클레멘스 6세가 있는 아비뇽(Avignon)의 교황청으로 파견되었다. 1349년 10월 5일, 장 드 페는 교황 앞에서 채찍질 고행자의 행위를 비판했다. 며칠 뒤인 10월 20일, 교황은 채찍질 고행운동을 이단으로 규정하고 고행자 무리의 활동을 금지한다는 칙령을 발표했다.[54] 고행자들이 추구했던 기적에 대한 태도와 반-성직주의는, 그들이 표방한 종교적 신실함과 진실성의 여부와는 별개로 교회의 권위와 위계에 위협적이었다. 결국 채찍질 고행자 무리는 이단으로 규정되었고, 끝내 이 운동이 금기시되는 결과에 도달하고 만다.

*

채찍질 고행이 집단행위로 처음 등장한 것은 1260년 이탈리아 페루자에서였다. 고행운동은 이탈리아 전역으로 빠른 속도로 확산되었다. 이 운동이 활발히 전개될 수 있었던 것은 당시 널리 신봉되던 종말론적 세계관 그리고 평화를 향한 염원 때문이었다. 한편 알프스 이북으로 전파된 운동은 개인의 구원을 강조했으며, 농민운동 성향이 강해졌다. 또 교회당국의 권위에 도전하는 요소도 내포했다. 그 결과 세속권력과 교회당국은 이 활동에 대한 지지를 철회하고 이를 금지하는 조치를 내렸다.

1348년에도 채찍질 고행운동이 다시 활발하게 전개되었다. 당시 흑사병이 창궐해 큰 피해를 입히자 사람들 사이에서 신의 분노를 누그러뜨리려 속죄해야 한다는 생각이 커졌기 때문이다. 물론 개인적인 속죄행위로는 아무 의미가 없었다. 개개인이 아니라 사회 전체가 신께 용서받아야 했다. 결국 집단적인 채찍질 고행이 신께 용서를 비는 일종의 전례의식으로서 절차와 규율에 따라 진행되기에 이른다. 그러나 고행운동은 이단적 요소를 내포하고 있었기 때문에, 교황은 이를 이단으로 규정해 금지해버렸다.

1260년 이탈리아에서 전개된 고행운동과 1348~1349년의 그것을 직접 비교해보자. 먼저 전자는 종말론적 세계관과 평화를 추구하는 마음에서 시작되었고, 후자는 역병을 잠재우려는 목적에서 시작되었다는 차이가 있다. 다만 두 경우 모두 신께 속죄함으로써 그의 은총을 받고자 했다는 점에서는 공통점을 갖는다.

성직자의 참여 정도에서도 차이가 있다. 1260년 이탈리아에서는 성직자들이 고행행렬에 적극적으로 참여했고, 이는 교회당국의 승인과 지지 하에서 진행되었다. 반면 1348~1349년 고행운동의 주체는 속인 대중이었다. 성직사회는 흑사병으로 큰 타격을 입어 속인 대중을 이끌만한 능력을 갖고 있지 못했다. 때문에 채찍질 고행자들이 제 역할을 못하는 기존의 성직사회를 대신하려 한 측면이 컸다. 그 결과 전자와 달리 후자에서 고행자 무리가 더 조직적이고 규율화되었다. 이들이 전개했던 속죄행위 또한 전례의식화되었다. 그러나 바로 그 이유 때문에 도리어 이들은 이단으로 낙인찍힐 수밖에 없었다. 폭력과 재난 그리고 공포와 불확실성 아래에서 속인 대중은 초월적 존재에 대한 믿음을 강화함으로써 당면한 어려움을 극복하고자 했지만, 교회당국은 자신들의 권위와 위계를 최우선 가치로 놓고서 사회적 위기, 어찌 보면 자신들의 위기에 대처한 셈이었다.

제3장

유대인 학살 :
유대인 음모론과 사회적 대응

*

1348년 성지주일(Palm Sunday)인 4월 13일, 오늘날 프랑스 남부 해안에 있는 툴롱(Toulon)에서 유대인 거주지역이 약탈당하고 유대인 40명이 살해당했다.[1] 기독교도를 살해하기 위해 유대인이 우물에 독을 풀었다는 이유에서였다. 당시 많은 사람들이 죽어간 실제 이유는 역병 즉, 흑사병 때문이었지만, 그 원인을 유대인에게 돌린 것이었다. 화근으로 여겨졌던 유대인을 제거함으로써 (사실은 흑사병이 야기한) 죽음의 공포에서 벗어나고자 했기 때문이다.

한편 유대인 집단학살(pogrom)이 툴롱에서 처음 발생했던 이유는 지리적 측면을 살펴보면 쉽게 이해된다. 흑사병은 1347년 시칠리아에서 창궐한 이래, 1348년 초 이탈리아 항구 도시 제노아, 피사, 베니스를 비롯해 오늘날 프랑스의 마르세유 및 툴롱지역 등으로 확산되었다. 즉 흑사병이 서유럽에서 창궐하기 시작했을 때 툴롱은 초창기 발병지에 속했다.[2] 앞으로 더 언급하겠지만, 1321년 프랑스 남서부지역에서 있었던, 유대인이 연루된 음모론에 대한 경험 역시 1348년 툴롱에서 유대인 학살이 시작된 동인일 수 있다.

대규모 인명 손실의 원인이 유대인 탓이라는 음모론 또한 흑사병이 다른 지역으로 확산함에 따라 덩달아 퍼져나갔다.[3] 유대인에 대한 반감은 함께 증폭되었으며, 이는 자연스럽게 유대인 집단학살로 이어졌다. 특히 학살은 오늘날의 독일과 스위스를 포함하는 신성로마제국에서 심각하게 자행되었다. 1348년에서 1351년 사이 제국 내 400여 개가 넘는 도시와 마을들에서 유대인이 학살되었다.

유대인 학살이 신성로마제국에서 유독 심했던 이유는 다른 왕국들, 예컨대 프랑스와 잉글랜드는 흑사병 창궐 이전에 이미 유대인을 추방한 적이 있었으나 신성로마제국은 그러지 않았고, 따라서 상대적으로 많은 유대인이 거주했기 때문이다.[4] 14세기 초 유럽 내 유대인은 45만여 명으로, 유럽 전체 인구 4천4백만여 명의 1퍼센트 정도로 추정한다. 잉글랜드에서는 1290년 에드워드 1세(Edward I, 재위: 1272~1307년)의 명령으로 유대인이 추방되었다. 프랑스에서는 1306년 추방령 이전에 10만여 명의 유대인이 거주한 것으로 파악되며, 1306년에 이어 1322년에도 추방령이 내려졌다. 하지만 프랑스 남부지역에서는 유대인을 추방하지 않았다. 1348년 당시에도 툴롱을 비롯해 프랑스 남부지역에 유대인이 여전히 거주하고 있었다.[5]

이와 같은 역사적 맥락 하에서 본 장에서는 서유럽사회에서 흑사병 창궐과 함께 자행된 유대인 학살, 구체적으로는 신성로

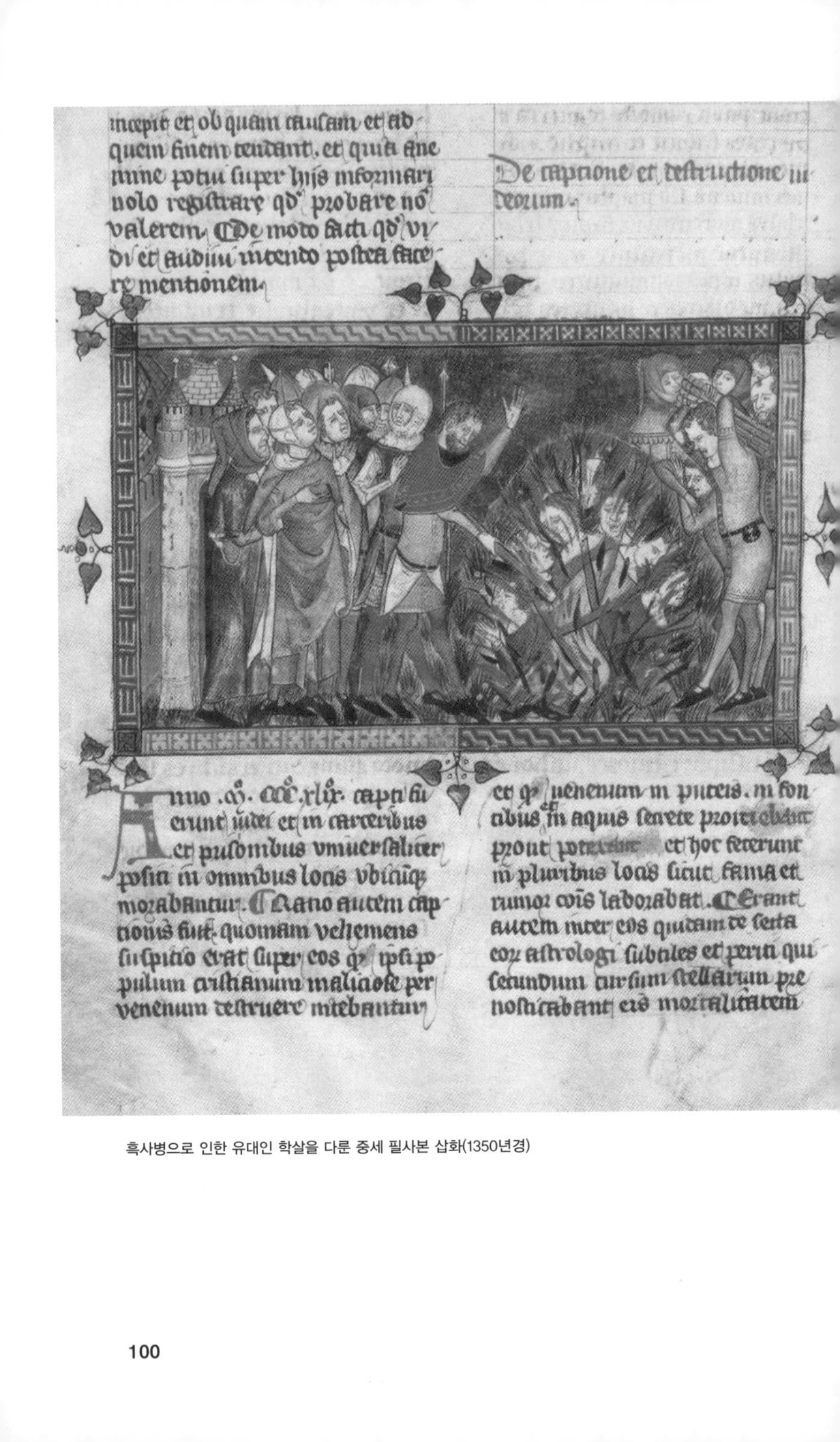

흑사병으로 인한 유대인 학살을 다룬 중세 필사본 삽화(1350년경)

마제국에서 벌어진 유대인 학살에 주목해본다. 특히 유대인이 우물에 독을 풀었다는 음모론의 실체는 무엇이며, 또 이러한 소문이 어떻게 생산되었는지 분석한다. 아울러 유대인에 대한 사회적 대응이 계층(급)에 따라 어떤 차이를 드러냈으며, 그 배경은 무엇이었는지 살펴본다.

1. 유대인의 독극물 음모론

1348년 툴롱을 비롯한 프랑스 남부지역에서 제기되기 시작한 '유대인 음모론'은 바로 '독극물 음모론'이었다. 이에 따르면, 유대인이 기독교세계를 파괴할 목적으로 기독교도가 마시는 우물이나 샘에 독을 풀었고,[6] 그 결과 수많은 사람이 목숨을 잃었다. 많은 사람이 사망한 이유가 역병 즉, 흑사병이 아니라 유대인 때문이라는 것이다.

음모론에 따르면, 독을 살포하는 행위는 조직적이고 국제적이었다. 예컨대 그 근거를 찾아보면, 오늘날 스위스의 시옹(Chillon)에서 확보된 1348년 말 유대인 관련 진술은 다음과 같다.

> [스페인] 톨레도(Toledo)에서 온 랍비 야곱(Jacob)은 부활절 이래 [프랑스] 샹베리(Chambéry)에 머물렀다. 그는 자신을 섬기는 유대인 소년을 통해 달걀 크기의 독극물 덩이를 전달했다. 그것은 가루 형태였으며 잘 바느질된 가죽 주머니 속에 보관되어 있었다. 편지 한 통도 함께 전달

> 되었는데, 파문에 대한 두려움과 종교(유대교)에 대한 복종심에 따라 독극물을 그 도시에서 가장 크고 많은 사람들이 사용하는 우물에 넣으라는 랍비 야곱의 명령이었다. (…) 여러 지역으로 전달된 다른 명령서를 통해 유사한 내용을 지시했다는 말도 있었다.[7]

또 다른 진술에 따르면, 음모에 가담한 유대인은 우물에 독을 풀기 위해 헝겊에 싸인 독극물을 전달받았다. 그것은 크기가 견과류 만하며 검은색과 붉은색을 띠었다. 독은 바실리스크라는 뱀에서 추출한 것이었다. 바실리스크는 쳐다보는 것만으로도 사람을 죽게 할 정도로 강력한 독성을 지녔다는 전설 속의 뱀이다.[8]

배후 세력으로는 언급한 랍비 야곱 이외에도 또 다른 랍비가 거론되기도 했다. 어느 유대인의 진술에 따르면, 그는 샹베리의 랍비 루비 페이렛(Rubi Peyret)의 명령에 따라 움직였다. 지시에 따라 그는 사업차 방문한 베니스, 칼라브리아(Calabria), 아풀리아(Apulia), 바를레타(Barletta), 툴루즈(Toulouse)에서 우물에 독을 풀었다.[9] 또 다른 유대인은 우물에 독을 어떻게 넣어야 할지 유대인 동료들과 상의했다면서 그들의 이름을 밝히기도 했다. 또한 독극물의 출처가 예루살렘과 관련 있다는 진술도 확보되었다. 그 진술은 이렇다.

> 페링겐슈타트(Veringenstadt)의 안셀름(Anselm)이라

는 유대인이 예루살렘에서 스트라스부르(Strasbourg)와 프라이부르크(Freiburg)로 왔다. (…) 안셀름이 프라이부르크로 왔을 때 나는 발트키르히(Waldkirch)로 가서 그를 만났다. (…) 그가 바다 건너에서 독극물을 가져왔다고 말했다.[10]

독극물이 신성로마제국 내 다른 지역에서 전달되었다는 진술 역시 존재한다.

> 독극물은 처음에 바젤(Basel)에서 왔다. (…) 프라이부르크, 브라이자흐(Breisach), 엔딩엔(Endingen)에서 우물에 독을 풀었다. [그 일을 하는 데] 열흘이 걸렸다.[11]

음모론에 유대인만 관여된 것은 아니다. 이른바 사회 소수자라고 할 수 있는 "가난한 자와 거지"도 그에 가담했다. 그들은 유대인에게 매수되어 돈벌이를 목적으로 우물과 샘에 독을 풀었다.[12]

이상의 진술들을 정리해보면, 기독교도를 독살하려는 계획은 예루살렘과 스페인, 프랑스 및 신성로마제국 내 유대인들이 연루된 국제 규모의 사건이었다. 또한 배후에 특정 랍비가 존재하고 그를 중심으로 계획이 체계적으로 진행되었으며, 각 지역에서 활동하는 행동요원들이 있었다. 중간 연결책이 지역 단위로 분절된 점조직을 유기적으로 관리할 정도로 조직적이었다.

앞서의 '진술'은 음모에 가담한 유대인을 사법당국이 체포해 심문하는 과정에서 자백된 내용이다. '스스로 고백한다'는 자백의 사전적 의미와 달리, 피의자들은 고문을 이기지 못하거나 지레 겁을 먹고 진술할 때가 많았다. 고문은 죄수를 수레바퀴(wheel)에 매다는 방식으로 진행되었는데, 이는 고대부터 전해지던 대표적인 고문기술이었다.[13]

이처럼 14세기 유럽의 사법당국은 피의자 고문을 허용했다. 고대부터 존재해온 고문이 중세 말 유럽에서도 자행되었다는 사실이 처음 기록된 것은 1228년 베로나 시의 법률문서에서였다. 베로나 시를 이어 다른 곳에서도 고문 관련 법률을 제정했다.[14] 임의로 행해졌던 고문을 법률로써 공식 허용한 것으로, 이는 유럽대륙의 사법절차에 심문제도가 도입된 것과 관련이 있다. 심문제도는,

> 인간사를 신에 의존하지 않고 인간의 합리적 판단력으로 해결하는 제도이기 때문에, 재판관은 판결을 내리기에 앞서 유죄를 입증할 분명한 증거를 확보해야 했다. 이 제도가 채택한 기준은 로마의 반역법과 이른바 '로마법식 교회 증거법'에 기반을 두었다. 둘 이상의 현장 증인의 진술이나 피의자의 자백을 확보해야 한다는 것이다. 그 밖의 증거는 아무리 신빙성이 있더라도 불충분한 것으로 간주했다. 두 명의 증인이 실제로 범죄행위를 봤다고 증언하지 않는 이상, 그리고 피의자가 자신의 범죄행위를 자백하지 않는 이

상, 피의자에게 유죄판결을 내릴 수 없었다.[15]

다시 말해 심문제도의 도입으로, 유죄판결을 위해서는 증인의 증언이나 피의자의 자백이 필수적이었다. 증인 확보가 어려울 때는 자백에 의존할 수밖에 없었다. 이때 피의자 입장에서 자백은 곧 유죄를 인정하는 것이기 때문에, 사법당국이 자백을 받아내기란 쉬운 일이 아니었다. 결국 사법당국은 피의자의 신체에 고통을 가함으로써 자백을 강제했다. 심문 과정에서 고문을 사용하고 그것을 법으로 허용한 이유다. 앞서 거론한 유대인 피의자의 진술 내용으로 돌아가 보면, 비록 피의자에게 고문을 가했을지라도 당대 관점에서는 적법한 절차를 통해 피의자의 자백을 받아낸 것이었다.

그런데 합법적 절차를 통해 자백을 확보했고, 구체적으로 그 음모가 진술되었다고 해서 국제적 규모의 조직사건이 실제로 일어났다고 보아야만 할까. 다시 말해 유대인이 기독교도를 살해할 목적으로 실제로 우물에 독을 풀었을까. 혹은 그럴 계획이 있었을까.

이에 대한 논의는 유대인이 우물에 독을 푼다는, 즉 음모론과 관련한 모종의 역사를 살펴보는 것에서부터 시작할 수 있다. 일단 이러한 음모가 처음 드러난 것이 1096년 보름스(Worms)에서였다는 주장이 있다. 이렇게 주장하는 연구자들은 제1차 십자군 원정에 대해 기록한 『마인츠 연대기(*Mainz anonymous chronicle*)』에 담긴 짧은 글에 의지한다. 연대기에 따르면,

그들[기독교도들]은 30일 전에 매장했던 어느 기독교도의 시체를 파내어 도시로 운반했다. 그들은 다음과 같이 외쳤다. "유대인들이 우리 동료에게 한 짓을 봐라. 그들은 기독교도를 데려다가 물에 삶았다. 그런 후 우리를 살해하기 위해 그 물을 우물에 부었다." 십자군과 도시민들이 이 말을 듣고는 칼을 뽑아들고 소리치며 모여들었다. "십자가에 못 박힌 분의 원수를 갚을 때가 되었다. (…) 어린아이와 요람 속 젖먹이까지 포함해 그 누구도 도망가지 못하게 하라."[16]

차잔(R. Chazan)과 유발(I. Yuval)은 위 내용이 1096년 직후 작성된 것으로 신뢰할 만하다고 본다. 또한 기독교도 살해를 목적으로 유대인이 우물에 독을 푼다는 음모론이 유대인에 대한 반감과 잘 결합해, 결국 제1차 십자군이 유대인을 학살하는 동력이 되었다고 주장한다.[17] 이는 유대인 독극물 음모론이 중세 유럽 기독교사회에서 널리 믿어졌다는 트라첸버그(J. Trachtenberg)와 바론(S. W. Baron)의 견해와 궤를 같이한다.[18] 예컨대 트라첸버그에 따르면, 유대인 독극물 음모가 처음 제기된 것은 1161년 보헤미아(Bohemia)에서였고, 이때 유대인 86명이 화형 당했다.[19] 이외에도 1226년 오늘날 폴란드의 브로츠와프(Wrocław)를 비롯해, 1308년 보(Vaud), 1319년 프랑코니아(Franconia)에서 그런 사건이 있었다는 견해가 제기되었다.[20]

그러나 바질레이(T. Barzilay)는 이러한 주장에 회의적이다. 그는 1096년 십자군의 유대인 학살은 독극물 음모와 관련이 없다고 본다. 제1차 십자군 원정대가 레반트지역을 점령한 후, 그 지역에 여전히 상주하고 있던 무슬림들이 자신들을 독살할지 모른다는 의혹이 제기되었고, 이를 『마인츠 연대기』를 기록한 연대기 작가들이 왜곡했을 것이라는 게 그의 견해다.[21] 계속해서 그의 주장에 따르면, 1161년의 경우는 당대 기록이 아니라 18~19세기 독일 역사가들이 작성한 문헌에 기반을 둔 주장으로 신빙성이 떨어진다. 1226년의 사건 역시 당시 기록은 유대인의 음모에 대해 언급하지 않는다. 그것은 1226년 유대인이 브로츠와프에서 추방된 이유를 후대 역사가들이 유대인 독극물 음모론과 연관 지어 추정한 것일 뿐이다. 1308년과 1319년의 경우도 연대기 상 신뢰할 만한 근거가 없다.[22]

바질레이는 대신 유대인 독극물 음모론이 처음 제기된 것은 1321년이라고 본다. 그러나 이때의 음모론에는 유대인 외에도 나환자와 무슬림도 관여되어 있었다. 1321년 프랑스 남서부지역과 오늘날 스페인 북동부지역인 아라곤에서 나환자들이 자신들의 병을 퍼트리기 위해 우물에 독을 푼다는 소문이 나돌았고, 그 소문은 즉시 나환자를 무슬림, 유대인 집단과 함께 엮은 음모론으로 확장되었다. 프랑스왕국을 적대시하는 이베리아반도 무슬림 지도자들과 프랑스 내 유대인들이 나환자들과 공모해 우물에 독을 풀었다는 내용이었다.[23] 당대 사회에서 소수자였던 나환자와 유대인 그리고 강력한 외부 적대 세력인 무슬림, 이 세 집단이 하나가 되어 사회에 위해를 가하는 불순세력이 된 것이었다.

이상의 논의에서 알 수 있듯이, 유대인이 기독교도를 살해하기 위해 우물에 독을 푼다는 음모론의 기원에 대해서는 참으로 다양한 견해들이 제시되어 있다. 하지만 1348년 전에 이미 유대인 독극물 음모론이 제기되었다는 사실에 대해서만큼은 이의 없이 동의가 가능하다.

그렇다면 음모와 관련한 유대인의 혐의는 실제 근거에 바탕을 둔 것인가. 결론부터 말하자면, 그렇지 않다. 1321년에 자행된 박해를 비롯해 그 이전의 경우들(만약 존재했다면)과 1348년에 있었던 학살 역시 사회의 소수자였던 유대인을 희생양으로 삼은 것이었다.

사회·문화적 맥락에 따라 구체적으로는 다르겠지만, 역사적으로 사회 소수자를 희생양으로 만드는 이유는 일반적으로 다음과 같은 뒤르켐(E. Durkheim)의 말로 이해될 수 있다. “특정 개인이나 집단을 그들이 속한 사회의 규범과 가치를 위반하는 일탈자로 규정하는 목적은 나머지 사회 구성원의 결속을 강화하기 위해서다.”[24] 이는 공동체 내부에서 갈등이 고조될 때, 저항할 능력이 없는 개인이나 집단을 ‘희생양’ 삼아 내부 문제를 해결한다는 지라르(R. Girard)의 견해와 궤를 같이한다.[25] 이와 같은 뒤르켐과 지라르의 논리를 적용해보면, 사회 소수자인 유대인은 특정 국면에서 희생양이 될 수 있다. 하지만 유대인과 독극물 음모론이 왜 결합했어야 했는지에 대해서는 여전히 의문이 남는다.

이에 대한 해답의 실마리는 중세 유럽의 독살(poisoning)을 연구한 콜라드(F. Collard)에게서 찾아볼 수 있다. 그에 따르면, 중세

희생양을 찾아 자행되었던 중세 마녀사냥

유럽에서 독살은 다른 사건과 비교해 상대적으로 적게 발생했지만, 이미 오랜 역사를 지닌 범죄였다. 특히 13세기 후반이 되면 독극물을 이용한 범죄가 크게 증가했다.[26] 이와 같은 사회적 맥락에 유대인이라는 변인을 결합하면, 하나의 가능성, 즉 유대인이 기독교 대중을 독살한다는 서사가 만들어진다. 특히 유대인은 의학지식이 풍부해 이베리아반도의 무슬림사회에서뿐만 아니라 서유럽 기독교사회에서도 의사로 활동하는 사례가 많았다는 사실에 주목할 필요가 있다.[27] 다시 말해 반유대인정서가 팽배한 중세 유럽사회에서 유대인에 대한 반감을 증폭시키거나 그들을 희생양으로 삼아야 할 때가 되면, 유대인이 그들의 뛰어난 의학지식을 바탕으로 독을 이용해 사회 전체를 위협에 빠트린다는 음모론이 가동될 수 있었다. 마치 근대 초 유럽에서 마녀사냥이 기승을 부릴 때 마녀 혐의를 받은 자 중 많은 이가 치유사(healer)나 산파였던 것과 같은 맥락이다.[28] 그들은 식물과 약초를 활용하는 재주가 뛰어났는데, 그것이 마녀술을 부리는 능력으로 치환되어 마녀 혐의를 받았던 것과 같은 이치다.

이상의 논의를 1348년 경우에 적용해보면, 유대인에 대한 박해와 학살의 메커니즘을 다음과 같이 정리해볼 수 있다. 1348년 흑사병이라는 재난에 직면해 사회가 공포와 혼돈에 휩싸인 상황에서 재난의 원인을 유대인에게 돌리고, 그들을 제거하고자 했다. 이를 위해 이전부터 존재했던 유대인의 독극물 음모론을 다시 소환해 그들을 탄압하고 학살할 수 있는 명분을 구체화했다. 이런 과정을 통해 사회 구성원은 안정을 되찾을 수 있으리라 기대했다.

다시 말해 이전 경우와 마찬가지로 1348년 음모는 실재하지 않았다. 비록 합법적 절차를 통해 유대인 혐의자의 진술을 확보했지만, 이는 고문을 이기지 못하거나 고문에 대한 공포 탓에 허위로 자백된 것이었다. 실제로 당대 기록에는 이때 제기된 음모가 실체 없이 잘못된 것임을 인지한 내용이 있다. 예컨대 연대기 작가 콘라두스 메겐베르겐시스(Conradus Megenbergensis, 1374년 몰)는 다음과 같은 진술을 통해 음모론이 허구임을 시사했다.

> 심지어 많은 곳에서 유대인이 살해되고 거의 2년 전에 완전히 추방되었음에도 죽음[역병, 즉 흑사병]이 강력한 손으로 동일한 지역을 내리쳐서 거기에 남아 있는 사람들을 정복한다. (…) 내가 보기에 이런 그리고 유사한 이유에서, 거의 전 세계로 확산된 이 엄청난 죽음의 원인으로 저 불쌍한 유대인종은 아닌 것 같다.[29]

프랑스인 외과의사 기 드 숄리아크(Guy de Chauliac, 1368년 몰) 역시 유대인을 향한 비난은 잘못되었다고 보았다. 그는 "사람들이 유대인을 죽였는데, 유대인들이 세상을 독으로 파멸시킬 것이라고 믿었기 때문"이라고 말하면서, 다음과 같은 진술로 당대인들이 유대인 독극물 음모론을 얼마나 맹신했는지 보여준다. "사람들이 약가루와 연고를 가진 어떤 사람을 발견하면, 그것이 독이 아니라는 것을 확인하기 위해 그 사람에게 그것을 먹게 할 것이다."[30] 당대 최고의 의학지식을 갖고 있던 숄리아크가 보기에 유대인에 대한 비난은 무지와 공포에 기인한 맹목적인 편견 때문이었다.

2. 계층(계급)에 따른 대응

유대인 음모론이 당대 모든 사람에게 동일한 심급으로 이해된 것은 아니다. 계층(급)에 따라 음모론에 대응하고 유대인을 대하는 태도가 달랐다. 여기에서는 신성로마제국 내 도시민중, 도시 엘리트계급으로 구성된 도시당국, 그리고 교회당국으로 구분해 살펴본다. 도시민중, 도시당국, 교회당국이라는 개념이 중세적 맥락에 부합하는지, 또 해당 계층을 대표할 수 있는지는 논란의 여지가 있으나 이를 대체할 적절한 개념이 없어 부득이 사용한다.

1) 도시민중의 반응

민중이 주도해 유대인을 학살한 사례는 어렵지 않게 찾을 수 있다. 스트라스부르, 레겐스부르크(Regensburg), 크렘스(Krems), 슈타인(Stein), 바젤, 슈파이어(Speyer), 마인츠(Mainz), 쾰른(Cologne), 본(Bonn), 알자스(Alsace) 등 여러 지역에서 '폭도(mob or rabble

Pöbel)’, ‘대중(people or populace)’, ‘노동자계급(working class)’, 소농층(peasantry) 및 길드(guild) 구성원들이 유대인을 살해했다.[31] 여기서 다양하게 표현한 개별 집단은 모두 민중 범주에 포함한다.

1348~1351년 도시민중이 유대인에게 가한 폭력은 기본적으로 종교적 맥락에 기원을 둔다. 익히 알다시피 기독교와 유대교는 같은 뿌리를 갖고 있지만 엄연히 다른 종교다. 게다가 유대인은 예수를 십자가에 매달리게 한 이들로 기독교도는 그들을 적대시했다. 아울러 중세 기독교사회는 이교(도)에 배타적이었다. 그럼에도 다른 이교도와 달리 유대인에게는 관대해 그들이 기독교도사회에 머무는 걸 허용했다. 그것이 가능했던 이유는 로마법전통과 교회의 교리전통에 있었다. 후자는 아래에서 더 논하겠기에 우선 로마법전통을 간략히 살펴보자.

3세기 로마는 제국 내 모든 거주민에게 시민권을 부여했다. 유대인 역시 로마 시민이 될 권리가 보장되었다. 콘스탄티누스 대제의 개종, 그리고 테오도시우스와 유스티니아누스 황제의 법령에 따라 유대인에 대한 제약이 강화되었지만, 그들은 여전히 제국의 시민으로 여겨졌다. 이후 이탈리아 및 다른 일부 지역에서도 유대인과 관련한 로마법전통이 유지되었다. 이러한 로마법전통과 별개로 중세시대의 세속권력은 유대인을 보호하는 법령을 반포하기도 했다. 예컨대 신성로마제국의 경우 1090년 하인리히(Heinrich) 4세, 1157년 프리드리히 바르바로사(Friedrich Barbarossa) 그리고 1234년 프리드리히 2세가 유대인의 안전을 법으로 보장했다.[32] 이와 더불어 11세기 이전까지 서유럽 기독교세계에 존재하던 유대인의 규모가 크지 않았다는 사실 역시 기독교사회가 그들을 관용적인 자세로 대할 수 있는 배경이었다.

새천년이 시작된 이후 유대인에 대한 기독교사회의 태도는 변화했다. 이전까지 주로 레반트지역, 북아프리카, 이베리아반도의 무슬림사회와 비잔티움제국 및 이탈리아반도 일부 지역에서 거주하던 유대인이 11세기로 전환될 무렵부터 서유럽 기독교세계로 진출을 확대했다. 극소수만이 존재하던 때와 달리 유대인에 대한 기독교사회의 긴장도가 높아졌다.[33]

그러한 긴장관계가 집단폭력으로 표출된 것은 1096년 제1차 십자군 원정대에 의해서였다.[34] 제1차 십자군 원정대의 궁극적 목표는 예수가 묻혀 있는 예루살렘을 탈환하는 것이었다. 그런데 유대인은 예수를 죽게 한 자들이다. 따라서 예루살렘 탈환에 대한 염원은 유대인에 대한 분노를 증폭시키는 것으로 이어졌고, 원정대에 속해 있다는 집단심리는 비이성적이고 무절제한 폭력성을 분출시켰다.

제1차 십자군 원정대를 통해 경험했던 유대인을 향한 폭력성은, 11세기 이래 진행된 교권 강화 및 교리 체계화와 함께 12세기가 되면 더 구체적인 정당성을 확보했다. 당시 유대인들은 종교적 의식에 따르는, 이른바 '의례적 살해(ritual murder)'의 형태로 자기 아이를 살해하곤 했다. 때문에 기독교도의 아이들도 살해할 수 있다는 혐의를 받고 있었다.[35] 자연스럽게 서유럽 기독교사회에서 유대인에 대한 증오와 혐오가 내재화되었고, 상황에 따라 증오와 혐오는 폭력성을 띤 형태로 표출되었다. 예컨대

1281년과 1283년의 마인츠, 1285년의 뮌헨(Munich), 1287년의 오버베젤(Oberwesel) 등지에서 유대인이 학살되었다.[36] 이 사태들이 개별 지역 단위로 발생한 것이라면, 1321년에는 지리적으로 더 광범위한 지역에서 학살이 일어났다.

같은 맥락으로 1348~1351년에 자행된 유대인 학살을 이해할 수 있다. 민중이 주도했던 이 학살은 역사 과정을 거치며 기독교사회에서 공고하게 구축된, 유대인에 대한 종교적 맥락의 혐오와 증오를 바탕에 두고 있었다. 앞서 언급했듯이 툴롱에서 성지주일에 처음으로 유대인 학살이 자행되었다는 사실은 이때의 학살에 종교적 의미가 있었음을 분명하게 보여준다. 성지주일은 예수 부활을 기념하는 축일 바로 전(前) 주일로, 전통적으로 기독교사회에서 유대인에 대한 적의를 강조하고 재확인하는 기간이었다.

그렇다고 종교적 배경이, 민중이 유대인을 학살한 이유 전부는 아니었다. 좀 더 현실적인, 즉 정치·경제적인 이유도 있었다. 14세기를 포함해 중세 후반 신성로마제국 내 도시들에서는 길드조직이 활성화되어 있었다. 하층민으로 구성된 길드는 도시 내에서 정치권력을 확대하고자 했지만, 지배계급인 도시 엘리트층과 도시 내 교회권력의 견제를 받았다. 이렇게 도시 내 권력을 두고 민중계급인 길드 구성원과 지배계급이 대립하는 갈등 상황에 대부(貸付) 문제를 놓고 유대인이 연루되었다. 유대인 고리대업자들이 어느 쪽에 자금을 더 빌려주느냐는 도시 내 정치·경제적 권력의 향방에 영향을 미칠 수 있었기 때문이다.

유대 자금은 민중계급보다는 지배계급으로 유입되는 경향이 많았다. 실제로는 많은 금액이 아닐지라도 지배계급으로 자금이 들어가는 것은 민중계급의 입장에서 유대인이 자신들의 정치·경제적 경쟁 상대를 지원하는 꼴이었다.[37] 즉, 많고 적음을 떠나 유대인의 자금이 도시 상류층에 유입되는 것 자체가 길드 구성원, 즉 민중들에게는 적대적 행위일 수 있었다. 물론 이러한 정치·경제적 상황만으로 유대인에 대한 민중의 폭력을 설명하기엔 부족한 감이 없지 않다. 하지만 정치·경제적 맥락이 역병이 초래한 공포와 혼란 그리고 종교적 증오·혐오와 결합함으로써 유대인을 향한 폭력에 거대한 동력을 제공한 것은 분명하다.

2) 도시당국의 대응

유대인 학살을 주도한 세력이 민중이 아니라는 주장도 있다. 예컨대 콘(S. K. Cohn)은 도시 엘리트계급이 주도하는 도시당국(city council)이 학살을 주도했다고 본다.[38] 그는 "상류층이 지배적이던 도시당국은 유대인이 우물에 독을 푼다는 소문을 믿지 않거나 부정한 것은 아니"라고 주장한다.[39] 또한 16개의 도시당국이나 그곳의 지배계층이 작성한 19개의 현존 서신들에서 보이듯, 도시당국이 나서서 유대인의 혐의를 조사하고 판결을 내려 형을 집행했다는 사실도 확인할 수 있다.[40] 다시 말해 도시당국은 학살 주도의 사실 여부를 떠나 유대인이 학살되는 데 큰 역할을 했다는 점은 부인할 수 없다.

그러나 도시당국이 처음부터 유대인을 학살하려던 것은 아니었다. 이를테면 경제적 이해관계에 따라 유대인을 보호하기도 했다. 쾰른을 예로 들어보자. 1348년 흑사병 창궐 이전에, 쾰른의 유대인 공동체는 번성해 도시 중심부에 750여 명의 유대인들이 거주했다. 시당국은 이들로부터 큰 세수를 확보했다. 더구나 유대인의 문화·경제적 활동은 도시 발전에 기여하는 바가 컸다. 따라서 시당국은 유대인 공동체가 파괴되는 것을 방관할 수 없었다. 특히 다른 도시에서와 같이 유대인을 학살하면서 그들의 가옥을 불태운다면, 도시 중심부 전체가 화염에 휩싸일 수도 있었다.[41] 이는 유대인뿐만 아니라 기독교도의 재산과 생명을 크게 위협하는 일이었다. 결국 쾰른 시당국은 도시 엘리트층의 이해에 부합하는 조치로서 유대인이 학살되지 않도록 보호하고자 했다. 이와 같거나 유사한 맥락에서, 다른 곳에서도 시당국과 도시 엘리트들은 유대인을 보호하고자 했다. 예컨대 바젤, 브라이스가우(Breisgau)의 프라이부르크, 스트라스부르 등이 그러했다. 오스트리아의 공 알브레히트(Albrecht II, Duke of Austria, 1358년 몰)도 자신의 통치하에 있던 지역에서 유대인을 보호했다.[42]

하지만 결국은 쾰른을 비롯해 (다른 지역을 포함한) 위 지역들에서 도시당국은 유대인을 학살하기로 결정했다. 유대인이 도시의 재정·경제 기반에 기여하는 바가 컸지만, 도시 내 유대인의 자금이 엘리트계급으로 많이 유입되었다는 것은, 달리 보면 그들 입장에서 유대인 학살을 유혹하는 동인이기도 했다. 돈을 빌려준

『뉘른베르크 연대기』에 수록된 흑사병 창궐 당시 유대인 학살

채권자가 사라지면 빚을 갚지 않아도 되는 이유에서였다. 이런 차원에서 "유대인이 죽은 것은 돈 때문이다"라는 말은 일면 타당하다.[43] 하지만 1348~1351년 신성로마제국 도시 엘리트들의 핑계가 단지 "돈 때문"이었다면, 예컨대 잉글랜드 왕 에드워드 1세가 경제·재정적 이유로 유대인을 잉글랜드에서 추방한 것처럼,[44] 학살보다 덜 가혹한 조치도 충분히 가능했을 것이다. 따라서 단순히 유대인 고리대업자들과의 경제적 이해관계 때문에 도시 엘리트들이 유대인 학살을 자행했다고 단정하기는 어렵다.

그렇다면 또 다른 어떤 배경이 있을까. 쾰른 시당국의 한 서한은 도시당국이 첫 태도와 달리 유대인을 학살한 이유를 시사해 준다. 이는 도시 안정과 질서 유지를 최우선 가치로 삼았던 시당국의 입장과 관련이 있다. 앞서 언급한 뒤르켐과 지라르의 '타자화' 및 '희생양' 메커니즘이 통치수단으로서 작동된 것이다. 먼저 쾰른 시당국의 발언을 살펴보자.

> 만약 유대인 학살이 주요 도시에서 허락된다면 (···) 이것은 다른 추문과 소란을 야기할 수 있다. 그 결과 민중으로 하여금 폭동을 일으킬 수 있게 한다. 과거에 그런 폭동은 도시에 불행과 황폐함을 가져왔다. (···) 따라서 뜬소문 때문에 우리 도시의 유대인이 곤경에 처하는 것을 허락하지 않기로 결정했다.[45]

다시 말해 유대인 학살이 인정되면 안 되는 이유는 바로 민중의 폭력행위를 차단하기 위한, 즉 사회질서 유지 차원에 있었다. 쾰른 시당국이 민중의 집단적 폭력행위에 민감했던 것은 이전에 이미 몇 차례 민중봉기를 경험했기 때문이다. 예컨대 1288년 도시민들이 도시의 영주인 대주교에 맞선 폭동, 그리고 1348년 흑사병 창궐 직전에 '도살업자 길드'가 도시당국을 상대로 일으킨 폭동 등이었다.[46] 시당국은 역병이 일으킨 혼란과 유대인을 향한 도시민의 분노가 결국 도시 엘리트계급을 포함한 자신들을 향한 민중봉기로 확산될지 모른다는 두려움에 사로잡혀 있었다. 각자의 상황에 따라 구체적으로는 다르겠지만, 다른 도시 역시 쾰른의 경우와 크게 다르지 않았을 것으로 추정된다.

도시당국은 사회의 안정을 유지·회복하기 위한 조치를 취해야 했다. 뒤르켐과 지라르의 메커니즘이 적용되는 지점이 바로 여기다. 즉, 역병이라는 재난에 직면해 사회 공동체 내부의 긴장도가 높아졌을 때, 그 해결의 목적으로 사회 소수자를 희생양으로 삼는 것이다.

프랑스 남부지역의 일이기는 하지만, 그곳에서 "가난한 자들과 걸인들(beggars)"이 "강과 가옥, 교회 그리고 음식물"에 독을 푼다는 혐의가 발견되어 체포되었다.[47] 이는 역병 창궐이 초래한 사회 혼란 속에서 "나머지 사회 구성원의 결속을 강화하기" 위한 목적으로, 타자로 규정되고 희생양으로 제물이 된 집단이 유대인에 국한한 것이 아님을 의미한다. 유대인을 포함한 다른 소수자집단 역시 표적이었다.

물론 여러 소수자집단 중에서 주요 표적은 유대인들이었다. 서유럽 기독교사회에 내재해 있던 유대인에 대한 증오와 혐오, 그리고 유대인 고리대업자와의 이해관계와 같은 종교·심성 및 사회·경제적 이유가 그러한 상황을 빚어낸 핵심 동인이었다. 특히 신성로마제국 내 유대인 거주자의 규모가 컸던 것 또한 이들이 희생양으로 두드러지게 된 이유기도 했다. 프랑스 남부지역에서는 많은 숫자는 아니더라도 희생양에 "가난한 자들과 걸인들"이 포함되었던 데 반해, 신성로마제국에서는 유대인만 표적이 되었던 상황도 이러한 맥락과 연결된다.

정리하자면, 신성로마제국 내 도시당국은 역병이 초래한 사회적 긴장감을 낮추고 안정을 추구할 목적으로 사회의 소수자, 특히 유대인을 희생양으로 삼았다. 혐오와 분노에 기반을 둔, 유대인을 향한 민중계급의 폭력성과 달리, 도시당국의 야만성은 법과 이성으로 포장되었다. 합법적 절차에 따라 유대인을 심문·재판한 후 화형에 처하는 식이었다. 도시당국이 절차를 준수한 것은 13세기 이래 체계화된 법질서를 따른다는 이유도 있었지만, 화형이라는 엄중한 처벌을 내리기 위해서는 법 집행에 앞서 정당성이 필요했기 때문이다.

이는 또한 도시(사법)당국의 권위 회복을 위해서도 필요한 조치였다. 역병으로 수많은 사람이 죽어갈 때 당국은 도시민을 위해 할 수 있는 일이 거의 없었다. 도시민은 당국의 무능함을 확인했고, 당국의 권위는 땅에 떨어져갔다. 실추된 권위의 회복을 위해 당국은 절차를 준수하는 엄정한 법 집행이 필요했다. 결국 유대인에게 보인 준엄한 법 집행이란 도시민들에게 사법(도시)당국의 위엄을 제고하기 위한 수단의 일환일 수밖에 없었다.

3) 교회당국의 대응

교회당국은 교리전통에 따라 유대인 학살을 반대하며 유대인을 보호하고자 했다. 당시 교회당국의 최고 수장이었던 교황 클레멘스 6세(Clemens Ⅵ, 재위: 1342~1352년)는 1348년 7월 5일 칙령 「유대인으로서(*Sicut Judaeis*)」를 발표해 유대인이 교회의 보호 아래 있다고 천명했다. 이때는 툴롱에서 유대인 학살이 처음으로 자행되고 얼마 지나지 않은 시점이었다. 이후 그는 두 번 더 칙령을 내렸다. 9월 26일에는 모든 성직자는 유대인을 박해하는 행동을 취하지 말라고 지시했고, 10월 1일에는 독극물 음모와 관련한 유대인에 대한 비난은 잘못되었다고 언급했다. 클레멘스 6세가 발표한 칙령은 모두 「유대인으로서」로 불리며, 첫 번째 발표한 것이 기본이며, 이후 두 번의 칙령은 거기에 내용을 추가한 것들이다. 칙령의 기본 내용은 다음과 같다.

> (…) 기독교 신앙과 구원을 인정하지 않는 유대인의 기만을 혐오하지만, (…) 선대 교황의 (…) 발자취를 좇아 유대인을 우리 보호 아래 둔다. (…) 그러나 최근에 많은 기독교도가 (…) 유대인이 독살을 시도했다고 비난하는 것에, 그리고 나이와 성별 구분 없이 불경스럽게도 많은 유대인을 살해했다는 데에 우리는 주목했다. (…) 유대인은 이 문제나 다른 범죄에 대해서 적법한 사법절차에 따라 유능한 판사들 앞에서 (재판받을 수 있도록) 기소되어야 한다.[48]

인용문에서도 말하고 있듯이 클레멘스 6세 이전에 이미 유대인은 교회당국의 보호 아래 있었다. 특히 유대인 관련 칙령을 발표한 것은 클레멘스 6세가 처음이 아니다. 교황 갈리스토 2세(Callixtus Ⅱ, 재위: 1119~1124년)가 최초로 공포했으며, 뒤를 이어 에우제니오 3세(Eugenius Ⅲ, 재위: 1145~1153년), 알렉산데르 3세(Alexander Ⅲ, 재위: 1159~1181년), 클레멘스 3세(Clemens Ⅲ, 재위: 1189~1191년), 첼레스티노 3세(Caelestinus Ⅲ, 재위: 1191~1198년) 등이 재발표했다.[49] 다시 말해 흑사병 창궐 당시 교회당국은 유대인 학살을 반대하며 그들을 보호하고자 했으며, 이 입장은 이미 12세기 초 교황 칙령을 통해 천명된 바 있었다.

그런데 이 지점에서 의문이 든다. 왜 교회당국은 유대인을 보호한 것인가. 유대인은 기독교를 인정하지 않을 뿐만 아니라 예수를 십자가에 매달리게 한 장본인들이다. 기독교도가 유대인에 대한 혐오감을 갖는 것은 그리 놀랄 일이 아니다. 게다가 서유럽 기독교의 최고 수장인 교황이 나서서 유대인을 교회의 보호 아래에 둔다고 공식적으로 밝히는 것은 얼핏 봐서는 이해하기 어렵다. 그러니 왜 교회당국이 유대인을 보호했을까. 해답은 교회의 교리적 전통에서 찾을 수 있다.

유대인에 대한 관용·보호와 관련한 교리전통은 성 아우구스티누스(430년 몰)에게서부터 시작했다.[50] 그가 교리로 정립하기 전까지 기독교도와 유대인의 관계는 모호했다. 성서에 언급된 유대인에 대한 내용이 애매했기 때문이다. 예컨대 『로마서』 11장에서 바울(Paul)은 유대인 때문에 예수가 십자가에 매달리게 되었지만, 그들이 범한 죄를 통해 비유대인이 구원 받게 되었으며, 또 유대인이 기독교로 개종한다면 얼마나 이로운 일이겠는가라고 말했다.

보티첼리(Botticelli, Sandro), 성 아우구스티누스

> 그러므로 내가 말하노니 그들[유대인]이 넘어지기까지 실족했느냐? 그럴 수 없느니라. 그들[유대인]이 넘어짐으로, 구원이 이방인[비유대인]에게 이르러 이스라엘로 시기 나게 함이니라. 그들[유대인]의 넘어짐이 세상의 풍성함이 되며, 그들[유대인]의 실패가 이방인[비유대인]의 풍성함이 되거든, 하물며 그들[유대인]의 충만함이리요. 내가 이방인[비유대인]인 너희에게 말하노라. 내가 이방인[비유대인]의 사도인 만큼 내 직분을 영광스럽게 여기노니, 이는 혹 내 골육을 아무쪼록 시기하게 하여 그들[유대인] 중에서 얼마를 구원하려 함이라. 그들[유대인]을 버리는 것이 세상의 화목이 되거든, 그 받아들이는 것이 죽은 자 가운데서 살아나는 것이 아니면 무엇이리요?(『로마서』 11장 11~15절)

이어서 바울은 "온 이스라엘이 구원을 받으리라"(『로마서』 11장 26절)라고 예언했다. 바울의 진술은 유대인이 예수를 부정한 것은 비난받아 마땅하나 그들은 결국 구원받을 존재라고 말했다. 초기 기독교 시절부터 전해지는 기독교도와 유대인 관계의 모호함을 보여주는 단적인 예다.

이러한 애매한 관계를 명확히 규정하고자 아우구스티누스는 『시편』 40장 14절과 59장 11절의 내용을 예로 들었다. 그는 유대인은 기독교 진리에 대한 살아 있는 증인이라고 말했다.[51]

> 내 생명을 찾아 멸하려 하는 자는 다 수치와 낭패를 당하게 하시며, 나의 해를 기뻐하는 자는 다 물러가 욕을 당하게 하소서(『시편』 40장 14절).
>
> 그들을 죽이지 마옵소서. 나의 백성이 잊을까 하나이다. 우리 방패 되신 주여, 주의 능력으로 그들을 흩으시고 낮추소서(『시편』 59장 11절).

다시 말해 아우구스티누스는 예수를 부정하는 유대인을 옆에 두고 그들의 고난을 확인함으로써 그들이 잘못되었고, 그로써 기독교도 자신들이 진리임을 확인할 수 있다고 보았다. 그는 다음과 같은 말을 통해 유대인이 존재해야 하며, 그들을 보호해야 한다고 설명했다.

> 불경한 유대인 종족은 육체적 죽음으로 사멸되어서는 안 된다. 누가 되었든 이런 식으로 그들을 파괴하는 자는 유대인의 죄, 즉 예수를 십자가에 매달리게 한 죄의 일곱 배가 되는 벌을 받게 될 것이다. (…) 유대인의 지속적인 존재는 예수를 죽게 한 이들[유대인]이 기독교도에 복종하고 있다는 증거가 될 것이다.[52]

유대인 관련 교리는 교황 그레고리오 1세(재위: 590~604년)가 더 명확히 했다. 그레고리오는 다음과 같은 말로 유대인을 보호하고자 했다.

> 어떤 기독교도도 유대인을 (기독교로 개종시키기 위해서) 강제로 세례 받게 하려고 폭력을 사용해서는 안 된다. (…) 어떤 기독교도도 유대인을 상처 입히거나 죽이거나 그들의 재산을 약탈하지 말아야 하며, (…) 그들이 잘 누리고 있는 좋은 관습을 바꾸려 해서는 안 된다.[53]

그레고리오는 유대인들이 (교회)법에 따라 살기를 동의하는 한 기독교사회에서 안전하게 지낼 수 있으며, 또 그들의 종교 역시 허락될 것이라고 말했다. 이는 아우구스티누스의 전통을 계승한 것으로, 유대인은 예수의 고통을 상기시키며 고향 땅에서 쫓겨나 추방자로 살아야 하는 그들의 죄는 결국 기독교가 옳다는 것을 의미하는 것이다.[54] 다시 말해 유대인에 대한 기독교사회의 관용은 기독교도에 대한 유대인의 예속성을 전제로 했다. 이 원칙에 따라 그레고리오는 유대인이 기독교도를 노예로 삼아서는 안 된다며, 콘스탄티누스 대제 시절부터 내려온 로마법 전통을 다시 강조했다. 기독교도에 대한 유대인의 예속성과 열등함을 재확인한 것이다. 이후 교회당국은 이 교리적 전통을 유지해왔는데, 1205년 교황 인노첸시오 3세(Innocent Ⅲ, 재위: 1198~1216년)가 유대인 관련 칙령(*Etsi Iudaeos*)을 공포함에 따라 기독교도에 대한 유대인의 "항구적인 예속(perpetual servitude)" 상태는 더 분명해졌다.[55]

이처럼 성 아우구스티누스와 교황 그레고리오 1세가 정립한 유대인 관련 교리는 12세기 갈리스토 2세 이래 여러 교황이 수 차례 발표한 칙령「유대인으로서」를 통해 계승되었다. 1348년 클레멘스 6세가 유대인 학살을 반대하고 그들을 보호하기 위해 세 차례에 걸쳐「유대인으로서」를 공포한 것은 이와 같은 교리 전통을 따른 것이다. 결국 중세 기독교세계에서 교황이 유대인의 수호자였는가의 문제는 논쟁적일 수 있지만, 흑사병 창궐로 유대인 학살이 자행되던 1348년, 교황을 중심으로 한 교회당국이 교리적 전통에 따라 유대인을 보호하고자 한 점은 분명하다.

*

흑사병이라는 재난에 직면해 서유럽 기독교세계는 공포와 불안에 휩싸였다. 본 장에서 신성로마제국을 중심으로 살펴보았듯이, 그러한 공포와 불안은 유대인이 기독교사회를 파괴하기 위해 우물에 독을 풀었다는 독극물 음모론을 생산하고 유통시켰다. 결국 음모론은 유대인 집단학살의 명분을 제공했다.

유대인 독극물 음모론은 기독교사회에 내재해 있던 유대인에 대한 혐오와 증오가 13세기 중반 이후 독극물을 이용한 범죄의 증가 추세 속에 의학지식이 상대적으로 풍부했던 유대인의 특성과 결합하면서 만들어진 것이었다. 이 음모론은 단지 계획 정도로만 여겨지진 않았다. 1348~1351년 당시 많은 사람들이 유대인이 실제로 우물에 독을 풀었다고 믿었다.

그 이유를 정리해본다. 첫째, 비록 고문을 통해서였지만 합법적 절차 속에서 유대인이 자신들의 죄를 인정해버렸다. 이때 여러 도시당국이 그 심문과 자백 내용을 문서화해 다른 도시와 주고받았는데,[56] 이 과정에서 유대인 음모론이 확대 재생산되기도 했다. 둘째, 뒤르켐과 지라르의 입장으로 보건대, 사회적으로 어려운 상황에 처해지면 사회 구성원들은 소수자집단을 사회규범과 가치를 위배하는 일탈자, 즉 타자로 만들어 희생양으로 삼곤 한다. 이를 통해 사회 내부의 문제를 해결하고 구성원의 결속을 도모하는 경향이 있다. 유대인 음모론에도 이러한 희생양 메커니즘이 자연스럽게 적용되었다. 셋째, 종교·심성적인 면에서 기독교사회에 내재화된 반유대인 정서 또한 유대인 음모론이 실재한다고 믿게 했다.

음모론은 널리 확산되었지만, 그에 대한 반응과 유대인을 향한 태도 차원에서 사회 전체가 일률적이었던 것은 아니다. 이는 계급(층)별로 다른 경향성을 보였는데, 각자의 이해관계와 입장에 따른 것이었다. 예컨대 민중계급은 음모론을 맹신하며 유대인 학살을 자행했다. 유대인이 '의례적 살인'을 행한다는 혐의 등에 연결되는 종교·심성적 맥락과 도시 내 권력관계에 연결되는 정치·경제적 상황이 유대인에 대한 반감을 증폭시켰다. 이런 혐오와 반감은 흑사병 창궐이라는 특정 국면에서 폭력적인 모습으로 표출되었다.

도시당국(엘리트계급)은 경제적 이해관계를 따라 자금 지원의 출처이기도 했던 유대인을 보호하려는 경향도 보였지만, 결국은 학살을 단행했다. 역병이 초래한 혼란에 직면해 도시당국이 무엇보다 중요한 가치로 삼은 것은 사회 안정과 권위 회복이었기 때문이다. 도시당국은 사회 소수자, 특히 유대인을 희생양으로 삼아 사회적 긴장도를 낮추고자 했다. 이때 유대인이 표적이 된 이유는 종교·심성 및 사회·경제적 맥락이 결합한 복합 요인에서였다.

끝으로 교황을 위시한 교회당국은 유대인을 보호하려 했다. 성 아우구스티누스와 교황 그레고리오 1세를 거치며 구체화된 교리전통에 따른 조치였다. 유대인이 예속적 위치로 기독교사회에 존재하는 것은 곧 유대인이 잘못되었고 기독교가 진리임을 보여주는 명확한 증거로 여겨졌다. 교회당국은 이러한 교리전통에 따라 유대인을 보호하려 했지만, 유대인 학살까진 막을 순 없었다. 교황과 교회당국의 말과 글만으로는 민중과 도시당국이 유대인에게 투사한 혐오와 분노를 잠재울 수 없었던 까닭이다. 교황을 비롯한 교회당국의 권위가 작동해 민중과 도시당국의 의지를 바꾸기에는 흑사병이 일으킨 공포와 불안이 너무 컸고, 교회는 무능했다.

흑사병이라는 미증유의 재난이 초래한 혼란은 사회 소수자인 유대인에 대한 혐오와 증오를 증폭시켰고, 곧 유대인 대량 학살로 이어졌다. 그 과정에서 교회당국과, 비록 초기 단계에서였지만 도시당국이 유대인을 보호하고자 한 바를 부정할 수는 없다. 하지만 그 행위를 선한 의지의 산물로만 보기에는 한계가 있다. 그들이 유대인을 보호하려 했던 건 '유대인 그 자체'를 위해서가 아니라 자신들의 이익을 최우선 가치로 두고 선택했던 행동이기 때문이다.

그러나 사회 전체가 집단적 광기에 휩싸여 악이 일상적이 되고, 소속 집단의 이해가 최우선인 본능적 상황이 되었음에도 불구하고, 희망은 존재했다. 예컨대 연대기 작가 콘라두스 메겐베르겐시스와 외과의사 기 드 숄리아크처럼, 음모론은 잘못되었으며 유대인을 보호해야 한다는 개인적 의지들은, 비록 많지 않았을지언정, 살아 있었다.

제4장

사회 · 경제적 변화 :
잉글랜드 내 임금 인상에 대한 논의

*

인구의 급격한 감소는 그 자체로 충격적이지만, 사회·경제적으로도 많은 문제를 야기한다. 사회는 그로 인한 변화들에 적극 대응해야만 하는데, 앞으로 살펴볼 '노동자 조례(Ordinance of Labourers, 이하 '조례')'의 제정도 그러한 사례에 속한다. 이 '조례'는 1349년 6월 잉글랜드 왕 에드워드 3세(Edward Ⅲ, 재위: 1327~1377년)의 자문위원회가 제정한 것이다. 그 도입부는 이렇다.

> 상당히 많은 노동자와 하인이 역병으로 목숨을 잃은 탓에 (…) 하인이 부족해졌다. 그들은 과한 임금을 받지 않는 한 일하지 않을 것이고, 어떤 이는 생계를 위한 노동 대신 기꺼이 게으름을 피울 것이다. 우리는 쟁기질꾼과 이하 그런 노동자로 불리는 사람들의 부족이 초래할 참혹하게 불편한 상황을 고려해, 고위성직자와 귀족들 그리고 우리를 돕는 지식인들과 (…) 숙고해 (…)[1]

3월 한 달간 농경지 작업을 구현한 삽화(15세기경)

인용된 '조례' 내용에서 볼 수 있듯이, 당대인들은 이미 인구 급감이 사회문제를 초래하리라 예상했다. 그러나 1348~1350년경의 인구 급감이 잉글랜드 사회에, 특히 사회·경제적으로 어떤 영향을 미쳤는가에 대해서는 19세기가 되어서야 진지한 학문적 논의가 이루어졌다. 예컨대 1865년 시봄(F. Seebohm)은 흑사병이 초래한 인구 감소를 토지 및 노동력과의 상관관계 속에서 논의했다. 그에 따르면, 인구 감소는 토지 가치의 하락과 노동력 가치의 상승을 이끌 수밖에 없었다. 이런 면에서 흑사병이 야기한 인구 감소는 '사회혁명적'이었다는 게 그의 입장이었다. 이듬해인 1866년 로저스(J. E. T. Rogers) 역시 동일한 문제를 논의했다. 그는 1348~1350년경 잉글랜드 인구의 절반가량이 감소했다고 본다. 흑사병의 영향과 관련해서는 구체적으로 시봄과 의견을 달리했지만, 토지임차제도에 혁명적 변화가 촉발되었다는 점에는 동의했다. 19세기 말에 페이지(T. W. Page)는 흑사병이 노동현장 및 농노제의 역사에 전환기를 마련했다고 주장했다.[2]

그러나 흑사병의 사회·경제적 영향이 그리 크지 않았다는 주장이 제기되기도 했다. 1900년 비노그라도프(P. Vinogradoff)는 흑사병이 경제체계 발전에 영향을 주지 않았으며, 발전 동력으로 이해해선 안 된다고 밝혔다. 파워(E. Power)를 비롯해, 뒤타이이(C. P. Dutaillis), 레벳(A. E. Levett) 등은 흑사병이 사회에 끼친 영향은 그리 크지 않으며, 14세기 초부터 이미 진행되던 변화에 약간의 추진력을 더해주었을 뿐이라고 주장했다. 심지어 파워는 "중세 경제사에서 대재앙은 없었다"는 말로 흑사병이 일으킨 사

회·경제적 변화는 미미했다고 강조했다.[3]

흑사병의 사회·경제적 영향에 대한 연구는 1930년대 포스탄(M. M. Postan)이 등장하면서 전기를 맞이했다. 그는 중세 후기 경제·사회사 분야에서 가장 영향력 있는 연구자로 평가받는다. 특히 경제·사회 변화와 인구학적 영향에 관한 연구가 연구자로서 그의 명성을 드높였다.[4] 흑사병 관련해서는 특히 흑사병 창궐과 임금 상승 간 상관관계에 주목했다.

이러한 연구사적 맥락 속에서 이번 장은 흑사병 창궐이 초래한 사회·경제적 변화, 특히 임금 상승 문제를 다룬다. 이를 위해 우선 노동력 감소가 임금 상승을 일으켰다는 '포스탄 모델'을 살펴보고, 흑사병 창궐 이후인 14세기 후반기 노동력 감소가 실제 노동력 시장에 어떠한 변화를 가져왔으며, 또 사회는 이런 변화에 어떻게 대응했는지 알아본다. 이어서 포스탄 모델과는 다른 방식으로 임금 상승 문제를 검토한다.

1. 포스탄 모델

흑사병 논의와 관련해서 포스탄은 고전경제학자 리카도(D. Ricardo)와 맬서스(T. R. Malthus)의 이론을 차용해 이른바 포스탄 모델(Postan Model)을 구축했고, 이를 통해 흑사병이 초래한 사회·경제적 결과를 분석했다. 그는 흑사병 창궐 이후의 시기를 포함한 중세 말기 유럽사회에서 곡물가격과 임금이 인구학적 요소—인구 변화—에 따라 결정되었다고 주장했다.[5]

> 인구가 증가하면 (…) 농산물가격은 상승할 수밖에 없다. 반면 인구가 감소하면 농산물의 공급은 (…) 식량 수요에 비해 더 풍부해질 것이며, 따라서 곡물가격은 하락할 것이다. 인구의 증가와 감소는 (…) 농산물가격의 변동을 초래한다.[6]

또한 그는 "14세기 상당 기간과 15세기에 걸쳐 임금이 상승했는데, 그 방식은 우연적이라기에는 너무 획일적이고 연속적이었다"라는[7] 말로, 인구 감소가 야기한 노동력 부족과 그에 따른 임금 상승을 설명했다. [표 1]과 [표 2]는 포스탄의 말처럼 흑사병 창궐 이후 곡물가격이 하락하고 임금은 상승했음을 보여준다.

포스탄 모델을 더 잘 이해하기 위해서는 이 모델이 논리적 근거로 삼는 리카도와 맬서스의 이론을 알아볼 필요가 있다. 리카도는 인구 감소는 곡물가격과 지대 하락을 일으키며 실질임금을 상승시킨다고 주장했다.[8] 맬서스는 인구 증가를 억제하지 않을 경우 인구는 기하급수적으로 늘어나는 반면, 식량은 단지 산술급수적으로 증가할 뿐이라고 말했다. 그렇게 되면 실질소득은 감소하고, 대중의 재정 상태는 악화되며 영양실조와 질병으로 죽어가는 사람이 많아져 결국 인구는 줄어들며, 그러한 인구 감소는 인구가 식량 생산 수준과 균형을 맞출 때까지 계속된다고 주장했다.[9]

포스탄이 제기한 모델은 특히 리카도의 이론을 빌려, 인구 감소로 토지 대비 노동력 비율(토지소유비율)이 급격하게 변화했고, 이것이 농업노동력의 한계생산성을 증가시켰다고 본다. 한계생산성이란 "여타 요소의 투입이 고정된 상태에서 어느 한 요소의 1단위 추가 투입에 대해 증분된 산출의 비율"을 의미한다. 다시 말해 흑사병 창궐로 노동인구가 감소했고, 생존한 노동자는 이전과 동일한 노동력을 투입해도 생산물을 더 많이 산출하는 토지를 선택할 수 있게 되었다.[10] 노동력의 한계생산성이 높아진 것이다. 인구 과잉으로 농토가 부족한 상황에서 농사만 지을 수 있다면 생산성을 고려하지 않던 시절과 대별된다. 이처럼 포스

	곡물가격		임금*	
년도	펜스(pence)	백분율(%)	펜스(pence)	백분율(%)
1300~19	7.00	100	3.85	100
1320~39	6.27	90	4.78	124
1340~59	6.30	90	5.12	133
1360~79	7.56	106	6.55	169
1380~99	5.58	80	7.22	188
1400~19	6.35	90	7.33	189
1420~39	6.55	93	7.32	189
1440~59	5.65	80	7.29	189
1460~79	6.02	86	7.22	188

[표 1] 윈체스터 주교구 내 임금과 곡물가격 [11]

*임금은 곡물을 타작하고 키질한 양에 따름(¼톤 기준)

탄 모델은 인구 감소가 노동 상황을 변화시킨다고 본다.

또한 포스탄 모델에 따르면, 인구 감소는 곡물가격 변동에도 영향을 미친다. 다시 말해 인구 감소는 다른 물품과 비교해 곡물가격을 상대적으로 하락시킨다. 이유는 다음과 같다. 첫째, 노동력의 한계생산성이 증가했기 때문이다. 이전과 동일한 양의 생산물을 더 적은 노동력을 투입해 생산할 수 있게 되어서다. 둘째, 토지의 입지조건이 개선된 것으로, 토지가 생산물을 판매할 시장에 인접해 운송비용이 절감되기 때문이다. 두 경우 모두 인구 감소 이전에는 발생하지 않았을 상황이다. 토지 상태를 고려하지 않고, 즉 토지가 많은 노동력을 요구하든 입지 조건이 좋지

	직종						
년도	목수	타일공 (Tilers)	이엉장이 (Thatchers)	석공(1) (Masons)	석공(2) (Masons)	평균	백분율 (%)
1300~09	2.82	3.11	2.20	2.93	2.75	2.76	100
1310~19	3.41	2.93	1.95	3.13	4.00	3.08	112
1320~29	3.39	3.01	2.08	3.27	3.75	3.08	112
1330~39	3.18	2.80	2.09	3.10	3.87	3.01	109
1340~49	2.96	2.87	2.21	2.89	3.50	2.89	105
1350~59	3.92	3.39	2.98	3.80	4.87	3.79	138
1360~69	4.29	3.88	3.00	4.13	5.37	4.13	150
1370~79	4.32	4.00	3.50	4.04	6.12	4.39	159
1380~89	4.40	4.00	3.11	4.00	6.00	4.30	156
1390~99	4.13	4.00	3.07	4.00	5.62	4.16	150
1400~09	4.64	4.00	3.67	4.29	6.00	4.92	178
1410~19	4.51	4.07	4.00	4.30	6.00	4.58	165
1420~29	4.52	4.00	4.00	4.31	5.50	4.47	162
1430~39	4.75	4.50	4.28	4.75	6.00	4.87	176
1440~49	5.18	5.00	4.50	5.15	6.25	5.22	189
1450~59	5.23	5.00	5.00	5.26	6.25	5.35	196

[표 2] 직종별 임금(단위: 펜스)

않든 노동자는 그곳을 찾아 일했을 것이기 때문이다. 곡물가격이 하락한 세 번째 이유는 수요공급법칙에 따른 것이었다. 시장에 공급하는 농업생산물이 이전과 비교해 감소했을지라도 인구 감소 때문에 공급이 수요를 능가했다.[12]

인구 감소는 또 농업노동자의 실질임금을 상승시킨다. 이유는 첫째, 고전경제학 이론에 따르면 실질임금은 노동의 한계생산성

브뤼헐(Bruegel, Pieter the Elder), 수확(1565년)

에 따라 결정된다. 한계생산성이 높으면, 즉 같은 시간을 투입하더라도 한계생산성이 낮은 경우보다 더 많이 생산할 수 있으므로 실질임금이 높아진다. 앞에서 언급했듯이 흑사병 창궐에 따른 인구 감소는 노동력의 한계생산성을 높였다. 둘째, 시간이 지남에 따라 농업 분야에 종사할 노동자 수가 줄어들었다. 아래에서 더 논하겠지만, 노동자들이 더 높은 임금을 찾아 도시나 다른 곳으로 이동했기 때문이다. 셋째, 곡물가격 하락 등 기본 생활비용이 줄어듦에 따라 실질임금이 증가했다.[13] 즉 설령 동일한 임금을 받더라도 생활을 위한 기본지출이 줄어들었기 때문에 상대적으로 실질임금은 늘어났다. 이상에서 논한 바와 같이 포스탄 모델에 따르면 흑사병 창궐로 인구가 감소했고, 이는 곡물가격 하락과 농업노동자의 실질임금을 상승시켰다.

한편 포스탄이 맬서스의 인구론에 근거해 모델을 정립한 이래, 그의 추종자들은 인구론적 관점에서 12세기부터 14세기 초까지 상황에 주목했다. 다시 말해 소위 '장기 13세기'로 불리는 1180년부터 1315년경까지 서유럽 인구가 크게 증가한 후, 1315년부터 1322년까지 이른바 '대기근(Great Famine)'이라는 혹독한 경험을 주시했다.[14] 당시 상황을 인구론적 관점에서 보면, 14세기 초 서유럽사회는 인구가 정점에 달한 '인구 과잉' 상태였다. 당대 사회에서 가용한 식량자원으로는 인구를 감당할 수 없는 지경에 이르렀다. 사회 하층민의 생활환경은 참혹해졌다. 영양 상태는 나빠졌으며 사망률은 높아졌다.[15]

대기근이 발생한 이유는 안팎으로 존재했다. 외부 요인으로는

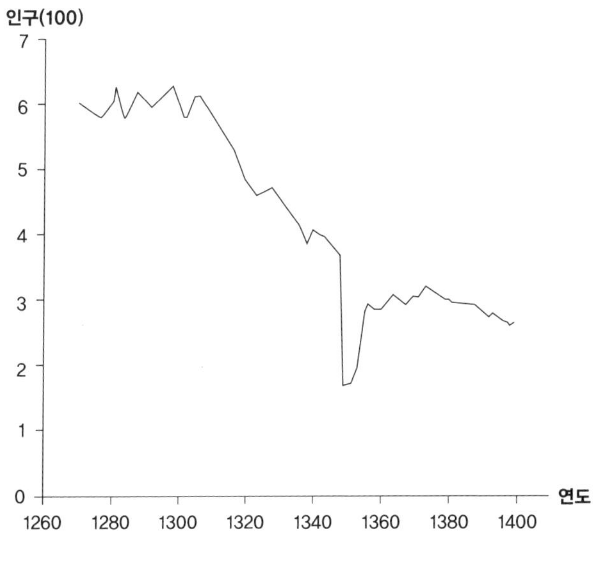

[그림 1] 인구 변화도

잉글랜드 에섹스의 하이 이스터(High Easter)와 그레이트 월섬(Great Waltham) 지역 내 12세 이상 남성의 인구 변화를 추정한 데이터[16]

기후 변화와 이에 따른 흉작을 꼽는다. 내부 요인은 인구론적인 면에서 제시할 수 있다. 인구론 관점에서 14세기 초 유럽사회는 인구 과잉이었으며, 사회 구성원의 욕구를 충족시키기에는 물적 자원이 너무 부족했다. 이들의 생존 능력은 점차 약해져갔다. 이런 내부 환경에 기후 변화와 흉작이라는 외부 요인이 더해지면서 많은 사람들이 기아와 질병에 고통 받다가 목숨을 잃었다. 예컨대 남부 잉글랜드에서 10~15퍼센트 인구가 바로 이 시절에 사망했다.[17]

1322년 이후 잉글랜드는 인구학 관점에서 사회 구성원을 만족시키기에는 사회 물적 자본이 충분하지 않았다. 그 결과 [그림 1]에서 확인할 수 있듯이 인구는 지속해서 감소했다. 1348년 인구의 급격한 감소가 있기 전까지도 하락세는 계속되었다. 이와 같은 내적 취약성에 더해 1348년 흑사병이라는 외부 요인이 가해지면서 인구 상당수가 사망하는 사태가 벌어졌다. 반복하건대 인구 감소는 임금 상승과 곡물가격 하락을 야기한다.[18] 이것이 포스탄 모델 및 인구론의 관점에서 봤을 때, 14세기 초반부터 시작해 14세기 중반 흑사병이 창궐함에 따라 사회·경제적으로 변화한 모습의 골자이다.

포스탄 이후 연구자들 역시 흑사병 창궐에 따르는 임금 상승을 언급했다. 예컨대 1348~1349년 서포크(Suffolk) 지역 폴햄 올 세인트(Fornham All Saints)에서 농산물을 수확하던 노동자는 계약한 토지의 절반은 에이커(acre) 당 흑사병 창궐 이전 임금인 3페니를 지급받았고, 나머지 절반에 대해서는 5페니를 받았다. 옥스퍼드셔(Oxfordshire)의 컥스햄(Cuxham)에서 쟁기질꾼은 흑사병 창궐 이전에는 주당 2실링을 지급받았으나 1349년에는 3실링을, 1350년에는 10실링을 주당 임금으로 요구했다.[19] 또한 브라운(H. P. Brown)과 홉킨스(S. V. Hopkins)에 따르면, 남부 잉글랜드에서 건설숙련공의 일당 현금 임금은 1340년대 3페니에서 1390년대는 5페니로 66퍼센트 상승했다. 비숙련공의 임금도 1.5페니에서 3페니로 치솟았다. 동일한 기간에 수공업자 임금은 45퍼센트가 상승했다.[20]

임금의 급격한 상승은 사회적 파장을 불러일으켰다. 영주를 비롯한 임대인과 고용주에게 노동임금의 상승은 고정비용의 추가 지출을 의미하는 것으로, 소득의 감소로 이어졌다. 영주 등 사회 기득권 세력이 임금 상승이라는 사회 변화에 적극적으로 대처해야 했던 이유가 여기에 있었다.

2. 기득권 세력의 대응

흑사병 창궐로 인구가 급격히 감소했다. 노동력의 절대량이 감소했고, 임금은 상승했다. 앞으로 논의하지만, 노동자들은 다른 작업장이나 다른 고용주에게로 이탈했다. 사회 기득권 세력은 대응책을 강구해야 했다. 앞서 언급했듯이 그 대표적인 사례로 꼽을 수 있는 것이, 에드워드 3세의 자문위원회가 "고위성직자와 귀족들 그리고 지식인들"과 "숙고해"[21] 제정한 '노동자 조례'다. 노동력 이탈과 임금 상승에 대해 '조례'는 이렇게 말한다.

> 자유민이건 비자유민이건 할 것 없이 잉글랜드 영토에 사는 60세 이하 모든 남성과 여성은 생계를 유지하기 위해 경작할 토지가 없거나 상업활동을 하지 않거나 수공업 기술이 없다면, 그리고 누군가를 위해 일하고 있지 않다면, (…) 노동력을 필요로 하는 자를 위해 일해야 한다. 그리고 자신이 봉사해야 하는 곳에서 지급되어오던, 즉 왕[에드워드 3세]의 재위 20년 시절[1346~1347년] 혹은 그 언저리

5~6년 수준의 임금이나 (노동에 대한) 보상만을 받아야 한다.

(…) 이미 누군가에게 고용되어 일을 하는 자가 합의한 계약기간이 종료하기 전에 합당한 이유나 (고용주의) 승인 없이 다른 곳으로(혹은 다른 고용주에게로) 떠나면 구금형에 처한다. (…) 앞서 언급한 바와 같이 관습대로 받던 것 이상으로 더 많은 임금과 보상 그리고 (하인의 경우 하인용) 의복을 지불하지도 제공하지도 않는다.

(…) 재단사, 대장장이, 목수, 석공 (…) 다른 모든 기능공과 노동자들은 왕의 재위 20년 시절[1346~1347년] 혹은 그 언저리 시절 임금보다 더 (…) 받으면 안 된다. 만약 더 받는다면 앞에서 언급한 바대로 투옥할 것이다.[22]

인용문에서 언급된 바와 같이, 그 상승을 억제하기 위해 임금은 흑사병 창궐 이전인 1346~1347년이나 그 전 몇 년 수준으로 유지하고자 했다. 그보다 더 받으면 구금형이 기다리고 있었다. 또한 이탈을 막아 노동력을 확보하기 위한 조치로서 노동자들이 계약기간 종료 전에 더 나은 조건을 찾아 다른 고용주나 작업장으로 이동하는 것을 금했다. 일하지 않고 구걸로 연명하는 자를 노동현장에 투입하기 위해, "많은 거지가 구걸하며 생활하는 한, (그들은) 노동을 거부하고 게을러지고 악해지며, 때로는 절도와 다른 악행을 일삼는다. (…) 그래서 그들은 생계를 위해 노동하도록 강제될 수 있다"는[23] 언급도 눈에 띈다.

자문위원회는 임금과 노동력을 제어함과 동시에, 식량 및 식재료 가격의 상승 또한 통제하고자 했다. '조례'에 따르면,

> 푸주한, 생선장수, 숙박업자, 양조업자, 제빵업자, 가금류 판매상, 그리고 다른 식료품을 판매하는 모든 상인은 인접지역에서 거래되는 가격을 고려해 적절한 가격으로 (물품을) 판매해야 한다. 그래서 상인은 해당 식량·식재료가 운반되는 거리에 따라 과도하지 않은 적절한 이익을 남겨야 한다. 만약 다른 방식으로 식량·식재료를 판매하고 그리하여 앞에서 언급한 형식과 방식에 따라 유죄로 선고되면, (물품대금으로 받은 금액의) 두 배를 해당자나 이 법령을 집행하는 제3자에게 지불해야 한다.[24]

그러나 '조례'는 본연의 목적을 이루진 못했다. 우선 임금과 가격에 대한 명확한 규정이 없었다. 임금과 관련해서는 단지 흑사병 창궐 이전인 1346~1347년이나 그 전후 몇 년 수준을 유지하라고 말했을 뿐이다. 식량·식재료 가격에 대해서는 '적절한' 가격을 받아 '과도한' 이익을 내지 말라고 제시한 것이 전부였다. 또한 '조례'의 내용을 위반한 자는 구금형에 처하거나 벌금을 내야 한다고 했으나 그들을 기소할 주체가 분명하지 않았다. '조례'에는 "시장, 도시, 항구 및 해안지역의 법 집행관은 이 법령을 위반한 모든 사안을 조사하고 (법령 위반으로) 유죄를 선고받은 자에게 벌금을 부과할 권한을 갖는다"고[25] 명시되어 있지만, 이와 관

련한 왕실의 명령서는 1350년 초까지 작성되지 않았다. 이후 관련 명령서가 지방으로 하달되었지만, 불과 몇 군데에 지나지 않았다.[26] 이처럼 '조례'는 취지와 달리 현장에서 제대로 효력을 발휘하지 못했다. 이에 따라 1351년 2월 잉글랜드 의회는 '노동자 법령(Statute of Labourers, 이하 '법령')'을 제정했다. '법령'은 서두에 "역병 창궐 이후 일하려 들지 않으며 게으름을 피우는 하인[피고용인]들의 악의"[27]를 언급하며 '조례'가 제대로 작동하지 않았음을 시사했다.

'법령'은 단순히 '조례'를 재확인하거나 그 대체를 목적으로 한 게 아니었다.[28] '조례'가 애매하게 표현한 점을 다시 분명하게 규정함으로써 그를 보완하고자 했다. '법령'은 '조례'와 마찬가지로 흑사병 창궐 이전의 임금 수준을 준수하라고 명시했다. 이에 더해 다양한 직종에 대한 임금을 구체적으로 적시했다. 또 임금을 두 가지 형태, 즉 일당과 작업량에 따른 것으로 구분해 금액을 규정했다. 예컨대 다음과 같은 내용이다.

> 짐마차꾼, 쟁기꾼, 목동, 양치기, 돼지몰이꾼, 소젖 짜는 사람 그리고 다른 모든 하인은 왕의 재위 20년 시절[1346~1347년]이나 (지금으로부터) 4년 전 수준의 임금을 받아야 한다. (임금으로) 곡물을 제공하지 않는 지역에서는 1부셀(bushel, 중량 단위) 당 10펜스를 받거나 다른 방법이 정해질 때까지 고용주의 뜻에 따라 곡물을 (임금으로) 지불한다. (…) 목초지 베는 일은 에이커(acre) 당 5펜

스나 일당 5펜스로 제한한다. 곡물을 수확하는 노동자의 임금은 8월 첫째 주에는 2펜스, 둘째 주에는 3펜스, 이후 8월 말까지 2펜스로 한다. 그리고 임금을 원래 (상대적으로) 덜 주었던 지역에서는 덜 지급하는 것으로 한다.[29]

또한 '조례'는 재단사, 대장장이, 목수, 석공 등을 언급하며 "기능공과 노동자는 왕의 재위 20년 시절[1346년]이나 그 언저리 시절 임금보다" 더 받으면 안 된다고 한 것에 반해, '법령'은 금액을 구체적으로 명시했다. 예컨대,

목수, 석공, 타일공 및 다른 노동자는 (…) (1346~1347년 수준의) 원래 받았던 임금을 받아야 한다. 마스터 목수는 3펜스이며 나머지는 2펜스다. 마스터 석공은 4펜스를, 다른 석공들은 3펜스를 지급받으며, 견습공은 1.5펜스를 받는다. 타일공은 3펜스를, 견습공은 1.5펜스를 지급받는다.[30]

이에 더해 '법령'은 더 다양한 직종을 언급함으로써 임금·물가 상승을 억제하려고 했다. 그 내용은 이렇다.

신발 제조·수선공은 왕의 재위 20년 시절[1346~1347년] 했던 방식[가격] 이외에 다른 식으로 부츠나 신발 등 길드가 관여하는 물품을 판매해서는 안 된다. 금 세공

마누엘(Manuel, Niklaus), 금세공업자와 대장장이의 수호성인인 엘리기우스

> 업자, 마구 제조업자, (말)편자 제조업자, (말)박차 제조업자, 무두장이, 재단사, 다른 장인들과 노동자들 그리고 여기에서 언급하지 않은 다른 모든 하인[피고용인]은 왕의 재위 20년 시절[1346~1347년]과 같은 방식으로 자신의 기술과 업무를 수행할 것을 재판관 앞에서 맹세해야 한다. (…) 만약 (맹세한) 하인, 노동자, 장인이 법령 내용을 위반하면 재판관 결정에 따라 벌금형과 금고형에 처한다.[31]

'조례'와 비교해 '법령'은 고용조건과 노동자에 대한 규율을 강화했다. 예컨대 '조례'에서는 "계약기간이 종료하기 전에 다른 곳

(혹은 다른 고용주)으로 떠나"지 말 것을 규정했다면, '법령'은 내용을 더 구체화해서 "일(day) 단위가 아니라 1년 전체나 통상의 기간 단위"로[32] 고용계약을 맺어야 한다고 명시했다. 지역 단위에서 관습적으로 내려오던 관행을 강조한 것으로, 더 높은 임금이나 더 나은 조건을 찾아 노동자가 이탈하는 것을 억제하려는 조치였다.[33] 또한 '법령'은 아래의 인용문에서 볼 수 있듯이 노동자들에게 '법령' 준수를 맹세하도록 강제했다.

> (고용된) 노동자는 영주, 영주의 집사 그리고 해당 도시의 법 집행관과 치안 담당관 앞에서 '법령'을 준수하겠다고 맹세해야 한다. 노동자 중 어느 누구도 겨울을 났던 지역을 벗어나 (…) 여름철에 일을 찾아 다른 지역으로 갈 수 없다. (…) 맹세하기를 거부하거나 맹세한 바를 준수하지 않을 때, 앞서 말한 영주, 영주의 집사 그리고 해당 도시의 법 집행관과 치안 담당관은 3일이나 그 이상의 기간 동안 (죄인의) 목에 형벌용 칼을 채운다. 또는 감옥에 (…) 구금한다.[34]

이상에서 살펴봤듯이 1348년 잉글랜드에선 흑사병이 창궐해 인구가 급격히 감소했고, 이런 변화에 대한 대응으로서 왕실과 의회의 주도하에 '조례'와 '법령'이 제정되어 임금·물가 상승을 억제하고 노동력 이탈을 방지하고자 했다. '조례' 및 '법령'의 제정 외에도 여러 조치가 강구되었다. 예컨대 1350년대에만

한정해도 '노동 담당 재판관 임명에 대한 명령서(Writ Appointing Justices of Laborers)'를 비롯해 노동 관련 명령서가 수백 건 작성되었다.[35]

한편 왕실과 의회가 주도한 것 외에도, 많지는 않지만 지역 단위에서 자체적으로 관련 규정을 만들어 변화에 대응하기도 했다. 예컨대 1350년대를 벗어나지만, 1364년 '브리스톨(Bristol)의 신발 제조·수선공에 대한 조례(Ordinance of the Cobblers of Bristol)'가 그렇다. 조례는 신발 제조·수선공 길드를 상대로 견습공 수와 그들에게 지급하는 임금을 규제했다. "터무니없고 과도한 임금을 받지 않는 견습공이 되길 꺼리는"[36] 자들을 유도하고, 임금을 과도하게 지급하는 것을 방지하기 위해서였다. 조례에 따르면,

> 신발 제조·수선 장인은 견습공에게 신발을 바느질하고 (신발 제작을) 준비하는 대가로 (…) 12켤레 당 6펜스 이상 지급해서는 안 된다. (…) 장인은 (…) '계약고용'된 견습공을 한 명만 거느려야 하며, 그 이상은 안 된다. (…) 장인은 견습공과 합의한 계약기간 내에는 다른 견습공을 고용할 수 없으며, 다른 곳에서 일하고 있는 자를 빼내와 견습공으로 고용해서는 안 된다.[37]

정리하자면, 흑사병 창궐이 초래한 사회·경제적 변화, 즉 인구 감소에 따른 노동력 부족, 임금 상승, 노동력 이탈에 직면해 왕실과 의회 및 지역당국은 임금 상승을 억제하고 노동력 이탈을 방

지하는 조치를 취했다. 이에 대해선 여러 연구자들이 관련 자료를 제시하면서 적어도 1380년대 말까지는 임금 억제 정책이 강제되었다고 주장한다.[38]

하지만 관련 정책이 강제되었다고 해서 정책이 성공했다고 단정 지을 수는 없다. 상당수의 장원 기록부는 '조례'와 '법령'이 규정한 것보다 실제로 더 많은 임금을 지급했으며, 고급기술을 가진 기능공의 임금이 법정임금의 25~50퍼센트를 상회하기도 했음을 보여준다.[39]

이에 더해 법정임금 상한선을 준수하되 현물을 추가 지급함으로써 노동의 대가를 보충했을 가능성도 있다. 윈체스터 장원 기록부를 비롯해 다른 여러 장원 기록부는 흑사병 창궐 이전에도 임금 일부를 음식, 음료, 의복과 같은 현물로 지급하는 것이 일반적이었으며, 전체 임금의 절반가량을 현물로 지급했다고 기록하고 있다. 그러나 흑사병 창궐 이후에는 배틀(Battle) 수도원이 소유한 장원을 제외하고서 임금을 현물 형태로 지급하는 관행이 점차 사라지는 경향을 보인다.[40] 결국 흑사병 창궐 이후 임금의 화폐화가 고착화되었고, 이런 상황에서 피고용인에게 화폐 임금 외에 일종의 수당으로서 현물을 지급했을 가능성 또한 배제할 수 없다. 법이 규정한 임금으로는 노동력 확보가 쉽지 않았고, 따라서 법정임금 상한을 준수하는 동시에 다른 방식으로 노동의 대가를 보충해주어야 했다. '현물' 지급이 바로 그 대안이었을 것이다.

또 다른 방식도 보인다. 임금은 동일하나 노동시간을 줄임으로써 시간당 노동가치를 높이는 식이다. 이를 설명하기 위해서는 먼저 중세와 근대 초 잉글랜드를 비롯한 유럽 여러 지역에서 임금이 책정되던 방식을 살펴볼 필요가 있다.

방식은 두 가지로, 앞서 언급했듯이 '작업량'과 '일당'에 따른 것이다. 작업량에 따른 임금은 '법령'이 규정한 것처럼 "목초지를 베는 일은 에이커(acre) 당 5펜스"로[41] 한다는 사례가 그러하다. 그러나 이 경우는 관련 기록이 거의 존재하지 않아 흑사병 창궐 이전과 이후의 임금 변화를 파악하는 게 사실상 불가능하다. 임금을 책정하는 다른 방법은 일당으로 지급하는 것인데, 작업량에 따른 임금과 비교해 일반적이지 않았다. 일당에 따른 임금은 주급이 보편적이었으나 점차 일급으로 변화해갔다. 여기서 중요한 점은 시급으로는 지급하지 않았다는 점이다.[42] 다시 말해 노동한 시간에 따라 임금이 결정되지 않았다. 바로 이 지점에서 논의를 계절별 임금 차이로 확대할 수 있다.

계절별 임금 차는 여름철과 겨울철 임금이 다르다는 것으로, 노동자는 임금을 받기 위해 일출부터 일몰까지 일하는 것을 원칙으로 했다. 1495년에 제정된 임금 상한 관련 법령에 따르면, 잉글랜드의 모든 남성·여성 노동자는 '여름철'에는 적어도 12시간 일해야 했다. 이 내용은 14세기 중후반의 상황에 적용해도 무방할 것이다. 14세기 중후반 노동자의 1일 노동시간이 1495년과 비교해 적지 않았을 것이기 때문이다.

법령에 따르면, 노동자는 '3월 중순부터 9월 중순(이하 (a))'까지는 새벽 5시부터 저녁 7시 30분까지 일했다. 아침식사와 점심

식사(혹은 낮잠)를 위해 각각 30분, 저녁식사를 위해 1시간을 휴식시간으로 제공했다. 반면 (a)기간과 비교해 상대적으로 해가 짧은 '9월 중순부터 3월 중순(이하 (b))'까지는 일출부터 일몰까지 일했다. (a)기간과 비교해 일하는 시간이 준 셈이다. 당연히 (a)기간 6개월 동안 하루 노동시간이 (b)기간보다 많기 때문에, 전자의 시기에 임금은 더 많이 지급되었다. 예컨대 중세 말 저지대에서 (b)기간은 (a)기간과 비교해 임금이 3분의 2에 불과했다. 흑사병 창궐 이전 잉글랜드의 상황은 이와 모두 비슷했다.

하지만 흑사병 창궐 이후 상황이 바뀐다. 법령은 공식적으로 겨울철 임금이 여름철보다 낮도록 규정했지만, 실제로는 흑사병 창궐 이후 잉글랜드의 많은 지역에서 계절에 따라 임금을 달리 책정하던 관행이 사라졌다. 노동시간이 짧아진 겨울철에도 여름철과 동일한 임금을 받게 된 것이다. 다시 말해 여름철 임금 상한만을 규정한 '법령'의 규제를 피하면서 노동자에게 노동의 대가를 더 많이 지급할 수 있었다.[43] 사실상 임금 상승을 억제하는 것은 불가능했다.

3. 임금 상승인가

흑사병 창궐로 인구가 감소하고 노동력이 줄었다. 이에 노동자의 희소성이 증가함으로써 사실상 임금 상승이 불가피해졌다. 하지만 임금 상승 문제는 좀 더 복잡한 구조 속에서 살펴봐야 한다. 말하자면, 임금 상승은 포스탄 모델이 제시하는 것처럼 노동력 감소라는 단순 논리가 아니라, '통화'라는 보다 복잡한 현실구조 문제와 관련시켜 검토해볼 필요가 있는 것이다.

임금 상승 논의에서 포스탄은 통화량 변화에 의미를 부여하지 않았다. 그는 가격 하락은 거의 전적으로 곡물에만 국한하며 다른 것과 상호작용하지 않는다고 주장하면서 "통화적 요인이 가격 변화의 유일하거나 주된 원인이 될 수 없다"고 말했다. 통화량 변화가 경제 전반에 영향을 미친다는 데 동의하지 않았기 때문이다. 요컨대 가격·물가 변동 관련해 통화는 '중립적(neutral)'이라는 게 그의 견해이다.[44]

그러나 포스탄은 헐리히(D. Herlihy)의 표현처럼, "사람은 죽어갔지만 화폐는 그렇지 않았다"라는[45] 점을 간과했다. 다시 말해

1348년 흑사병 창궐로 인구 3분의 1정도가 감소했는데 반해, 통화량은 예전 그대로였다. 설령 통화량이 줄었다 하더라도 인구 감소에 비하면 미미했을 것이다. 이는 1인당 통화량의 급증을 뜻하며, 달리 표현하면 화폐가치의 하락을 의미한다. 인플레이션이 발생한 것이다.

화폐가치가 하락하는 인플레이션과 그 반대인 디플레이션 상황을 임금 변동과 관련해서 논해보자. 우선 '명목임금(nominal wage)'과 '실질임금(real wage)'을 설명할 필요가 있다.

> 명목임금은 물가 상승을 고려하지 않고 그냥 현재의 돈을 기준으로 임금을 표시한 것이다. (…) 실질임금은 명목임금과 대별되는 것으로, 물가 상승을 고려해 돈의 실질적 가치로 나타낸 것이며, 명목임금을 물가지수로 나눈 화폐액이다. 따라서 노동자의 생활수준은 실질임금에 의해 좌우된다. (…) 임금은 일정한데 물가가 오르면 실질임금은 감소하지만, 명목임금은 그대로다.[46]

다시 말해 명목임금이 상승하더라도 물가가 치솟는 인플레이션 상황이라면 실질임금은 하락한다. 반대로 명목임금이 낮더라도 물가가 하락하는 디플레이션 상황이라면 실질임금은 낮아지지 않는다. 결국 노동자들이 일상생활에서 실제로 체감하는 임금은 단순히 명목임금이 아니라 물가지수와의 상관관계 속에서 화폐가치가 결정되는 실질임금이라고 할 수 있다. 따라서 흑사

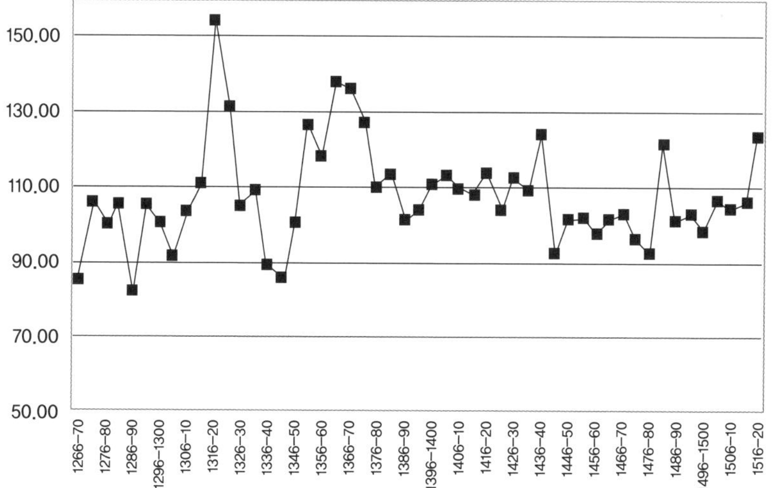

[그림 2] 잉글랜드의 화폐 생산량과 PBH 소비물가지수

1266~70년부터 1516~20년까지 5년 단위 평균값과

1451~75년의 PBH(Phelps Brown and Hopkins) 소비물가지수를 100으로 함[47]

병 창궐 이후 노동자의 임금 상승 문제는 물가지수 변화와 관련해 논할 필요가 있다.

[그림 2]의 그래프는 소비물가지수를 나타내는 것으로 물가 변동, 즉 인플레이션과 디플레이션 상황을 확인할 수 있게 한다. 우선 그래프는 1266년부터 1520년까지를 대상으로 하며, 각각 변곡점은 5년 단위 평균치에 대한 지수를 뜻한다. 1451~1475년 소비물가지수는 100으로 상정한다.

이 그래프에 따르면 1270년대부터 1320년대까지는 인플레이션 구간이며, 1320년대 중반부터 1340년대 말 흑사병 창궐 직전까지 디플레이션이 발생했다. 1348년 흑사병 창궐 이후부

연도 (5년 단위)	소비 물가 지수	곡물을 베면서 단으로 묶는 노동자		탈곡 작업을 하는 노동자		목수	
		1에이커 당 임금 (단위: 펜스)	실질임금 평균지수	쿼터(중량 단위) 당 임금 (단위: 펜스)	실질임금 평균지수	일(day) 당 임금 (단위: 펜스)	실질임금 평균지수
1301~05	91.679	5.243	57.296	4.982	51.808	2.742	53.739
1306~10	103.728	5.641	54.342	4.508	41.802	2.886	50.558
1311~15	110.443	6.390	58.012	4.648	40.427	2.861	47.006
1316~20	154.560	6.664	42.336	5.025	30.356	3.337	38.920
1321~25	130.704	6.245	47.913	5.488	40.421	3.249	45.063
1326~30	104.712	6.535	62.282	5.111	46.875	2.999	52.063
1331~35	109.108	6.402	58.730	5.358	46.586	3.243	54.050
1336~40	89.256	5.919	66.710	5.358	57.893	3.136	63.373
1341~45	85.553	6.076	71.277	5.402	60.912	2.999	63.364
1346~50	100.064	7.055	66.331	5.832	55.738	3.293	59.090
1351~55	126.472	7.876	62.273	6.262	46.468	3.524	50.181
1356~60	118.092	6.572	55.741	5.746	46.704	3.956	60.774
1361~65	137.976	8.033	58.291	6.252	43.542	4.188	55.102
1366~70	136.460	8.299	60.776	6.671	46.566	4.332	55.697
1371~75	127.345	8.480	65.891	7.414	55.280	4.194	59.602
1376~80	109.891	9.954	90.925	7.704	67.418	4.194	69.304
1381~85	113.190	9.072	78.986	8.038	68.007	4.319	69.095
1386~90	101.233	9.205	91.244	7.500	71.425	4.207	75.388
1391~95	103.953	8.734	83.473	7.414	68.700	4.269	74.465
1396~1400	110.648	8.734	77.934	7.962	69.165	4.276	70.193

[표 3] 잉글랜드의 소비물가지수와

장원의 농업 및 산업 노동자의 전국 단위 평균임금과 실질임금 평균지수

1451~75년의 소비물가지수와 실질임금 평균지수를 100으로 함[48]

	곡물을 베면서 단으로 묶는 노동자		탈곡 작업을 하는 노동자		목수	
	1에이커 당 임금 (단위: 펜스)	실질임금 평균지수	쿼터(중량 단위) 당 임금 (단위: 펜스)	실질임금 평균지수	일(day) 당 임금 (단위: 펜스)	실질임금 평균지수
1340년대	6.566	68.804	5.617	57.738	3.146	61.227
1350년대	7.224	59.007	6.004	46.586	3.74	55.478
1360년대	8.166	59.534	6.462	45.05	4.26	55.400

[표 4] 1340년대~1360년대 잉글랜드 장원의 농업 및 산업 노동자의
전국 단위 평균임금과 실질임금 평균지수
[표 3]에서 추출함

터 1370년대까지 인플레이션이 심했고, 이후 1420년대까지 디플레이션이 진행되었다. 이어서 1440년대 초까지 인플레이션, 1470년대까지 디플레이션 그리고 1490년대까지 인플레이션이 발생했다.

이를 [표 3]의 지수통계로 환언해보면, 1321~1325년 소비물가지수는 130.704였는데 반해, 1341~1345년 사이에는 85.533로 34.56퍼센트가 하락했다. 1361~1365년 구간은 137.976로, 1341~1345년에 비해 61.31퍼센트, 1346~50년과 비교해서는 37.89퍼센트 증가했다.

위의 내용을 좀 더 세부적으로 특정해 잉글랜드에서 흑사병이 최초로 창궐한 1348년 직전·후, 즉 1340년대와 1350년대, 1360년대 상황을 보면 다음과 같다. [표 4]에서 볼 수 있듯이 1348년 흑사병 창궐 이전 세 직종에서 노동자의 임금은 각각 6.566펜스, 5.617펜스, 3.146펜스였으나 1350년대와 1360년대는 모두 상승했다. 여기서 임금은 명목임금을 의미한다. 명목임금이 상승한 것과 달리 실질임금은 1340년대와 비교해 흑사병 창궐 이후인 1350년대와 1360년대에 하락했다. 명목임금이 상승했더라도 인플레이션에 따른 물가 상승으로 실질임금은 높아졌다고 보기 어렵다. 물론 이 통계를 전적으로 신뢰하기에는 한계가 있다. 임금 억제 정책을 우회하는 방식으로 임금을 화폐 이외의 현물과 같은 수당으로 지급했는데, 그와 관련한 내용이 통계에 포함하지 않았기 때문이다. 그럼에도 앞서 논한 물가지수와의 상관관계 속에서 실질임금의 변화를 살펴보는 것은 노동력 감소로 임금이 상승했다는 단순 논리를 재고할 수 있게 한다는 점에서 의미가 있다.

*

1348년 잉글랜드에서 흑사병이 창궐하면서 당시 전체 인구의 3분의 1가량이 감소했다. 인구의 급감은 노동인구의 감소를 의미하기에 사회·경제적 파장 또한 대단했다. 전과 비교해 노동력의 희소성이 증가하고, 노동자의 선택권과 협상력이 커졌다. 노동자는 현재 일터보다 더 나은 조건의 고용주나 작업장을 찾아 이동했다. 임금 인상은 불가피했고, 노동자의 이탈은 거스를 수 없는 사회현상이 되었다.

사회 기득권 세력의 입장에서 이런 상황은 자산 손실을 촉발하는 것이었고, 하층민에 대한 인신 구속력이 침해됨으로써 통치적 권위에 균열이 발생하는 것이었다. 통제가 필요했다. '조례'와 '법령'을 제정하는 등 여러 방안을 통해 임금 상승을 억제하고, 노동자 이탈을 저지하며, 노동을 강제하고자 했다. 하지만 이러한 시도는 노동시장에서 효력을 발휘하기가 어려웠다. 특히 임금 상승과 관련해서 보면, 법률로 임금 상한선을 제시하고 이를 어기면 처벌하기도 했지만, 실제 노동시장에서는 법 규정을 우회해 노동에 대한 대가가 추가로 지급되곤 했다. 예컨대 화폐임금 이외에 현물로 수당을 지급하고, 계절별 임금을 동일하게 지급하는 방식 등이 그런 사례였다. 사실상 노동자의 임금 상승을 억제할 순 없었다.

그런데 노동자의 임금 상승 문제는 더 복잡한 사회관계, 즉 통화의 관점에서도 살펴봐야 한다. 노동자의 임금은 명목임금과 별개로 물가 변동 상황이 반영된 실질임금에 크게 좌우되기 때문이다. 명목임금이 높더라도 물가가 높은 상황에서는 화폐가치가 하락하고, 그에 따라 실질임금은 낮아질 수밖에 없다.

실제로 흑사병이 창궐한 1348년 이후 잉글랜드에서는 인구가 급격하게 감소했지만, 통화량은 이전과 동일한 수준이었다. 즉 1인당 통화량이 증가한 셈이었다. 화폐가치가 하락하고 물가가 상승하는 인플레이션이 뒤를 이었다. 화폐가치가 떨어진 상황에선 임금(명목임금)이 상승하더라도 실질임금은 동반 상승하지 않거나 하락하기도 한다. 결국 흑사병 창궐 이후 임금 변화는 노동력 부족에 따른 노동자의 희소성 증가, 그리고 이에 따르는 임금(명목임금)의 상승이라는 단순 논리보다 통화 측면에서 물가와 상관관계가 있는 실질임금의 관점에서 살펴보는 게 중요하다. 이를 통해서만이 흑사병이 초래한 사회·경제적 변화에 대한 이해를 평면적 차원에서 입체적으로 확장시킬 수 있다.

제2부

의학사적 관점

제5장

병인론 : 흑사병은 페스트인가

1. 페스트 팬데믹

인류 역사에서 페스트 팬데믹은 세 번 있었다. 제1장에서 살펴봤듯이 제1차 페스트 팬데믹은 541년 창궐하기 시작해 200여 년이 넘는 기간 동안 지속된 유스티니아누스 역병의 유행이다. 역병은 광범위한 지역으로 확산해 비잔티움제국을 비롯해 북아프리카, 레반트지역, 소아시아, 이베리아반도를 포함하는 지중해 전역과 갈리아, 영국제도(British Isles), 사산조페르시아 일대 등에서 창궐했다.[1]

제2차 페스트 팬데믹은 14세기 중반 유럽을 비롯해 근동과 북부 아프리카 일대에서 창궐한 흑사병의 유행이다. 흑사병은 1347년부터 1351년 사이 유럽에서 1차 발병을 시작한 이래, 간헐적이지만 오랫동안 여러 지역에서 창궐했다. 서유럽에서 마지막으로 발생한 것은 1722년 마르세유에서였지만, 서유럽 이외의 지역에서는 더 오래 지속되었다. 1770~1771년 모스크바에서 십만여 명이 희생되었고, 적어도 1879년까지 발칸반도와 이집트, 소아시아, 러시아 등지에서 발병했다.[2]

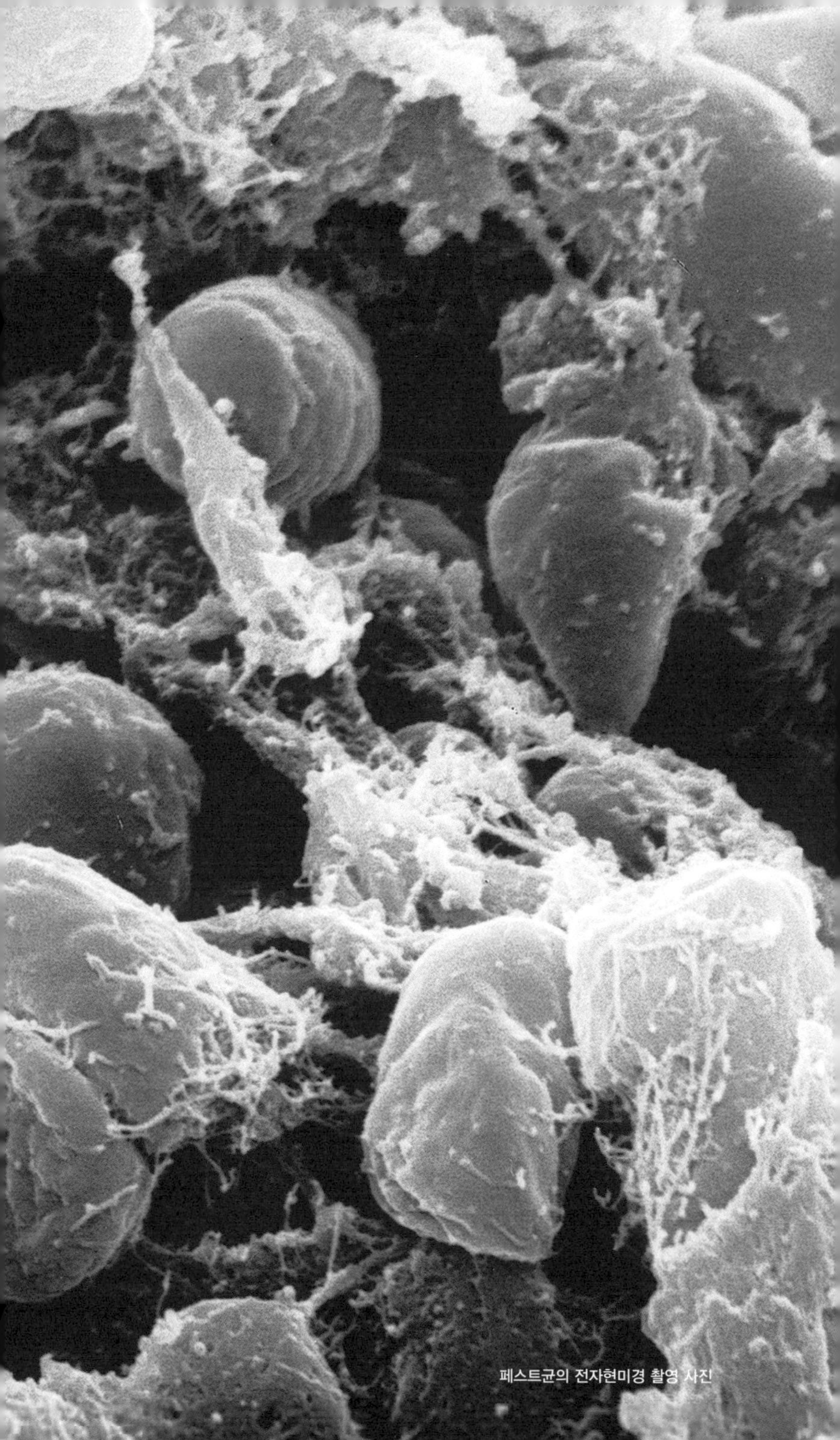

페스트균의 전자현미경 촬영 사진

제3차 페스트 팬데믹은 19세기 말 20세기 초에 발생했다. 중국 윈난성(雲南省)에서 발병해 1894년 광저우와 홍콩으로 확산되었다. 세계 각지와 교역하던 이 지역에서 선박을 통해 일본, 싱가포르, 타이완, 인도로 페스트가 퍼져나갔다. 이후 북아메리카, 남아메리카, 아프리카, 유럽 및 여타의 아시아지역으로 확산되었다.[3] 이 세 번의 팬데믹은 병인(病因)이 페스트균이라는 공통점을 갖는다. 각각을 제1차, 제2차, 제3차 페스트 팬데믹으로 명명하는 이유다.

페스트균의 실체는 제3차 페스트 팬데믹이 진행되던 시기 미생물학자 알렉상드르 예르생(Alexandre Yersin)이 밝혀냈다. 19세기 후반은 프랑스인 파스퇴르(L. Pasteur)와 독일인 코흐(R. Koch)와 같은 걸출한 연구자들 덕분에 미생물학 분야가 비약적으로 발전하던 시기였다. 이런 상황에서 1894년 홍콩에서 역병이 창궐하자 미생물학자들의 관심이 쏠렸다. 코흐의 제자인 기타사토 시바사부로(北里柴三郎)와 파스퇴르의 문하생으로 프랑스령 인도차이나에서 활동 중이던 예르생이 홍콩으로 달려가 역학조사에 착수했다. 처음에는 기타사토가 더 빨리 결과를 내놓는 듯했으나 실험 과정에 오류가 있었다는 사실이 밝혀지면서 학계는 예르생의 손을 들어주었다. 예르생의 공을 기리기 위해 1970년 이후 그의 이름을 따 이 세균을 '예르시니아 페스티스(*Yersinia pestis*: 페스트균)'로 명명하기 시작했다.[4]

예르생이 병인으로서 페스트균의 실체를 규명했다면, 페스트가 인간사회에서 창궐하고 확산되는 메커니즘을 밝혀낸 것은 그의 동료 시몽(P. L. Simond)이다. 그는 인도 봄베이(Bombay: 뭄바이의 옛 이름)에서 페스트가 창궐하던 1898년, 페스트균의 주요 매개체는 쥐벼룩(Xenopsylla cheopis)이며, 쥐벼룩은 숙주로 쥐, 특히 곰쥐(Black rat: Rattus rattus)를 선호한다는 주장을 제기했다.[5]

알렉상드르 예르생

사실 페스트는 인간사회로 확산되기 전에 야생조수(野生鳥獸), 특히 야생 설치류에게서 먼저 발병한다. 지금까지 200종이 넘는 설치류가 페스트균에 감염된 것으로 확인되는데, 사실 이들 대부분은 인간사회로 페스트를 확산시키지 않는다. 인간사회로 페스트를 전파하는 것은 인간사회에서 서식하는 '공생 쥐(commensal rats)'다. 공생 쥐에는 앞서 언급한 곰쥐를 비롯해 시궁쥐(brown rat: Rattus norvegicus)와 아시아쥐(R. tanezumi), 태평양쥐(R. exulans) 등이 있다.[6]

시몽에 따르면 페스트균에 감염된 쥐가 있고, 그 쥐를 숙주 삼아 쥐벼룩이 기생한다. 쥐벼룩은 생존과 번식을 위해 숙주를, 즉 페스트균에 감염된 쥐를 흡혈한다. 그 과정에서 쥐벼룩이 페스트균에 감염된다. 정확히 표현하자면, 페스트균에 감염된 쥐들 가운데 일부는 항체가 있어서 생존하고, 다른 일부는 죽는다. 죽은 쥐에 기생하던 벼룩은 새로운 숙주를 찾아 이동한다. 그 과정에서 감염된 쥐벼룩이 인간 숙주에게 옮겨와 서식하게 되면서 페스트균이 인간의 신체로 침투한다. 이것이 시몽이 제기한 메커니즘이다.

그의 이론이 공인되기까지는 십여 년 세월이 더 필요했다. 나중에 설명하겠지만, 중간에 그의 가설로 설명할 수 없는 상황이 관찰되었기 때문이다. 그러나 인도에서 발생한 페스트가 보다 심각한 단계로 접어들자 시몽의 주장에 대한 학계와 당국의 입장이 변했다. 그의 주장이 갖는 한계를 지적하기보다 페스트 확산을 막기 위해 쥐 박멸을 서둘러야 했기 때문이다.[7] 결국 1909년 인도역병위원회는 시몽이 제기한 쥐–쥐벼룩–인간이라는 페스트의 발생·감염 메커니즘을 공인했다.[8]

시몽이 규명한 메커니즘은 정확히는 선 페스트(bubonic plague)에 대한 것이었다. 그런데 페스트의 주요 감염 형태로는 선 페스트를 비롯해 폐 페스트(pneumonic plague)와 패혈성 페스트(septicemic plague) 등이 있다. 이 세 가지가 대표적이지만 이 밖에도 페스트는 여러 형태로 발병한다. 예컨대 피부(cutaneous) 페스트, 위장(gastrointestinal) 페스트, 결막염(conjunctivitis) 페스트, 인두염(pharyngitis) 페스트, 뇌수막염(pharyngitis) 페스트 등이다.[9]

선 페스트가 쥐–쥐벼룩을 매개로 한 단일 방식으로 인간사회에 전파된다면, 폐 페스트는 두 가지 매개방식이 있다. 페스트균이 비말을 통해 다른 사람의 폐로 침투하는 것이 첫 번째고, 선 페스트나 패혈성 페스트의 합병증 형태로 발병하는 것이 두 번째다. 패혈성 페스트는 페스트균이 혈류에 침투했을 때 발생한다. 일반적으로 선 페스트와 폐페스트 환자에게서 전파된다.[10]

폴-루이 시몽

이 세 가지 형태 가운데 제3차 팬데믹 당시 홍콩과 인도에서 창궐했던 건 주로 선 페스트였다. 증상은 고열과 함께 림프절이 부어오르고 통증과 화농성 염증을 동반했다. 물론 전(감)염병 역사에서 이와 같은 증상이 나타난 것은 이때가 처음이 아니었다. 제2차 페스트 팬데믹을 촉발한 흑사병에 대해 언급하는 당대의 기록들에서도 서혜부와 겨드랑이 등 특정 부위가 심하게 부어오르고, 화농이 생겼다는 내용을 어렵지 않게 찾을 수 있다. 예컨대 이탈리아 피아첸차(Piacenza)에서 법률가로 활동하던 가브리엘레 데 무시스(Gabriele de' Mussis)는 1348년에 창궐한 역병의 모습을 이렇게 기록했다. "종기가 심하게 생겨났다. 어떤 사람은 겨드랑이에, 또 어떤 이는 사타구니에 나타났다." 1348년 아비뇽을 방문했던 한 성직자도 한 감염자를 두고 "겨드랑이에 갑자기 종기가 났는데, 지체 없이 사망해버렸다"라고 언급했다. 연대기 작가 장 드 브네트(Jean de Venette, 1369년경 몰)도 "겨드랑이와 사타구니에 갑자기 혹이 생겼는데, 이는 틀림없는 죽음의 신호

였다"라는 말로 역병의 증상을 설명했다.[11]

19세기 말 당대인들, 특히 병리학자들은 14세기 중반 이래로 창궐했던 흑사병을 직접 경험하진 못했지만, 그 증상에 대해선 익히 알고 있었다. 많은 사람들이 흑사병이 초래한 재난을 기록으로 남겨두었기 때문이다. 이런 배경 하에서 예르생 역시 페스트균을 발견한 직후 홍콩에서 창궐한 역병의 증상과 (문헌을 통해 확인할 수 있는) 흑사병의 증상이 동일하다면서 흑사병의 병인 역시 페스트균이라고 주장했다.[12] 즉, 흑사병이 다름 아닌 페스트라는 게 그의 견해였다.

이러한 주장은 유스티니아누스 역병과도 연결될 수 있다. 제3차 페스트 팬데믹 이전의 문헌들을 통해 볼 때, 흑사병과 유스티니아누스 역병의 증상이 동일하다고 이해되기 때문이다. 예컨대 프로코피우스, 아가티아스, 에바그리우스 등과 같은 당대 저술가들은 유스티니아누스 역병의 증상으로 서혜부와 겨드랑이나 귀 주변이 심하게 부어오르는 것을 지적했었고,[13] 이는 중세 흑사병의 증상과 동일하거나 유사하다. 정리하자면, 제3차 페스트 팬데믹 이전에 이미 문헌에 기록되어 있던 증상들을 통해, 유스티니아누스 역병과 흑사병이 동일한 질병이라는 인식이 팽배해진다. 즉, 흑사병이 페스트라면, 유스티니아누스 역병 역시 페스트가 되는 셈이다.

그러나 시간이 지나면서 이러한 견해에 회의적인 주장도 제기되었다. 흑사병이 제3차 페스트 팬데믹과 여러 면에서 다르며, 따라서 흑사병은 페스트가 아니라는 주장이다. 당연히 흑사병에 대한 페스트 회의론은 유스티니아누스 역병에 대한 페스트 회의론으로 이어진다. 후자에 대한 고찰 역시 중요하겠지만, 여기서는 보다 생산적인 논의를 위해 우선 흑사병에만 집중해본다. 6~8세기에 창궐했던 유스티니아누스 역병보다 14세기 중반 이래로 발병하는 흑사병에 대한 자료가 상대적으로 더 풍부하기 때문이다.

2. 흑사병의 병인 논쟁

예르생이 흑사병의 병인으로 페스트균을 지목하고서 몇 년이 지난 1900년, 역사가들은 그의 견해를 받아들여 흑사병을 페스트로 인식했다.[14] 그러나 모두가 이에 동의한 것은 아니다. 시간이 지남에 따라 예르생의 주장에 비판적인 견해들이 제기되었다. 비판론자들은 예르생과 달리 흑사병은 페스트가 아니라고 주장했다. 이러한 회의론의 근거는, 흑사병의 증상이 단지 문서기록을 통해서만 확인될 뿐이며, 제3차 페스트 팬데믹의 경우처럼 병리학적 분석을 통해 그 병인을 규명할 수 없다는 데 있었다.

흑사병이 페스트인가라는 의문을 공식적으로 처음 제기한 이는 생물학자 슈르즈버리(J. F. D. Shrewsbury)다. 1970년 그는 브리튼에서 창궐한, 이른바 흑사병으로 알려진 여러 역병은 발진티푸스였을 것이라고 주장했다. 그의 뒤를 이어 여러 연구자들이 흑사병에 대한 다양한 견해를 내놓았다. 예컨대 1984년 동물학자 트위그(G. Twigg)는 흑사병이 탄저병이라는 의견을, 2001년 인구통계학자 스콧(S. Scott)과 생리학자 던컨(C. Duncan)은 흑사병이 에볼라와 관련이 있다는 의견을 제기했다.[15] 사실 이들은 구체적으로 서로 다른 의견을 제시한 것이었지만, 흑사병을 페스트로 규정하는 것이 병리학적으로 무리라는 데는 모두 동의한다. 콘(S. K. Cohn)의 다음 진술은 이들의 입장을 잘 대변한다.

> 그 어떤 논의도 없이 역사가들과 과학자들이 근대 역병[제3차 페스트 팬데믹]의 역학(epidemiology)을 과거의 것[흑사병]에 적용해버렸다. 그것이 근대 (선) 페스트가 보이는 것과 상충할 때에는 (흑사병에 대한) 기술이나 양적인 면에서의 관련 증언을 무시하고, 부정하며, 심지어 바꾸기도 했다.[16]

콘을 비롯해 흑사병이 페스트가 아니라고 주장하는 비판론자들은 크게 다섯 가지, 즉 (1) 확산속도, (2) 사망률, (3) 증상, (4) 면역력, (5) 쥐-벼룩의 서식 면에서 흑사병과 (제3차 페스트 팬데믹 진행 당시의) 페스트 사이에 차이가 있다고 본다. 하나씩 짚어본다.

1) 확산속도

비판론에 따르면, 흑사병과 19세기 말~20세기 초에 창궐했던 페스트는 확산속도에서 차이가 있다. 당시는 중세와 비교해 교통이 발달하고 인구밀도가 현저하게 높았음에도 역병, 즉 페스트의 확산속도는 훨씬 더 느렸다. 예컨대 20세기 초 뉴올리언스와 남아프리카 등 여러 지역에서 페스트는 연간 시속 12~15킬로미터의 속도로 퍼졌다. 또 제3차 페스트 팬데믹이 발생한 1894년 이래 전체 발병 비중의 95퍼센트를 인도가 점유했다. 즉, 페스트는 전 세계적 차원으로의 확산속도가 그다지 빠르지 않았다. 이는 1347~1351년 사이 흑사병이 유럽 대부분의 지역으로 퍼져나가고, 하루 1.5~6킬로미터라는 빠른 확산속도를 보인 것과 대조된다.[17]

비판론자들은 제3차 팬데믹의 느린 확산속도에 대해, 페스트의 (곰)쥐-쥐벼룩 매개설에서 그 원인을 찾았다. 이는 (곰)쥐-쥐벼룩이 인간사회에서 페스트가 발병하고 확산되는 데 중요한 역할을 맡는다는 시몽의 가설을 바탕에 둔다. 그에 따르면, 한 마을에서 다른 마을로 페스트가 확산되는 속도 자체가 느리다. 설명하자면 이렇다. 페스트균에 감염된 쥐가 있다. 또 이를 숙주 삼아 기생하는 쥐벼룩이 있다. 페스트균에 저항력이 없는 (감염된) 쥐는 죽게 된다. 숙주를 잃게 된 쥐벼룩은 다른 숙주, 예컨대 인간 숙주로 서식지를 옮긴다. 이때 새로운 숙주가 된 인간이 쥐벼룩을 통해 페스트균에 감염된다. 이와 같은 진행 과정을 통해 페스트가 다른 마을·지역으로 퍼지는 데는 일정 정도의 시간이 소요된다. 인도에서 페스트가 창궐했을 당시 이런 과정은 적어도 2주 이상, 때로는 4주 정도 걸렸다.[18] 이는 빠르다고는 볼 수 없는 속도다.

또 다른 각도에서 페스트의 확산속도를 이해해보기 위해 쥐의 습성을 파악할 필요도 있다. 60여 종이 넘는 쥐들 가운데 인간 사회에 창궐하는 페스트와 관련이 깊은 건, 앞서 언급했듯이, 인간과 지근거리에 서식하는 공생 쥐다. 그중에서 세계 각지 넓은 지역에서 발견되는 곰쥐와 시궁쥐가 두드러진다. 곰쥐는 꼬리가 몸통보다 길기 때문에 건물을 잘 기어오르며, 가옥의 지붕 등에서 서식하기 용이하다. 한편 시궁쥐는 꼬리가 짧아 건물을 잘 기어오르지 못하는 대신, 주로 하수구 같은 곳에 서식한다. 상대적으로 곰쥐가 더 인간 가까이에 서식하는 이유다.[19] 따라서 쥐–쥐벼룩–인간 메커니즘 관점에 따르면, 페스트 확산에서 곰쥐 역할이 특히 중요하다.

더구나 곰쥐, 시궁쥐 할 것 없이, 쥐는 습성 상 활동공간에 대한 애착도가 높다. 예컨대 노르웨이에서 실시된 한 실험에 따르면, 인간의 거주지에 서식하는 쥐 중에서 27~63퍼센트는 처음 잡혔던 곳에서 다시 포획되었다. DNA 지문검사에서도 95퍼센트 이상의 쥐가 잡힌 곳에 서식하는 다른 쥐들과 유전자 상 동일했다. 즉, 쥐는 외부 충격이나 인간의 교통수단을 통한 원거리 이동을 제외하고, 자발적으로 자신의 활동영역을 벗어나지 않는 습성이 있는 것이다. 구체적인 사례를 좀 더 확인해보면, 런던의 경우 하수구에 서식하는 쥐는 하루 77미터, 코펜하겐의 경우는 200미터 반경 내에서 활동한다. 하수구가 쥐들이 이동하기 편리한 공간이기에 가능한 거리이다. 지상에서 서식하는 쥐들은 대략 여기의 10분의 1 정도 되는 활동반경을 가질 뿐이다.[20]

정리하자면, 쥐–쥐벼룩–인간이라는 페스트 감염 메커니즘에

키르허(Kircher, Athanasius), 선 페스트 관련 삽화(1667년)

따를 때, 인간과 근거리에 서식하는 공생 쥐, 특히 곰쥐의 역할이 크다. 더구나 쥐는 활동반경이 넓지 않기 때문에 쥐-쥐벼룩을 통한 페스트의 확산은 빠르지 않다. 따라서 이와 같은 논의들을 근거로 비판론자들은 (확산속도가 빨랐던) 흑사병은 (확산속도가 느린) 페스트가 아니라고 주장한다.

그런데 1898~99년 사이 인도에서 페스트가 창궐했을 때, 이를 조사한 인도역병위원회는 페스트의 확산에 '도약적인' 측면이 존재한다고 밝혔다.

> 중요한 문제는 (…) [페스트] 감염이 이미 다른 곳에서 감염된 환자나 쥐 탓인지, 아니면 감염된 옷가지나 물건 탓인지 규명하는 것이다. (…) 많은 경우 이미 페스트가 발병한 지역에서 이동해온 사람이 (그가 도착한 지역에) 병을 전파했다. (…) 페스트가 원거리로 확산되는 것은 옷을 통해서일 수 있다는 것은 (…) 의심의 여지가 없다.[21]

이와 같은 위원회의 설명에 따르면, 페스트는 쥐-쥐벼룩뿐만 아니라 인간과 물품을 통해 전파되기도 한다. 이로 인해 짧은 시간에 비교적 멀리 떨어진 다른 지역으로 페스트가 확산될 수도 있다. 바로 이 페스트 확산의 '도약성' 때문에 쥐-쥐벼룩-인간에 이르는 페스트 감염경로에 대한 시몽의 가설은 학계에서 공인되기까지 십여 년의 세월이 더 필요했다. 하지만 무엇보다 이 도약성의 맥락에서, 흑사병이 페스트가 아니라는 비판론자들의 입장은 근거가 취약해진다. 차차 언급하겠지만, 페스트 치료제 개발을 비롯한 의료기술의 향상과 위생 상태의 개선 등이 제3차 페스트 팬데믹의 확산속도가 느려지는 데 기여했다는 점도 고려해야 하기 때문이다.

2) 사망률

일견 제2차와 제3차 페스트 팬데믹은 사망률에서 큰 차이가 있어 보인다. 당대의 세금수취기록부에 따르면, 1348년 여름 피렌체 전체 인구의 4분의 3이 사망했다. 캠브리지셔(Cambridgeshire)의 장원 기록과 우스터(Worcester)의 교구 문서는 흑사병이 처음 창궐했을 때 해당 지역 인구의 80퍼센트 이상이 사망했다고 말한다.[22] 물론 슈르즈버리가 지적했듯이 이 수치는 과장일 수 있다. 그러나 흑사병이 페스트가 아니라고 주장하는 트위그 역시 그 사망률을 20~50퍼센트로 보는 것처럼,[23] 1347~1351년 사이 유럽 인구의 3분의 1 이상이 사망했다는 기존의 일반적 견해를 받아들이는 데는 무리가 없을 것이다.[24] 한편 제3차 페스트 팬데믹 당시 대도시들 가운데 가장 높은 사망률을 보인 곳은 1903년의 봄베이였다. 이때 사망률은 3퍼센트 미만이었다. 트위그도 제3차 팬데믹으로 인한 전체 사망률을 1퍼센트 이하로 추정한다.[25]

그런데 사망률을 비교할 때는 신중해야 한다. 페스트에 걸린 환자 중 사망자의 정도와 전체 인구 대비 사망자의 비율은 서로 다른 기준을 갖고 있기 때문이다. 앞서 언급한 흑사병과 제3차(페스트) 팬데믹의 사망률은 전체 인구 대비 사망자 비율이다. 흑사병으로 확진 판정을 받은 자들 가운데 사망자가 어느 정도였는지는 자료의 한계로 알 수 없다. 그러나 제3차 페스트 대유행의 경우는 확인이 된다. 항생제를 사용한 치료법이 도입되기 전,

1348년 흑사병의 창궐

선 페스트에 걸린 환자의 사망률은 40~60퍼센트였다. 폐 페스트와 패혈증 페스트의 경우 사망률은 100퍼센트에 이르렀다.[26] 이로써 알 수 있듯이, 제3차 페스트 팬데믹 역시 확진자의 사망률은 매우 높았다.

게다가 의료기술이 발전하고 공중보건환경이 개선됨에 따라 흑사병과 비교해 제3차 페스트 팬데믹의 사망률이 낮아졌다는 점 역시 염두에 두어야 한다. 예컨대 1896년 예르생이 페스트 치료에 항혈청 요법을 도입한 이래 항생제를 활용한 치료법이 지속적으로 개발되어 환자를 구했다. 주거환경 및 위생 상태의 개선, 쥐를 비롯해 해충을 박멸하는[27] 작업 등을 통해서도 페스트 확산이 감소했다. 나아가 페스트균의 감염 메커니즘이 파악됨에 따라 여러 국가에서 근대 방역체계를 확립·운영해 페스트 확산을 저지·차단하기 위한 조치들을 강구했다.[28] 이런 상황을 고려해볼 때, 전체 인구 대비 사망자 비율을 단순 비교해 흑사병과 제3차 페스트 팬데믹의 사망률 차이를 부각하는 것은 오류일 가능성이 높다.

3) 증상

흑사병이 페스트가 아니라는 비판론자들은 증상 또한 문제시한다. 역사가와 과학자들이 흑사병을 페스트로 보는 주요 근거는, 흑사병이 선 페스트와 동일하게 목, 겨드랑이, 서혜부와 같은 림프절에서 화농성 염증을 일으켰기 때문이다. 그러나 이러한 증상에 대해 비판론자들은 선 페스트와 유사한 피부병변, 즉 "병적 작용에 의해 조직 및 체액 등에 변화가 일어나면서 피부세포나 조직에 생기는 변화"가 발진티푸스, 천연두, 탄저병에서도 발생한다고 주장한다.[29] 즉, 이들은 선 페스트와 같은 증상이 다른 여러 질병에서도 보이기 때문에 (선 페스트와 유사한) 증상을 근거 삼아 흑사병을 페스트로 확정할 수 없다고 말한다.

그러나 구체적인 피부병변과 관련해서 주의를 기울여보면, 발진티푸스, 천연두, 탄저병이 야기하는 증상들은 흑사병 경우와 확연히 다르다. 발진티푸스는 피부발진이 "짙은 반점 형태로 (…) 몸통과 겨드랑이에서 시작해 사지로" 퍼진다. 천연두는 "입 주위에 염증이 생기고 통증과 피부발진을 동반한다. 며칠이 더 지나면 피부발진이 난 곳은 물집으로" 뒤덮인다. 탄저병은 감염 부위에 "가려움증, 부스럼, 물집이 생겼다가 2일에서 6일 후에 고름이 생기며" 감염 부위가 검은 색으로 변한다. 발진티푸스와 천연두는 신체 전반에 걸쳐 발진이 생기며, 탄저병은 피부를 통해 탄저균에 감염되었을 때 노출된 부위에서 피부병변이 발생한다.[30] 서혜부, 겨드랑이, 귀 주변처럼 특정 부위에서 화농성 염증이라는 피부병변이 일어나는 선 페스트와 분명 다르다.

한편 콘은 흑사병과 제3차 팬데믹 당시의 페스트는 화농성 염증이 생기는 부위에서 차이가 있다고 지적한다. 흑사병 증상을 기술한 문헌자료들에 따르면 화농성 염증이 주로 목과 겨드랑이에서 발생하는 데 반해, 선 페스트는 60~75퍼센트의 화농성 염증이 서혜부에 생긴다. 그렇기 때문에 흑사병은 페스트가 아니라는 게 그의 주장이다.[31]

콘의 지적대로 선 페스트는 화농성 농양이 주로 서혜부에서 발생한다. 이는 선 페스트가 쥐-쥐벼룩을 통해 인간사회로 전파된다는 점과 관련이 깊다. 일반적으로 야생 설치류에게서 발생하는 야생조수 페스트는 폐 페스트 형태인데 반해, 쥐에게서는 폐 페스트가 거의 발생하지 않는다. 따라서 쥐-쥐벼룩을 통해

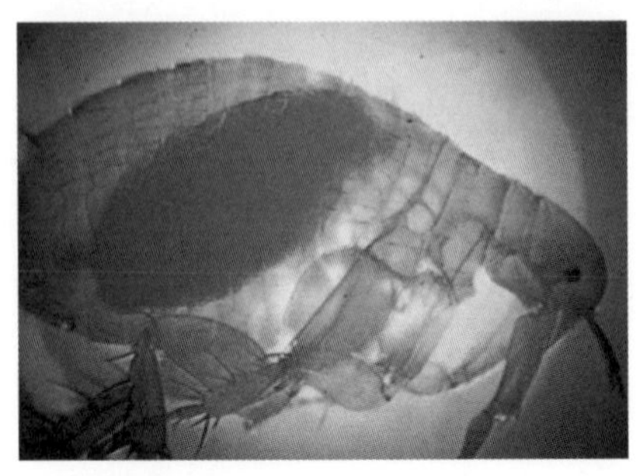

인간에게 선 페스트를 옮기는 쥐벼룩

인간사회로 확산되는 페스트는 폐 페스트가 아니라 일반적으로 선 페스트다.[32]

정리하자면, 선 페스트에 감염된 쥐에게서 쥐벼룩으로 페스트균이 전파되고, 쥐벼룩이 인간 숙주를 물면서 인간이 페스트균에 감염된다. 쥐벼룩의 점프력을 감안할 때, 그것이 인간 숙주의 신체 중 접근이 용이한 부분은 팔과 목 주변이라기보다는 다리일 가능성이 크다. 그렇게 인간 숙주 내부로 침투해온 페스트균은 특성상 가까운 림프절로 이동한다. 다리 부위로 침투해온 페스트균은 서혜부로, 드문 경우지만 팔과 목 주변으로 침투해온 경우는 겨드랑이와 목 부위의 림프절로 이동해 화농성 농양을 만든다. 이 논리대로라면 콘이 주장하는 바와 같이 '주로' 목과 겨드랑이에 화농성 농양이 발생했다는 흑사병은 페스트가 아닐 수 있다.

그러나 다음 사례에서 보듯, 흑사병으로 화농성 농양이 발생하는 부위에 서혜부 역시 포함한다.

> 이 역병은 세 가지 형태로 발생한다. (…) 두 번째 형태는 겨드랑이에서 (…) 세 번째 경우는 (…) 사타구니에서 화농성 종기가 발생한다.[33]

[이 역병이] 허벅지[사타구니]와 팔[겨드랑이]에 (…) 종기가 나게 했다.[34]

또한 흑사병은 선 페스트뿐만 아니라 다른 형태로도 확산되었다는 점을 상기할 필요가 있다. 즉, 서혜부에 화농성 농양을 수반하는 경우 말고도 또 다른 형태로 발생했다. 예컨대,

첫 번째 형태는 사람들의 폐를 감염시켜, 숨쉬기가 어려운 경우다. 이렇게 감염된 사람은 누구든 회복할 수 없고, 이틀 내에 사망한다. 원인 규명을 위해 이탈리아 내 여러 도시에서, 그리고 교황의 명령을 따라 아비뇽에서 많은 사체를 해부해 조사했다. 그 결과 갑작스럽게 사망한 모든 이의 폐가 감염되었고, 그들이 피를 토했다는 사실이 밝혀졌다. 이 형태가 다른 경우보다 훨씬 더 위험하며, 전파성이 가장 높았다. 감염된 사람이 사망하면, 그가 병을 앓는 동안 만나거나 방문하거나 어떤 거래를 했던 모든 사람, 그리고 사체를 운반했던 사람들은 지체 없이 뒤따라 죽어갔다.[35]

위의 인용문은 페스트의 여러 형태 중 폐 페스트에 대한 묘사다. 이를 통해 14세기 중반 이미 화농성 농양을 수반하는 선 페스트뿐만 아니라 폐를 감염시키는 폐 페스트가 만연했고, 또 사람들이 그에 대해 인식하고 있었음을 확인할 수 있다.

그런데 앞서 언급했듯이 인간이 폐 페스트에 걸리는 경로는

크게 두 가지다. 하나는 비말을 통해 페스트균이 폐로 침투하는 방식이고, 또 다른 경우는 선 페스트나 패혈성 페스트의 합병증 형태로 나타난다. 이 중 전자를 보면, 작은 비말 입자를 통해 페스트균이 폐로 들어가 폐 페스트를 일으킨다. 한편 큰 비말 입자에 실린 페스트균은 폐까지 내려가지 않고 인두와 편도 부위를 감염시켜 인두염 페스트를 발병하게 한다. 이때 목 주변에 화농성 농양이 발생한다. 정리하자면, 인두염 페스트는 호흡기를 통해 감염되지만, 증상은 선 페스트와 마찬가지로 목 주변에 농양이 생기게 한다.[36] 결국 화농성 염증이 생겨나는 신체 부위가 다르다는 이유를 들어 흑사병이 페스트가 아니라는 주장은 재고될 필요가 있다.

4) 면역력

비판론자들은 면역력 차원에서도 흑사병과 제3차 페스트 팬데믹 당시의 양상이 다르다고 본다. 비라방(J. N. Biraben)과 카마이클(A. G. Carmichael)은 페스트균에 대한 인간의 면역력은 단기간만 지속되며, 경우에 따라 몇 달에서 길어야 몇 년간만 유지된다고 주장한다. 나아가 콘은 페스트균에 대한 인간의 자연면역 가능성을 부정한다. 또 후천면역을 획득하더라도 그것이 장기간 지속되지는 않는다고 말한다.[37] 이들은 세부적인 면에서 견해차를 유지하지만, 페스트에 대한 인간의 면역력이 단기간만 지속될 수 있다는 점에는 공히 동의한다.

하지만 실제로 흑사병에 대한 인간의 면역력은 장기간 지속된 것으로 보인다. 예컨대 1347~1351년 유럽에서 흑사병이 창궐했을 당시에도 동일 지역에서는 두 번 이상 발병하지 않았다.[38] 또 흑사병을 이겨낸 사람들은 세월이 지나 역병이 다시 찾아왔을 때도 병에 걸리지 않았다. 심지어 이들은 환자를 보살피는 데 고용되기도 했다.[39] 1351년이 지나서도 흑사병은 시차를 두고 여러 차례 다시 발생했지만, 발병 횟수가 더해질수록 사망률은 감소해갔다. 예컨대 교황의 주치의였던 찰멜리(R. Chalmelli)는 아비뇽에서 네 번 창궐했던 흑사병을 모두 경험한 뒤 1382년 다음과 같이 회고했다.

> 1348년 인구의 3분의 2가 감염되었고 대부분 사망했다. 1361년 인구의 절반이 (역병에) 걸렸으며 극소수만이 살아남았다. 1371년 인구 10분의 1이 감염되었으나 많은 이가 생존했다. 1381년 인구 20분의 1이 병에 걸렸으며 대부분이 회복했다.[40]

한편 엘(Stephen R. Ell)은 교차면역(Cross Immunity)의 관점에서 당대인의 흑사병에 대한 면역력이 강화되었다고 주장한다. 그는 발진티푸스와 나종형 나병이 중세 유럽사회에서 만연했던 다양한 형태의 살레몰라균에 대한 면역력을 제공했던 것처럼, 페스트에 대해서도 그러했을 가능성이 있다고 주장한다. 즉, 그는 중

The Manner of Dissecting
the
PESTILENTIALL BODY.
Printed for Nath: Crouch at the Rose and Crowne in Exchang Ally.

흑사병 희생자 해부를 묘사한 판화(1666년경)

세 유럽사회가 발진티푸스와 나종형 나병을 통해 흑사병에 대한 면역력을 획득할 수 있었다고 본다. 예컨대 1348년 밀라노는 흑사병 피해가 거의 없었는데, 이는 흑사병에 앞서 창궐했던 발진티푸스의 발병과 관련이 있다는 게 그의 견해다.[41] 이러한 차이 때문에 흑사병 역시 페스트지만, 제3차 페스트 팬데믹과 달리 흑사병에 대해서는 인간의 면역력이 강화되었다는 것이다.

엘의 주장이 옳든 그렇지 않든, 앞서 인용된 찰멜리의 회고에서 볼 수 있듯이, 흑사병이 지속되면서 인간은 페스트균에 대한 후천면역을 획득한 것으로 보인다. 후천면역은 체액성면역(humoral immunity)과 세포성면역(cellular immunity) 모두를 포함한다. 전자는 그리 효과적이지도 장기 지속적이지도 않다. 반면 후자는 전자와 비교해 훨씬 더 장기 지속적이며 효과적이다. 특히 폐 페스트에 대한 면역력이 뛰어나다. 따라서 흑사병이 선 페스트뿐만 아니라 폐 페스트, 패혈성 페스트 형태로도 발병했던 점을 고려할 때, 세포성면역을 통해 폐 페스트에 대한 장기적이고 효과적인 면역력을 발휘했을 수 있다. 이에 더해 중세 흑사병이 반복적으로 창궐하는 과정에서 페스트균에 대한 자연 면역력이 형성되었을 가능성과, 흑사병 창궐 당시와 제3차 페스트 팬데믹이 발생한 시기 사이에 페스트균의 변이가 발생해 인간의 면역력에 차이가 생겼을 가능성도 배제할 수 없다.[42]

5) 쥐-쥐벼룩의 서식

앞서 언급했듯이 '확산속도' 관점에서 흑사병과 제3차 페스트 팬데믹 간 차이를 강조한 비판론자들은 시몽이 제기한 (곰)쥐-쥐벼룩-인간에 이르는 감염 메커니즘을 전제로 삼는다. 또한 이 전제를 바탕으로 과연 쥐-쥐벼룩이 흑사병과 관련이 있는지 질문을 던지면서 그에 대한 회의론을 제기한다. 다시 한 번 되짚건대, 시몽의 메커니즘에 따르면 인간사회에서 페스트가 창궐하기 위해서는 (곰)쥐와 쥐벼룩이 필수적이지만, 사실 그 창궐과 확산 과정에서 쥐와 쥐벼룩이 주된 역할을 할 수 없었고, 때문에 흑사병은 페스트가 아니라는 게 이 회의론자들의 입장이다.

이와 관련해서 먼저 슈르즈버리가 의견을 개진했다. 그는 중세 브리튼에서 쥐 개체수는 주요 도시에서 흑사병을 일으키고 지속시키기에는 충분했겠지만, 그 외의 지역으로까지 확산시키기는 어려웠다고 주장했다. 트위그와 데이비스(D. E. Davis)의 논의가 그 뒤를 이었다. 이들은 곰쥐는 열대와 아열대지역에서 서식하고, 추운 날씨 때문에 브리튼, 스칸디나비아, 북부 프랑스와 같은 북유럽에서는 번식이 어려우며, 따라서 외부 세계에서 새롭게 유입되지 않고서는 개체수 유지가 불가능하다고 주장했다.[43]

곰쥐가 기온에 민감하다면, 쥐벼룩은 기온과 습도 모두에 예민하다. 쥐벼룩이 번식하기에 이상적인 환경은 18~27℃의 기온과 70퍼센트의 습도다. 예컨대 벼룩의 알과 유충은 기온이

7℃ 이하면 성장이 어렵고, 성충 벼룩은 27℃가 넘어가면 생명력이 약해진다.[44] 따라서 쥐벼룩은 북유럽의 추운 겨울과 지중해의 고온 건조한 여름철에는 번식에 어려움을 겪는다. 성충 벼룩의 평균 수명은 2~3달이며, 또 페스트가 창궐해 확산·유지되기 위해서는 벼룩의 번식이 필수적이라는 점을 감안하면, 북유럽 겨울과 지중해 여름철은 페스트가 발병·확산되기 어려운 환경이다. 그런데 중세시대 흑사병이 창궐하던 당시 노르웨이, 스웨덴과 같은 북유럽과 스코틀랜드에서도 겨울철에 흑사병이 발병했으며, 지중해지역에서는 여름철에도 발생했다.[45] 이는 기온의 높낮이에 따라 벼룩 번식에 문제가 발생한다는 사실과 배치된다. 이를 근거로 비판론자들은 북유럽 겨울철과 지중해 여름철에 창궐했던 흑사병을 페스트로 보기 어렵다고 주장한다.

그러나 페스트는 쥐-쥐벼룩을 매개하지 않고도 확산될 수 있다. 흑사병은 선 페스트뿐만 아니라 폐 페스트와 패혈성 페스트 형태로 발병했다. 패혈성 페스트는 혈류 감염에 대한 이해가 필요하기 때문에 중세인들이 그 존재를 이해할 수 없었으나 폐 페스트에 대해서는 분명하게 인식했다. 예컨대 앞서도 언급했듯이, 1348년의 기록은 이미 역병으로 죽은 자들이 "폐가 감염되었고, 그들이 피를 토했다"고 말한다. 1349년에 작성된 문서 역시 역병의 세 가지 형태 중 두 번째가 피를 토하는 것이라고 진술한다.[46]

폐 페스트는 호흡기를 통해 전파되므로 쥐-쥐벼룩이라는 매개를 통하지 않고도 확산된다. 따라서 쥐-쥐벼룩이 서식·번식하기 어려운 환경, 예컨대 북유럽 겨울과 지중해 여름철에도 페스트는 폐 페스트의 형태로 발병·확산될 수 있었다.[47] 정리하자면, 중세 유럽에서 흑사병은 처음에는 페스트균에 감염된 쥐를 통해 전파되었다. 바로 선 페스트의 형태를 통해서였다. 그러나 시간이 지나면서는 폐 페스트 형태로도 확산되었다. 쥐-쥐벼룩이 흑사병 창궐 초기에 기폭제 역할을 한 것 맞지만, 이후에는 폐 페스트의 비중도 상당히 높아졌다. 따라서 북유럽과 지중해의 계절적 환경이 쥐와 벼룩의 서식·번식에 용이하지 않았음을 근거로 흑사병이 페스트가 아니라고 주장하는 것은 설득력이 떨어진다.

물론 이렇게 흑사병이 선 페스트뿐 아니라 폐 페스트 형태로도 발병했다는 점은 더 많은 사실을 설명 가능하게 해준다. 먼저 증상과 면역력 차원에서 비판론자들이 제기하는, 제3차 페스트 팬데믹과 흑사병의 차이를 설명할 수 있다. 전자가 주로 선 페스트 형태로 발병한 데 반해, 후자는 선 페스트뿐 아니라 폐 페스트 형태로도 발생했기 때문이다. 선 페스트와 비교해 폐 페스트가 사망률이 높았다는 점도 흑사병 사망률이 더 높은 이유를 설명해준다. 나아가 폐 페스트가 인간 간 전염을 통해 퍼져나가고, 흑사병 창궐 당시 사람들이 병을 피해 다른 지역으로 달아났다는 점 또한 흑사병의 확산속도가 제3차 페스트 팬데믹의 경우보다 더 빨랐던 이유를 설명해주고 있다.

3. 논의의 확대

앞서 살펴본 흑사병의 병인에 대한 논의들은 과학기술의 발달과 새로운 접근법의 개발을 통해 한 단계 더 나아갔다. 우선 과학기술 발전이 논의에 미친 영향을 살펴보자.

1) DNA 분석

흑사병의 병인을 두고 논쟁이 일어났던 까닭은 문헌자료에 근거해 병인을 추정할 뿐 병리학적 분석을 실행할 수 없다는 데 있었다. 하지만 과학기술의 발전이 이러한 한계를 극복할 수 있는 대안을 제공했다. 바로 DNA 분석법을 활용하는 것이었다. 이 방법을 처음 도입한 것은 라울(D. Raoult)이 이끄는 연구팀이었다. 이들은 2000년 14세기 프랑스에서 매장되었던 어른 유골 두 구와 유아 유골 한 구를 발굴해 유골 치아에서 DNA를 채취하는 데 성공했고, 이를 분석한 결과 페스트균을 확인했다.[48] 그리

현재 벨기에 투르네(Tournai) 지역에서의 흑사병 희생자 매장(1353년경)

고 페스트균이 흑사병의 병인일 수 있다는 사실을 과학적 분석을 통해 최초로 규명해냈다.

하지만 곧 라울 연구팀의 발표에 대한 비판이 제기되었다. 중세시대에 조성된 다른 매장지에서 라울 연구팀이 도출해낸 결과가 나오지 않았기 때문이다. 이 실험은 옥스퍼드대학 연구팀이 주도했다. 이들은 13세기 말부터 17세기 사이에 조성된 5개 매장지에서 발굴한 유골 66구를 대상으로 삼았다. 유골의 121개 치아에서 DNA를 검출해 분석했지만, 페스트균의 흔적을 발견할 수 없었다. 이를 근거로 라울 연구팀이 분석한 DNA 샘플이 실험 과정에서 오염되었을 가능성이 있다면서 흑사병의 병인이 페스트균이라는 주장에 문제를 제기했다.[49]

그러나 이후에도 여러 연구팀이 다른 매장지들에서 DNA 샘플을 확보해 분석하는 작업을 이어나갔다. 이들은 옥스퍼드 연구팀과 달리 또다시 흑사병이 페스트라는 증거를 찾아내기도 했다. 심지어 거기엔 유스티니아누스 역병까지도 페스트라는 병리학적 근거가 있었다.[50] DNA 분석이라는 과학적이고 병리학적인 방법론에 의해 흑사병의 병인이 페스트균이라는 사실이 확인되는 순간이었다.

2) 체외기생충설

앞서 언급했지만, 흑사병을 페스트로 받아들일 수 없었던 회의론자들이 근거로 삼았던 건 1898년 시몽이 제기한, 쥐-쥐벼룩-인간으로 이어지는 페스트의 감염·확산경로였다. 그러나 이 메커니즘으로 설명할 수 없는 상황들이 관찰되었던 탓에, 그의 가설은 학계의 공인까지 10여 년을 시간을 기다려야 했다. 예컨대 1905년 인도정부를 위해 일하고 있던 영국인 생물학자 한킨(E. H. Hankin)의 다음과 같은 발표를 통해서였다.

> 플랑크(Planck)는 가르왈(Garhwal)에서 있었던 40차례의 발병을 조사했다. 그중 쥐의 죽음이 관찰된 것은 8차례에 불과하다. (…) 후블리(Hubli)(의 도시 외곽)에서 역병이 발생했을 때 (…) 죽은 쥐가 많이 발견되었다. 역병이 도

> 심으로 확산되었을 때를 유심히 살펴봤지만, 죽은 쥐를 찾지는 못했다. (…) 칸칼(Kankhal)의 경우엔 인간사회에서 역병이 창궐하기 한두 달 전에 쥐떼가 죽어갔다. (…) 반면 자왈라퍼(Jawalapur)에서는 죽은 쥐가 발견되지 않았다. (…) 역병이 퍼져갈수록 죽은 쥐가 여러 지역에서 발견되곤 했다. 그러나 만드비(Mandvie)에서는 그런 규모로 쥐떼가 몰살한 것이 발견되지 않았다. 다른 지역은 만드비보다 역병이 더 심각하게 발생했다.[51]

위 인용문은 페스트 창궐과 쥐의 상관관계가 필수불가결한 것이 아님을 보여준다. 한킨의 표현을 빌리자면, "쥐가 페스트 확산의 필수 요소가 아니라는 데는 거의 의심의 여지가 없다."[52] 즉, 페스트는 쥐를 통해 확산될 때도 있고, 그렇지 않을 때도 있다.

여기서 주의 깊게 살펴볼 점이 있다. 후블리의 경우 도시 외곽에서 처음 페스트가 창궐했을 때는 죽은 쥐떼가 발견되었다. 하지만 이후 페스트가 도시 전체로 확산되었을 때는 쥐떼의 죽음이 발견되지 않았다. 칸칼에서도 페스트가 본격적으로 창궐하기 전에 쥐떼가 죽었다. 그러나 인간사회로 확산되었을 때는 죽은 쥐떼가 발견되지 않았다. 즉, 특정 지역에서 페스트가 발생하기 시작할 때는 죽은 쥐가 발견되지만, 지역사회로 페스트가 확산될 때 쥐떼의 죽음이 없었다. 이는 페스트가 처음 전파될 때는 페스트균에 감염된 쥐의 영향을 받지만, 이후에는 쥐뿐만 아니라 다른 매개체를 통해 확산될 수 있다는 것을 의미한다.

페스트 확산에서 쥐 이외의 다른 매개체가 존재해야만 이해될 수 있는 부분이 있다. 예컨대 쥐벼룩에 물려 선 페스트에 걸린 환자가 다른 지역으로 역병을 전파하는 경우가 있다. 쥐-쥐벼룩 없이 페스트가 확산되는 방식이다. 또 어떤 가정(A)은 구성원 모두가 페스트에 걸리는 데 반해, 바로 옆 이웃집(B)은 피해가 발생하지 않을 때의 경우도 마찬가지다. 쥐를 매개로 페스트균이 전파되는 것이라면, (페스트균에 감염된 동일한) 쥐의 활동반경 내의 A, B 가정 모두 피해를 입어야 하기 때문이다.[53] "[페스트] 감염이 이미 다른 곳에서 감염된 환자 때문인지, 감염된 쥐 때문인지, 감염된 옷가지나 물건 때문인지"[54] 물었던 인도역병위원회의 입장 또한 같은 맥락에서 쥐 이외의 다른 매개체의 존재 가능성을 시사한다.

페스트 전파에서 쥐의 역할이 필수적이지 않다면, 쥐에 기생하며 (페스트균에 감염됨으로써) 인간에게 페스트를 확산시키던 쥐벼룩 역시 반드시 존재할 필요가 없다. 그렇다면 다른 어떤 매개체가 있을 수 있을까. 바로 벼룩, 이[蝨], 진드기와 같은 체외기생충이다. 실제로 야생동물·가축 간 전파를 통해 발생하는 야생동물·가축 페스트(Enzootic Plague/Epizootic Plague)는 진드기나 이를 비롯해 다양한 종류의 벼룩을 통해 확산되기도 한다.[55]

쥐-쥐벼룩을 대신해 인간사회에 페스트균을 전파한 매개체로 가장 유력한 것은 체외기생충 중에서도 사람벼룩(Pulex irritans)과 몸니(Pediculus humanus humanus)다.[56] 이와 관련해서는 1960년에 이미 폴리처(R. Pollitzer)가 제3차 페스트 팬데믹을 포함해 20세기에 발생한 페스트를 분석한 후, "사람벼룩이 인간 페스트(human plague) 확산에서 주된 역할을 맡는다"[57]라고 주장한 바 있다.

그러나 2000년대 이래 페스트가 발병했던 콩고, 탄자니아, 마다가스카르를 대상으로 한 최근 연구 결과에 따르면, 페스트 확산과 인간의 체외기생충과의 상관관계는 확실하지 않다.[58] 폴리처의 견해와 달리, 제3차 페스트 팬데믹을 포함해 그 이후의 페스트 창궐에서 체외기생충이 '주요한' 역할을 했다고 결론 내리기에는 한계가 있다는 의미다. 대신 인간 체외기생충설은 시몽테제, 즉 쥐–쥐벼룩–인간으로 이어지는 페스트 전파 메커니즘의 한계를 채워준다. 두 이론은 이렇게 상보적이다.

한편 딘(K. R. Dean)이 이끈 연구팀은 제2차 페스트 팬데믹에 주목했다. 이 연구팀은 1348년부터 1813년 사이 유럽 내 여덟 지역에서 창궐했던 흑사병 데이터를 기반으로 실험했다. 2018년 발표된 결과에 따르면, 흑사병 확산은 공생 쥐와 인간의 호흡기보다 주로 인간의 체외기생충을 통해서였다.[59] 이러한 결과로써 제3차 페스트 팬데믹과 비교해 흑사병의 확산속도가 왜 그렇게 빨랐으며, 또 쥐–쥐벼룩이 서식·번식하기 어려운 환경에서도 흑사병 확산이 왜 멈추지 않았는지 이해할 수 있다. 요컨대 제3차 팬데믹과 달리 제2차 팬데믹 당시에는 인간 체외기생충이 페스트 확산의 핵심 요인일 수 있으며, 이것이 제2, 3차 페스트 팬데믹 간의 차이를 일으켰다고 볼 수 있다. 딘 연구팀의 주장을 신뢰하든 그렇지 않든, 인간 체외기생충설이 제2차, 3차

1665년 역병 대유행 당시의 런던 정경

페스트 팬데믹의 차이를 이해하는 대안이 될 수 있다는 점은 부정하기 어렵다.

*

14세기 중반 이래 창궐했던 흑사병의 병인이 무엇인가는 여전히 논쟁적 사안이다. 흑사병 연구가 과거에 기록된 문헌자료에 의존할 수밖에 없고, 과학적 방법론에 따른 병리학 분석으로는 한계가 있기 때문이다. 흑사병이 페스트라는 기존 주장에 반기를 든 회의론자들은 확산속도, 사망률, 증상, 면역력, 쥐-벼룩의 서식 등의 차원에서 흑사병과 제3차 (페스트) 팬데믹 당시의 페스트 사이에 차이가 발견되며, 그렇기 때문에 흑사병은 페스트가 아니라고 주장한다. 하지만 이들의 논리에도 한계는 있다. 특히 과학기술의 발달로 개선된 새로운 접근법들이 이들의 주장을 더 무력하게 만들었다. 예컨대 2000년 이후 흑사병의 병인 규명에 DNA 분석법이 도입되었고. 이를 통해 흑사병의 병인이 페스트라는 근거들이 확보되었다.

물론 DNA 분석법에 따른 결과들도 아직 회의론자들의 주장에 확실한 해명을 내놓지 못하는 부분들이 있다. 그러나 회의론자들의 주장에 대해서는 제3차 (페스트) 팬데믹을 초래한 페스트가 감염 형태적으로 차이가 있다는 점을 강조할 필요가 있다. 제3차 (페스트) 팬데믹을 일으킨 것이 주로 선 페스트였다면, 흑사병은 선 페스트뿐 아니라 폐 페스트 형태로도 자주 발병했다. 인간 체외기생충론 역시 회의론자들이 제기하는 의문에 반대 근거가 될 수 있다. 제3차 (페스트) 팬데믹의 전개 때와 달리 흑사병 창궐 당시에는 사람벼룩, 몸니와 같은 인간 체외기생충이 질병을 확산시키는 데 주요한 역할을 했기 때문이다. 쥐-쥐벼룩이 서식·번식하기 어려운 환경에서도 흑사병이 계속 확산된 이유가 여기에 있었다. 전파속도 역시 흑사병 당시가 제3차 페스트 팬데믹과 비교해 빨랐다.

그러나 제2차, 3차 페스트 팬데믹의 차이에 대해서는 여전히 풀어야 할 과제들이 남아 있다. 예컨대 흑사병 창궐 당시 폐 페스트의 발병 정도가 어느 정도였으며, 또 인간 체외기생충을 통한 전파가 어느 정도였는가 등의 문제다. 이에 대해 보다 면밀한 해명이 확보될 때, 새로운 논의가 진전될 수 있을 것이다.

제6장

제1차 흑사병 창궐 원인에 대한 당대 의학계의 인식

*

14세기 중반 흑사병이 창궐했을 때 서유럽 대중사회는 왜 그렇게 큰 재앙이 자신들에게 닥쳤다고 생각했을까. 해답의 실마리는 인간의 본성과 당대 사회의 종교·문화적 맥락을 먼저 살펴보는 데서 찾아질 수 있다.

일반적으로 극한 상황에 놓이게 된 인간은 실존에 대한 자기 확신보다 불확실성에 압도되어 불안감에 사로잡히곤 한다. 이땐 자신에 대한 믿음보다 초월적 존재에 기대는 경향이 커진다. 특히 이러한 의존성은 사회 전체가 극단적 재난에 직면했을 때 더욱 확대·심화된다. 14세기 중반 흑사병이 몰고 온 두려움이 대표적이다. 당시 죽음에 대한 공포는 사회 전체를 공황에 빠뜨렸고, 사람들은 이 역병을 초월적 존재와의 관계 속에서 이해해보려 했다. 기독교전통이 지배적이던 14세기 유럽의 맥락에서 역경에 직면한 인간이 신을 먼저 찾는 건 자연스러웠다. 대중은 인간이 범한 죄에 신이 분노했고, 그에 따라 신이 역병, 즉 흑사병을 내려 자신들을 벌한다고 믿었다.[1]

물론 당시 대중들이 이러한 종교적 신념 아래서 살아가고 있었다 하더라도, 사회 전체가 그에 예속되었다고 단정해서는 안 된다. 동시대 같은 공간 아래에서도 다양한 주체의 생각과 행동이 공존하며, 복잡한 형태로 상호작용하기 때문이다. 예컨대 대중들은 저 대재앙의 원인을 신의 분노로 돌렸지만, 이 장에서 다룰, 전문교육을 받은 의사집단은 다른 견해를 가지고 있었다. 그들 역시 당대의 종교·문화적 에피스테메에서 벗어날 수는 없었지만, 그와 거리를 유지하며 역병의 원인을 규명해보려 애썼다. 그들은 마냥 초월적 존재에만 의탁한 것이 아니라, 자신들의 의학·과학지식을 총동원해 대재앙의 본질에 다가가 보려 한 것이다.

1. 전통적 인식론

중세 서유럽 기독교세계의 우주관에 따르면, '제1운동자(prime cause)'는 다른 모든 것의 작동을 시작·가능하게 하는 신이었다. 그러나 13~14세기로 들어서면 기존하던 세계·우주관에 변화가 일어나기 시작한다. 이는 13세기에 아리스토텔레스의 저작들이 서유럽으로 유입되면서 스콜라주의가 신학 범주를 넘어 지적 영역을 확대해가고, 14세기에 오컴을 통해 유명론이 체계화되는 과정과 관련이 깊다.

13~14세기, 지적 세계에 커다란 변화의 분위기가 조성되면서 기독교세계의 자연철학자들은 비록 제1운동자가 우주의 전 현상을 주재하지만, 2차 원인, 즉 자연법칙이 이를 좌우하고 있다고 인식했다. 후자는 인간이 이성으로 규명할 수 있는 영역이었다.

이러한 맥락에서 14세기 중반 의사 및 지식인계층은 신이 제1원인으로서 역병을 발생시키지만, 한편으로 자연법칙이 2차 원인으로 역병을 일으킨다고 이해했다.[2] 이때 2차 원인은 다시 보편(universal) 원인과 특수·직접(particular) 원인으로 구분된다. 14세기 대학에서 교육받은 의사들은 기존의 기독교 세계관에서 자유롭지는 못했지만, 다시 말해 1348년 역병의 원인이 제1운동자인 신의 의지라는 것을 부정하지 않았지만, 동시에 2차 원인에 대한 논의를 진행하기 시작했다.

1) 보편 원인

14세기 의사들은 신의 연관성에서 벗어나 자연법칙에 근거해 역병의 원인을 설명하고자 했다. 이러한 시도는 천체의 운행을 읽는 천문학과 그를 통해 미래를 예측하는 점성술로 구체화되었다. 사실 천문학과 점성술의 전통은 아리스토텔레스와 프톨레마이오스에 기원을 두고, 서로마제국 몰락 후 비잔티움제국과 아랍세계에서 전승되다가 중세 서유럽으로 전파된 것이었다.[3] 13세기 말~14세기 초 당대 최고 지성이던 둔스 스코투스(Duns Scotus, 1308년 몰)가 "훌륭한 의사가 되기 위해서는 천문학 지식"이 필요하다고 지적했듯이, 서유럽 의사들에게 천문·점성술 지식은 필수적이었다.[4]

좀 더 부연해보자. 고대로부터 내려오는 점성술에 따르면, 천체는 12등분된다. 이를 황도십이궁(Zodiac)이라고 한다. 황도십이궁에서 개별 별자리는 인간 개인의 체질(기질) 및 그의 미래를 주관하는데, 각 개인은 자기 별자리가 규정하는 삶을 살게 된다

황도십이궁에 따른 인체 해부도(15세기경)

는 게 점성술이 미래를 예측하는 근거다.

각각의 별자리는 개인의 건강과도 연관되어 신체 특정 부위에 영향을 미친다. 별자리와 인간 신체의 상관관계를 시각적으로 표현한 '조디악 맨(Zodiac man)'에 따르면, 예컨대 양자리(Aries)는 머리, 황소자리(Taurus)는 목, 쌍둥이자리(Gemini)는 팔과 어깨, 게자리(Cancer)는 가슴, 사자자리(Leo)는 복부와 가슴의 건강 상태를 관장한다.

이는 중세 의학에서 가장 대표적 치유법인 사혈(瀉血)의 시술과 연결된다. 사혈은 나쁜 피를 뽑아냄으로써 체액의 균형을 되찾을 수 있다는 의학전통에 기반을 두고 있었다. 의사는 사혈을 효과적으로 시술하기 위해 치료하려는 부위에 대응하는 별자리의 상황을 살펴야 했다.[5] 예컨대 복부를 치료하기 위해 의사는 사자자리의 위치 등을 고려해 언제 사혈하는 게 가장 효과적인지 계산한 후 시술했다. 당대 의사들에게 천문지식이 필수적인 이유가 이와 같았다.

당시 의사집단은 1348년 역병 창궐의 보편 원인으로 천체의 배열을 꼽았다. 이들은 운행하던 행성이 다른 행성과 일직선으로 정렬, 즉 '합(合)'했을 때 역병이 발생한다고 생각했다. 공식적으로 이 주장은 파리대학 의학부 교수진에 의해 처음 제기되었다. 당시 프랑스 왕 필리프 6세(Philippe Ⅵ, 재위: 1328~1350년)의 명에 따라, 교수진은 1348년 10월 역병의 원인을 1345년의 천체 운행에서 찾을 수 있다는 보고서를 올렸다. 보고서에 따르면, 1345년 3월 20일 세 개의 행성이 물병자리(Aquarius)에서 '합'했다. 우선 토성과 목성이 일직선상에 놓였고, 이어서 화성이 합쳐졌다. 이때의 '합'은 이전에 발생했던 행성의 (소규모) '합' 및 일(월)식과 더불어 공기를 부패하게 했고, 그 결과에 1348년 수많은 사람이 사망하게 되었다는 게 그들의 해석이었다.

이와 같은 견해는 아리스토텔레스에 근거를 둔다. 그는 토성과 목성이 일직선상에 위치하면 여러 인종과 많은 왕국에서 상당수 사람이 사망한다고 주장했다. 아리스토텔레스 전통을 이어받은 스콜라 철학자 알베르투스 마그누스(Albertus Magnus, 1280년 몰)는 화성과 목성이 일직선상에 정렬하면 공기가 부패하게 되어 대역병이 발생한다고 보았다. 특히 행성의 '합'이 황도십이궁 중 물병자리처럼 따뜻하고 습한 별자리에서 진행되면 큰 역병이 창궐한다고 진술했다. 목성은 습하고 따뜻한 속성을 지녀서 물과 토양에서 사악한 증기(vapour)를 끌어낸다는 이유에서였다. 한편 화성은 과도하게 뜨겁고 건조한 행성으로 화기가 강하기 때문에 천둥과 불꽃을 만들어내며 유독한 증기를 발생시킨다. 이러한 속성을 갖는 목성과 화성이 물병자리처럼 따뜻하고 습한 속성의 별자리에서 '합'했기 때문에, 사악한 증기가 훨씬 강하게 생성된다는 게 마그누스의 주장이었다.[6] 이를 근거로 파리대학 의학부 교수진은 1345년 세 행성이 물병자리에서 '합'한 것이 1348년 역병의 창궐로 이어졌다는 해석을 내놓았다.

그들은 또 1345년 행성의 '합'에 더해 1347년 화성의 운행이 상황을 더 악화시켰다고 주장했다. 화성은 1347년 10월 6일부터 1348년 5월 말까지 따뜻한 속성을 지닌 사자자리에 있었다.

고메즈(Gómez, Vicente Salvador), 알베르투스 마그누스(1660년경)

그런데 화성 역시 따뜻한 속성을 지녔기 때문에 둘의 '합'은 화기를 더욱 강하게 만들었고, 결국 많은 증기를 발생시켰다. 더구나 이런 현상이 일어날 때 화성은 '역행'했다. 즉, 행성 운행의 기준 방향인 서에서 동으로 이동한 것이 아니라 동에서 서로 움직였다. 이 역행은 바다와 토양에서 많은 증기를 끌어내고, 증기는 공기와 섞여 공기를 부패하게 만들었다.

여기에 더해 당시 황도십이궁도 상 화성과 목성의 위치도 문제였다. 즉, 황도십이궁도 내에서 화성이 목성을 상대로 90도 되는 곳에 있었다. 이러한 각도는 두 행성을 적대관계로 만들고, 그 결과 공기 중에 사악한 기운을 발생시킨다. 이런 상황은 강한 바람, 특히 남풍을 동반하는데, 남풍은 대지에 과도한 열기를 가져오고 공기를 지나치게 습한 상태로 만든다.[7] 습함은 사악한 증기의 영향을 더욱 확대시켜 공기의 부패 정도가 더욱 심해졌다. 이상의 설명이 1348년 역병 창궐의 보편 원인으로 천체 배열의 문제를 제기했던 파리대학 의학부 교수진이 내린 결론이다.

당시 이외의 다른 의사들도 1348년 역병의 원인으로 천체 운행을 언급했다. 예컨대 알폰소(Alfonso de Córdoba)는 1348년 흑사병이 최초로 창궐했을 때 그 원인을 사자자리에서 불길한 행성들이 '합'해 월식이 발생했기 때문이라고 해석했다.[8] 자크 다크라몽(Jacme d'Agramont), 시몬 드 코빈(Simon de Covin), 제프리 드 모(Geoffrey de Meaux) 역시 1348년 대재난이 일어난 원인을 행성 운행과 연관 지었다.[9]

2) 특수·직접 원인

역병을 발생시키는 특수·직접 원인으로는 지역 단위에서 사악한 증기를 발생시켜 공기를 부패시키는 것들이 꼽혔다. 흑사병을 기록한 당대 의사·저술가에 따르면, 적어도 23가지가 이에 해당한다. 예컨대 역병의 기운을 품고 있는 바람으로 특히 남풍이 그러했다. 매장하지 않은 사체, 늪지대와 호수, 하수구처럼 고여 있는 물웅덩이, 썩어가는 동식물, 가축의 오물로 가득한 마구간 등도 그에 속했다. 이 모든 것들이 사악한 증기를 발생시키며, 증기는 바람을 타고 다른 장소로 이동함으로써[10] 역병을 전파한다는 논리였다.

이러한 의학지식은 고대 그리스시대의 전통에 기원을 둔다. 투키디데스는 기원전 430년 아테네 역병이 창궐할 당시, 매장되지 않은 많은 시체들을 목격하고, 그 부패 상태를 묘사해두었다. 그가 표현한 '부패'는 "미생물의 활동으로 유기물이 악취를 내며 분해되는" 자연발생적 현상과는 다른 의미였다. 게다가 보통 새나 짐승이 사체(시신)을 훼손하곤 했던 것이 일반적이지만, 아테네 역병 당시 사체엔 새나 짐승이 접근하지도 않았다고 투키디데스는 말한다. 금수조차 멀리할 정도로 사체는 역병을 야기하는 상태, 즉 사악한 증기를 발생시키는 '부패'한 상태였다는 게 그의 견해였다.

투키디데스와 동시대를 살았던 히포크라테스도 부패한 공기 등의 환경요인이 인간의 건강에 부정적 영향을 끼친다고 주장했다. 시간이 흘러 로마의 갈레노스는 늪이나 습지대 근처에 거주하지 말라고 조언했는데, 거기서 발생하는 악취와 부패한 공기가 건강을 해친다고 이해했기 때문이다. 히포크라테스-갈레노스의 전통과 궤를 같이한 로마의 저술가들은 대지의 갈라진 틈에서 새어 나오는 증기, 병실이나 전장에 널브러져 있는 시체, 고인 물 등에서 풍기는 악취를 주의하라고 경고했다.[11]

히포크라테스-갈레노스 전통은 이븐 시나(Ibn Sina, 라틴어명: 아비세나(Avicenna), 1037년 몰), 이븐 주르(Ibn Zuhr, 라틴어명: 아벤조아르(Avenzoar), 1162년 몰), 이븐 루슈드(Ibn Rushd, 라틴어명: 아베로에스(Averroes), 1198년 몰) 등 무슬림 사상가들을 통해 전승되었고, 이후 서유럽에 전파되었다. 1348년 흑사병 창궐 당시 서유럽 의사들은 히포크라테스-갈레노스 전통에 근거해 역병 발생의 특수·직접 원인으로 사악한 증기와 부패한 공기를 지목했다. 예컨대 파리대학 의학부 교수진은 다음과 같이 주장했다.

> 공기의 부패는 더 치명적이다. 부패한 공기는 심장과 폐로 빠르게 스며들 수 있기 때문이다. 우리는 지금의 역병[흑사병]이 공기의 부패에서 왔다고 본다. (…) 공기는 본질적으로 맑고 깨끗한데 사악한 증기와 결합하면 부패한다. 앞서 언급했듯이 행성이 '합'할 때 사악한 많은 증기가 대지와 물에서 발생하고, 증기는 공기와 섞이고 남풍을 통해 다른 지역으로 확산된다. (…) 부패한 공기를 들이마시면 (공기는) 심장으로 내려가 그곳에 있는 기(氣, spirit)와

> 주변의 수분을 오염시킨다. 그 결과 열이 발생하는데 그것이 생명력을 파괴한다. 이것이 현재 창궐하는 역병의 직접적 원인이다.[12]

이어서 그들은 사악한 증기는 "늪, 호수, 깊은 계곡, 매장하지 않거나 화장하지 않은 사체"에서 발생하며, 그것이 공기와 섞이면 공기는 부패한다고 진술했다. 또 지진 역시 지구 중심에 갇혀 있는 사악한 증기를 분출시키는데, 이 역시 역병의 원인이 될 수 있다고 보았다.[13] 젠틸레 다 폴리뇨(Gentile da Foligno, 1348년 몰)도 다음과 같이 이와 비슷한 이야기를 했다.

> (역병의) 직접 원인은 어떤 한곳에서 발생했거나 바람, 특히 남풍을 타고 먼 곳에서 이동해온 부패다. 그런 부패는 오랫동안 밀폐되어 있던 우물이나 동굴을 개방할 때 (밖으로) 분출된다. 또 공기가 순환하지 않는 벽이나 천장, 규모가 작은 호수나 웅덩이, 동물의 배설물, 시체, 악취가 나는 썩은 것 (…) 등에서 발생한다.[14]

한편 자크 다르라몽은 덥고 습한 바람이 불 때 역병이 발생할 수 있다고 언급했다. 이런 바람은 "공기에 습기가 많게 하고, 바로 습함은 부패의 어머니이기 때문"이다. 그는 전장에 널브러져 있는 인간과 말의 사체도 역병을 일으킬 수 있다고 보았다. 인간과 가축의 사체가 썩으면서 공기를 부패시키고, 부패한 공기가

역병을 일으킨다는 게 그의 입장이었다.[15]

이 밖에도 1348년 역병을 발생시켰던 특수·직접 원인으로 의사들이 가장 많이 거론한 개별적 요인은 바로 '전염(contagion)'이었다. 이에 대해서는 아버스(J. Aberth)가 여러 편의 '흑사병 논고'들을 분석해 밝혀둔 바 있다. 그에 따르면, '흑사병 논고'들은 1347~1351년 사이에 발생했던 역병의 원인에 해당하는 개별적 요인들을 총 73회 언급했다. 그중 '전염'은 9회 거론됨으로써 전체의 12.3퍼센트를 차지해 가장 많이 등장하는 개별 요인으로 꼽혔다.[16] 이는 알다시피 역병에 걸린 병자와 직접 접촉하거나 그가 사용했던 물건을 만질 때 역병에 걸린다는 내용이다. 이와 관련해 보카치오는 다음과 같이 언급한다.

> 역병을 더 심각하게 만드는 것은 역병에 걸린 자가 그렇지 않은 자와 접촉할 때면 언제든, 마치 불길이 기름기 있거나 건조한 물질을 통해 빠르게 번지는 것처럼, 급격하게 확산된다는 점이다. (…) (역병을 앓는) 병자와 대화를 나누거나 병자를 보살피거나 병자가 사용하던 물건이나 옷가지를 만진 자는 역병에 걸려 앓게 되고 죽음의 공포에 직면한다.[17]

보카치오 외에도 당대 여러 의사가 역병의 전염성에 대해 언급했다. 예컨대 몽펠리에(Montpellier) 출신의 한 의사는 병자를 바라보는 것만으로도 전염이 된다고 주장했다. 자크 다르라몽은

『뉘른베르크 연대기』에 수록된 역병의 시대 죽음의 무도

역병에 걸린 자와 접촉하면 마치 들불이 번지듯 타인에게 역병이 전염된다면서, 그렇기 때문에 병자를 방문한 의사와 성직자는 모두 역병에 걸려 사망하게 되었다고 진술했다.[18]

정리해자면 1348년 역병의 특수·직접 원인은 여러 가지지만 크게 두 부류로 구분할 수 있다. 다양한 요인을 통해 발생하는 사악한 증기나 부패한 공기, 즉 나쁜 공기가 역병을 일으키는 것. 그리고 이미 역병에 걸린 자나 그가 사용한 물건을 접촉함으로써 전파된다는 것. 전자는 이른바 미아즈마(miasma) 이론에 근거한 해석이며, 후자는 말 그대로 전염론이라 지칭할 수 있다.

3) 미아즈마 이론과 전염론

1348년 역병의 특수·직접 원인은 미아즈마 이론과 전염론에 근거를 둔다. 먼저 미아즈마 이론은 보편 원인과 관련이 있다. 왜냐하면 보편 원인의 관점은 천체 배열에 영향 받아 사악한 증기, 즉 미아즈마가 생성되고, 그로 인해 역병이 발생한다는 논리이기 때문이다. 결국 따지고 보면, 역병 발생의 보편 원인과 특수·직접 원인에 대한 논의 모두 이 미아즈마 이론에서 출발한다고도 볼 수 있다.

미아즈마 이론은 사실 고대로부터 내려오는 지적 전통 안에 존재하는 것으로, 의학교육을 통해 계승되었다. 반면 전염론은 학문적 전통을 통한 것이라기보다는 그저 의사·지식인들의 경험을 통해 체득된 것일 뿐이었다.[19] 지식체계로서 전염론이 등장한 것은 16세기가 되어서였다. 매독이 만연하던 1546년 이탈리아에서 프라카스토로(Girolamo Fracastoro)가 『전염과 전염병에 대하여(*De Contagione et Contagiosis Morbis*)』를 출간함으로써 비로소 전염 개념이 이론화되는 것이다. 하지만 19세기 후반에 이르러 코흐(Robert Koch)와 파스퇴르(Louis Pasteur)가 세균학을 발전·확립시키기 전까지 역병 확산과 관련해서는 미아즈마 이론이 여전히 압도적이었다.[20]

나쁜 공기나 사악한 증기—한자 문화권에서는 이를 '장기(瘴氣: 축축하고 더운 땅에서 생기는 독한 기운)'로 이해하기도 했다—를 가리키는 미아즈마는 '오염'을 뜻하는 고대 그리스어

'μιαίνω(*miaínō*)'에 어원을 둔다. 애초엔 민간전통의 종교적 의미로 통용되었으나 히포크라테스 시대를 거치면서 호흡을 통해 확산되는 전염병의 원인으로 규정되었다. 즉, 히포크라테스 이래로 미아즈마는 곧 역병을 의미했다. 이후 미아즈마 이론은 갈레노스를 통해 더 체계화되었다. 그는 미아즈마 이론과 체액론을 결합해, 나쁜 공기가 인체로 들어와 체액의 균형에 영향을 준다고 주장했다.[21]

여기서 체액론을 잠시 살펴보자. 체액론은 히포크라테스–갈레노스의 전통으로, 세상이 4원소—물, 불, 흙, 공기—로 구성되어 있다는 데 그 토대를 둔다. 각 원소는 건습 그리고 냉온 가운데 하나씩 골라 한 쌍의 속성을 지니는데, 흙은 건조함과 차가움, 공기는 따뜻함과 습함, 불은 따뜻함과 건조함, 물은 차가움과 습함을 속성으로 한다. 이러한 4원소의 속성이 인체와 연관된다. 즉, 인간의 몸도 4원소에 상응하는 4체액—황담즙, 혈액, 점액, 흑담즙—으로[22] 구성된다는 것이다.

> (황담즙은) 열기와 건조함의 원천인 불에서 유래한다. (…) (혈액은) 열기와 습기가 합해져 생긴 공기에서 유래한다. (…) (점액은) 한기와 습기가 결합돼서 생겨난 물에서 유래한다. (흑담즙은) 한기와 건조함으로 이루어진 흙에서 유래한다. (…) 이 4체액은 인간 몸의 물질을 구성하고 있으며 건강을 재는 척도다. (…) 체질 구성은 사람마다 각기 다르다. 어떤 사람은 열이 지나치고 또 어떤 사람은 냉함이

지나치다. 어떤 사람은 습기가 지나치고 어떤 사람은 건조함이 지나치다. 이런 여러 가지 관계의 조합을 바탕으로 체질을 다섯 가지 (…) 즉 담즙성 체질, 다혈성 체질, 림프성 체질, 우울성 체질, 복합성 체질로 나눈다.[23]

미아즈마–체액론 관점에 따르면, 여러 사람이 나쁜 공기에 함께 노출되어도 어떤 사람은 병에 걸리는 반면, 다른 이들은 그렇지 않은 이유가 설명된다. 체액 구성에 따라 개인 체질이 형성되고, 체질에 따라 어떤 질병에는 강하지만, 다른 질병에는 취약하다.

이러한 논의가 1348년 역병을 설명하는 데도 적용되었다. 1348년 역병을 일으킨 1345년 행성의 '합'은 따뜻하고 습한 속성을 갖는 물병자리에서 이루어졌다. 파리대학 의학부 교수진이 "안개가 자주 발생하고 습한 날이 빈번한 해에는 많은 질병이 발생"한다고[24] 말했듯이, 공기를 부패시키는 증기는 습한 속성을 지니는 것이었다. 이와 관련한 문헌기록을 보자.

(1348년) 역병에 가장 잘 걸리는 사람은 따뜻하고 습한 체질을 갖는다. 따뜻하고 습함은 부패와 가장 잘 연결되기 때문이다. (…) 또한 몸이 사악한 체액으로 가득 차 있는 사람도 (이 역병에) 취약하다. 반드시 체외로 배출해야 하는 노폐물[사악한 체액]을 체내에 축적하기 때문이다. (…) 체질적으로 건조한 사람은 역병에 더 천천히 걸리게 되는

데, 건조한 체질은 노폐물을 잘 배출·제거하기 때문이다.[25]

그런데 이 지점에서 의문이 생긴다. 미아즈마-체액론에 근거한다면, 미아즈마에 함께 노출되어도 개인 체질에 따라 역병에 걸리는 사람과 그렇지 않은 사람, 빨리 걸리는 사람과 천천히 걸리는 사람 등 역병에 대한 반응 정도와 확산속도가 다양해야 했다. 하지만 1348년 역병의 양상은 그렇지 않았다. 남녀노소, 건강한 자와 약한 자 구분 없이 무차별적으로 걸려들었고, 인구 상당수가 그대로 목숨을 잃어갔다. 이전의 역병들과는 비교가 되지 않을 정도로 강력한 것이었다. 이는 당연히 미아즈마-체액론으로는 설명되지 않는 부분이었다.[26] 다른 접근이 필요해졌다.

2. 독 이론

1348년 역병 창궐 이후, 당대 의사들은 미아즈마–체액론으로 설명되지 않는 부분을 독(Poison) 이론을 통해 이해해보려 했다. 이 이론을 처음 제시한 것은 페루자(Perugia)의 의사 젠틸레 다 폴리뇨였다. 그는 이미 1348년 이전에도 독을 역병의 원인으로 규정한 바 있었고, 그해 4월 페루자에서 역병이 창궐하자 관련 글을 추가로 발표함으로써 독을 역병의 원인으로 보는 견해를 확고히 했다.[27] 그는 먼저 기존 의학지식 대로 행성의 '합', 일(월)식, 악취 나는 부패물, 오랫동안 밀폐되어 있던 동굴, 물이 고인 웅덩이, 동물의 오물, 매장하지 않은 부패한 시체 등을 역병 원인에 포함했다. 하지만 이것만으로는 궁극적 해명이 이뤄지지 않는다면서 더 직접적인 이유를 거론했다.[28]

> 심장과 폐 주변에서 발생하는 독성물질은, 그 물질을 구성하는 주요 특성들이 과도해져서가 아니라 독성물질 자체의 특성 때문에 발생한다. 독성 있는 증기를 호흡으로 접

하게 되면, 전염의 방식을 통해 사람 사이뿐만 아니라 지역과 지역 사이에서도 역병은 활발하게 확산될 것이다.[29]

젠틸레 다 폴리뇨

인용문에서 확인할 수 있듯이, 독과 역병의 관계는 젠틸레가 1348년 역병을 경험하면서 확신하게 된 개념이다. 그는 이를 통해 독성물질이 역병을 야기한다고 판단했다. 독성물질은 인체 내 축적량이나 그 구성 성분의 특성에 따라 작동하는 게 아니라, 그 자체로 고유한 물질로서 신체기관에 치명적인 영향을 끼치는 것이었다. 이는 히포크라테스-갈레노스 전통의 체액-체질(기질)론과는 확연히 다른 접근이었다.[30] 특히 그는 1348년 역병이 개인차를 두지 않고 모두에게 피해를 입혔다는 사실에 주목했다. 그가 보건대, 무차별적인 희생자를 양산하는 역병 발생의 원인을 해명하는 데 독 이론만큼 적합한 메커니즘이 없었다(그러나 차차 다루겠지만, 그 역시 여전히 전통적인 체액-체질(기질)론에 기반을 두고 있긴 하다).[31]

물론 독 원인설 논의가 14세기 중반에 처음 제기된 것은 아니다. 앞서 오랜 논의가 있었고, 그것이 젠틸레에 의해 역병의 창궐과 확산을 설명하는 개념으로 발전했으며, 비로소 1348년 역병의 경우에 적용된 것이었다. 젠틸레에 이르기까지 독 이론이 정교화하는 과정을 좀 더 살펴보자.

역병의 병인으로서 독 이론은, 본디 독과 관련해 예로부터 산발적으로 흩어져 있던 내용들을 의학지식의 틀로 묶어 체계화한 갈레노스의 전통[32]에 기원을 둔다. 우선 갈레노스의 언급들 중 독과 관련된 본 장의 논의에 유용할 만한 지점을 짚어본다.

> 몸에 바르면 무해하나 마시면 크게 해로운 약물이 있다. (…) 복용하면 종종 해로울 수도 있고 이로울 수도 있는 약물이 있다. 복용했을 때와 몸에 발랐을 때 모두 해로운 약물이 있다. (환부에) 바르거나 복용할 때 모두 해로운 것이 있다. 일반적으로 인체 내외부에 동일하게 영향을 미치는 물질은 없다. (…) 특정 시간, 적합한 양 그리고 적절하게 혼합된 것을 복용하면 (몸에) 이로운 것이 있고, 반면 잘못된 시간과 과도한 양 그리고 발라선 안 되는 게 혼합되어 복용하면 해로운 약물이 있다.[33]

그가 보기에 인체에 해로운 독과 이득이 되는 의약품은 구분할 수도 그럴 필요도 없다. 약물은 어떻게 사용하느냐에 따라 인체에 이로워 의약품이 될 수도, 역으로 몸에 해로워 독이 될 수도 있기 때문이었다. 약물의 무해성은 적정 시간에 적정량을 복용하거나 도포하는지, 또 여러 약물을 얼마나 조화롭게 혼합하는지에 달려 있는 것이다. 이러한 그의 입장은 결국 "같은 물질이 음식으로도 약물로도 작동할 수 있다"는 표현으로 요약된다.[34] "독미나리는 어류에게는 영양물이지만, 인간에게는 (해로운) 약물[독]이다. 박새에게 헬레보레[미나리아재비과 식물로 독초]가 음식인 것과 같이 말이다"라고[35] 언급한 사례도 이와 통한다.

갈레노스가 독 관련 정보를 의학지식의 틀로 체계화했다면, 독 개념에 변화를 가져온 것은 이븐 시나였다. 그는 『의학전범(*Canon medicinae*)』에서 독을 간단히 분류하고, 독이 신체로 들어왔을 때의 증상과 그 치유법에 대해 설명했다. 물론 이 내용이 새로운 것은 아니었다.[36]

다만 그가 작동방식에 따라 독을 두 가지 형태로 새롭게 구분한 부분은 눈여겨볼 필요가 있다. 먼저 뜨겁거나 차갑고 습하거나 건조한 물질의 속성에 따라 다르게 작동하는 독의 경우가 첫 번째고, 물질 그 자체로 독성을 가진 형태가 두 번째다. 즉, 전자는 물질을 구성하는 여러 속성들 중 어떤 것이 상황에 따라 독으로 변하는 것을 의미하고, 반면 후자는 물질 자체가 본래적으로 독성을 갖고 있는 경우다. 전자와 비교해 후자가 더 치명적이다. 물론 후자가 훨씬 그 종류가 적은데, 예컨대 투구꽃속(napellus), 뿔 모양의 향신료(cornu spice), 군소(lepus marinus) 등이 이에 해당한다.[37]

그는 역병 발생의 원인을 두고서 다음과 같이 언급하기도 했다.

> 부패한 공기가 심장에 도달하면 (체액을 통해 형성된) 심장의 기질(체질: complexion)을 부패하게 만들고, 이어

서 심장을 포위한 뒤 심장 역시 오염시킨다. 그런 후 부자연스러운 뜨거운 열기가 몸 전체로 퍼져 결국 역병에 걸리게 된다. (동일한 방식으로) 다른 사람에게 역병이 확산될 수 있다.[38]

이븐 시나

인용문을 통해서도 확인할 수 있듯이, 이븐 시나는 독과 역병의 상관관계를 언급하지는 않았다. 그는 전과 비교해 독 개념을 보다 더 체계화시키긴 했지만, 뜨거운 열기와 같은 것이 체액의 불균형을 초래하고, 그것이 역병을 발병케 한다고 언급함으로써,[39] 역병의 발생과 관련해서는 여전히 갈레노스의 이론적 틀에 머물러 있었다. 즉, 그는 인체의 네 속성을 따라 작동하는 체액론에 기반을 두고 역병의 창궐과 확산에 대해 이해했다.

그럼에도 본래적으로 독성을 갖고 있는 물질 자체가 더 치명적이라는 그의 주장은 독에 대한 인간의 인식에 변화를 가져왔다.[40] 물질 자체가 독이라는 개념에 대한 그의 강조로, 사람들은 비로소 어떤 물질이 인간에게 해로우며, 독성물질과 그렇지 않은 물질은 어떤 기준으로 구분하는지 등에 관심을 기울이기 시작했다. 이븐 시나의 바로 이러한 영향력이 종내는 젠틸레의 독 이론에까지 도달한 셈이었다.

하지만 사실 젠틸레가 실질적으로 영향을 받은 인물은 파두아 대학에서 그를 지도한 것으로 여겨지는 피에트로 다바노(Pietro d'Abano, 1316년 몰)였다. 피에트로는 독의 독특한 특성을 비롯해 인체 내에서 독이 어떻게 작용하는지 등에 관해 새로운 견해를 제시했다.

> 독은 우리 몸에 이로운 음식과는 반대로 작용한다. 음식이 우리 몸의 유용한 일부가 되고 몸에 완벽히 흡수되어 영양분을 제공하고 분해되듯이, 독은 몸에 섭취되면 몸 전체를 독성[물질]으로 변화시킨다. 그런 후 독은 우리 몸을 독에 동화시킨다. 우리가 동물 및 땅에서 자라는 것들을 (섭취해) (…) 필요한 영양분과 살로 바꾸듯이 말이다. 그래서 어떤 물질이든 그것이 독에 닿게 되고 우리가 그것을 섭취하면 몸은 독으로 변화한다. (…) 마치 불이 볏짚을 상대로 완전히 지배적인 위치에 있으며, 그렇기 때문에 볏짚은 불의 지배를 받는 존재이고, 결국 불로 변하게 되는 것과 같다. 가장 현명한 의사들이 독이 인체의 기질(체질)을 파괴하고 생명의 지속성을 방해하는 물질이라고 보는 이유이다. 이와 같은 방식으로 독이 야기하는 질병은 (누구에게나 다 적용되는) 일반적인 것이지 개별 기질(체질)에 한정된 것이 아니다.[41]

피에트로 다바노

피에트로는 이렇게 독은 인체에 해를 가하는 강력한 물질이며, 개개인의 기질(체질) 차이와 무관하게 질병을 일으킨다고 보았다. 즉, 그는 갈레노스 이래로 신봉되었고, 이븐 시나 역시 추종했던 체액론을 부정했다. 나아가 독이 인체에 흡수되면 몸 전체를 독성물질로 변화시킨다고 밝힘으로써 독의 '자기 증식성(self-multiplication)'까지 강조했다. 그에게 독은 독성을 갖는 독자적이고 고유한 물질 그 자체이며, 인체 내 체액에 영향을 받지 않는 존재였다. 이런 점에서 피에트로의 독 개념은 이븐 시나보다 한 걸음 더 나아간 것이다. 하지만 피에트로 역시 여전히 독과 역병을 연관 지어 사유하지는 않았다.

이제 젠틸레다. 그야말로 역병의 원인으로 독 원인론을 역사상 처음 제기한 인물이다. 그는 독성이 있는 증기를 들이마시면 심장과 폐 주변에서 독성물질이 발생하고, 이것이 역병의 직접적 원인으로 작동한다고 주장했다. 역병과 독의 상관관계를 지적했고, 이 개념을 1348년 역병에 그대로 적용했다. 물론 그는 이전 의학자들의 지식을 근거로 자기 논리를 전개해나갔다. 이븐 시나가 제기했던 자체적인 독 개념을 바탕으로 인체에 치명적인 독성물질의 역병 병인론을 전개했으며, 스승이었던 피에트로의 영향 아래 독을 기존하는 체액론과 결부시키는 걸 거부한 채, 독의 '자기 증식성'을 통해 역병의 원인을 설명해나갔다.[42]

무엇보다 젠틸레의 주장이 돋보이는 건 기존하던 미아즈마-체액론과의 차별성을 보여주는 대목이다. 미아즈마-체액론에 따르면, 미아즈마가 외부에서 인체로 들어온 뒤, 개개인의 체액(체질)에 따라 미아즈마에 반응하는 방식과 정도가 다르다. 동일한 상황에서도 질병에 걸리는 사람과 그렇지 않은 사람, 병세가 심각한 환자와 그렇지 않은 환자가 각각 존재하는 이유다. 그러나 젠틸레의 독 이론은 본래적인 독성물질이 체액(체질)의 특성과 무관하게 무차별적으로 인체에 해를 끼친다고 본다. 개개인의 체액(체질)에 따라 외부 유입물의 유무해성이 달라질 수 있다는 미아즈마-체액론과 확연히 구별되는 지점이다.

물론 그의 독 이론의 논리가 미아즈마-체액론에 근거를 둔 병인론 및 역병 확산 메커니즘과 완벽하게 다른 건 아니었다(그 역시 전통적인 체액-체질(기질)론을 완전히 부정한 것은 아니다). 하지만 본래적인 독성물질이 존재하고, 또 그것이 인간에게 해를 입힌다는 측면에서, 이전 역병과 다른 양상을 보인 1348년 역병을 비로소 이해할 수 있는 근거가 만들어졌다.

체액-체질(기질)론에 따르면, 체액의 불균형이 병을 초래하므로 건강을 회복하기 위해선 체액을 다시 균형 상태로 회복시켜야 했다. 무엇보다 체액의 균형이 중요했다. 이를 위해 영양, 수면, 운동 등 전반적인 생활습관이 올바르게 유지되어야 했다. 체액-체질(기질)론에서 건강의 유지·회복을 위한 섭생법이 중요했

던 이유다.[43]

젠틸레 역시 섭생법을 중요하게 생각했다. 그는 갈레노스 전통에 근거한 '태생적이지 않은 6가지 요소들(six non-naturals)'에 대한 강조를 통해 이를 구체화했다.[44] '태생적이지 않은 6가지 요소들'이란 인간 본성으로 통제되지 않는 것으로서, 인체의 본래 요소와 다른 것들을 의미했다. 일반적으로 공기, 음식과 음료, 휴식과 운동, 수면과 깨어 있음, 배설과 축적, 감정 등으로 구분된다.[45] 환언하자면, 개개인이 태생적으로 보유한 신체적·감정적인 것이 아니라, 전반적인 라이프 스타일, 예컨대 섭생법 등과 같은 것이었다. 젠틸레는 역병과 섭생법의 상관관계를 언급하면서, 역병에 대한 개인의 반응 정도는 주로 섭생법에 의존하기에 과도한 성생활, 잦은 목욕 등을 자제하라고 당부했다.[46] 이런 측면에서 보더라도 젠틸레가 섭생법 등을 강조하던, 전통적인 체액-체질(기질)론에서 완전히 자유롭지 못했음을 알 수 있다.[47]

또한 그의 독 이론은 역병이 어떤 방식으로 다른 사람에게 확산되는지에 대해서는 언급하지 않는다. 개개인이 역병에 걸리는 메커니즘에 대해서는 전통적 이론의 한계를 보완해 병리학적으로 설명하지만, 개인 간 전파에 따른 역병 확산을 이해할 수 있는 실마리를 제공하지는 않는 것이다. 이는 독 이론이 미아즈마-체액론으로 설명되지 않는 지점에 특히 주목했기 때문으로 판단된다.

이러한 한계에도 불구하고 젠틸레가 독 개념을 통해 역병을 해석해내고 이에 대한 인식론적 변화를 일으켰다는 점은 의미가 크다. 그가 제시한 역병과 독의 상관관계는 당대 의사들에게 영향을 미쳐 1347~1353년 사이에 작성된 27편의 '흑사병 논고' 중 21편에서 역병의 원인으로 독을 지목했다.[48] 당대 의학계 역시 전통적 인식론만으로는 역병 창궐을 설명하는 것이 불가능하다는 사실을 인지하고 있었다. 젠틸레의 독 이론은 그렇게 역병의 원인에 대한 인식론적 확장을 이뤄낸 셈이다.

*

1347년 시칠리아에서 창궐했던 역병은 해가 바뀌면 알프스 이북에서도 본격적으로 발생하기 시작한다. 대중들은 대부분 그 원인을 신의 분노로 돌렸지만, 의사집단은 의학·과학지식을 총동원해 1348년 역병의 원인을 규명하려 했다. 그들 역시 당대의 패러다임 하에서 역병의 제1원인으로서 신을 부정하지 않았지만, 동시에 2차 원인, 즉 자연법칙을 통해서도 역병의 원인을 이해해보려 했다. 파리대학 의학부 교수진을 비롯한 의학계는 이 2차 원인을 다시 보편 원인과 특수·직접 원인으로 구분했다.

보편 원인의 관점에 따르면, 토성, 목성, 화성이 '합'하는 천체 배열에 영향 받아 사악한 증기, 즉 미아즈마가 생성되고, 그로 인해 많은 사람이 죽음으로 내몰린다. 여기에 지역 단위에서 사악한 증기를 생성시켜 공기를 부패하게 만드는 것들이 특수·직접 원인으로 더해진다. 사실 보편·특수 원인 양자 모두 이른바 미아

reditis, als eine fabel,
scribitur vom Doctor schnabel,
fugit die Contagion
utert seinen Lohn darvon
lavera sucht er zu fristen,
ich wie der Corvus auf der Misten.
Credite, zihet nicht dort hin,
n Romæ regnat die Pestin,
Quis non debere
für seiner Virgul od
qua loquitur, als u
und deütet sein C
Wie mancher Cred
das ihm tentir ein
Marsupium heist sei
und aurum die g
I. Columbina, ad vivum delineavit.
Kleidung wider den Tod zu Rom. Anno 1656.

완전 무장한 채 흑사병을 치료하러 다니던 의사. 일명 닥터 슈나벨(Doctor Schnabel)

즈마 이론에 근거하는 것이었다.

미아즈마 이론은 체액론과 결합해 역병 발생과 확산을 이해할 수 있게 했다. 미아즈마-체액론 관점에 따르면, 여러 사람이 나쁜 공기에 함께 노출되어도 어떤 이들은 병에 걸리지만 또 어떤 이들은 그렇지 않은 이유가 설명된다. 체액의 구성에 따라 개인 체질이 형성되고, 체질에 따라 어떤 질병에는 저항력이 강하고 또 다른 것에는 취약하기 때문이다.

그런데 1348년 역병은 미아즈마-체액론으로는 설명되지 않는 부분이 있었다. 전과 달리 남녀노소, 건강한 자와 약한 자 구분 없이 무차별적으로 희생자가 나왔기 때문이다. 게다가 이 역병은 전과 비교할 수 없을 정도로 많은 사람을 죽음으로 내모는 강력한 것이었다. 이 문제를 해결할 새로운 병인론이 필요해졌다.

갈레노스 시대부터 언급되던 독 개념을 근거 삼아, 젠틸레가 역병의 원인으로 독 이론을 제기한 것이 이때였다. 그는 1348년 역병이 개인차 없이 모든 사람들에게 영향을 미친다는 데 주목했다. 전통적 체액-체질(기질)론으로는 설명되지 않는 부분이었다. 당대 의사들도 차차 그의 독 이론을 수용해 역병을 이해하기 시작했다. 정리하자면, 당대 의학계는 1348년 역병의 원인을 전통적 방식—천체 배열 및 미아즈마 이론, 체액-체질(기질)론—을 통해 인식했지만, 여전히 이로써 해명되지 않는 부분에 독 이론을 적용했다.

1348년 역병의 원인에 대한 독 이론의 접근은 분명 인식론적 확장을 보여주는 사례다. 하지만 이것이 전통적 병인론들이 폐기되고, 독 이론이 이를 완전히 대체했음을 의미하진 않는다. 흑사병이 서유럽에서 창궐했던 1347~1353년 사이 작성된 27편의 '흑사병 논고' 중 23편에서 역병의 원인으로 체액-체질(기질)이 언급되었다. 반면 21편에서는 독 이론이, 6편에는 체액-체질(기질)론과 독 이론이 함께 거론되었다. 이러한 경향은 1354~1400년 사이 작성된 53편의 '흑사병 논고'와 1401~1450여 년 사이 작성된 100편의 논고에서도 재확인된다.[49] 독 이론이 역병의 발생과 확산을 효과적으로 설명하는 이론이었을지라도 당대 의학계에서는 전통적 인식론, 즉 히포크라테스-갈레노스 전통에 기반을 둔 체액-체질(기질)론이 여전히 권위가 있었음을 보여주는 대목이다. 요컨대 1348년 역병의 원인을 설명하기 위해 당대 의학계는 전통적 인식론과 독 이론을 함께 활용했으며, 이런 차원에서 흑사병 창궐 원인에 대한 인식론적 확장이 이루어졌다고 평가할 수 있다.

제7장

흑사병 예방법 :
14세기 후반~15세기 전반기
서유럽 의학계의 관점에서

*

흑사병이 창궐하면서 의사들은 그 예방을 중요시하기 시작했다. 무엇보다 치료가 어려웠기 때문이다. 많은 의사와 저술가들이 이와 관련한 기록들을 남겼다. 몇 가지만 먼저 짚어보면, 바르셀로나에서 활동했던 아브라함 벤 솔로몬 헨(Abraham ben Solomon Hen)이라는 의사는 1349년경, "역병에 걸렸을 때 그것을 치료하는 것보다 예방하는 게 더 낫다"라고 진술했다. 몽펠리에 의과대학 학장이었던 쟝 드 투르느미르(Jean de tournemire, 1330년경~1396년경) 역시 "의사는 매우 쉽게" 역병을 예방할 수 있지만, 환자가 농양과 같은 화농성 염증으로 고통 받기 시작하면, "치료의 불확실성과 어려움만 커질 뿐 할 수 있는 일이 없다"라고 말했다. 역병 치료의 어려움을 진술하면서 예방의 중요성을 강조한 것이다. 15세기 스위스 베른에서 활동했던 익명의 저술가 역시 의사들은 역병을 "매우 어렵게" 치료할 수 있지만, 예방은 "쉽게 잘" 할 수 있다며 예방의 가치를 높이 평가했다.[1]

14세기에 역병, 즉 전(감)염병을 비롯한 질병의 예방은 고대부터 전해져오는 갈레노스식 의학전통을 따랐다. 특히 제6장에서 살펴본 바 있는 '태생적이지 않은 6가지 요소[이하 '6요소']'라는 개념에 기반을 두고 있었다. 여기서 '6요소'는 전반적인 라이프스타일, 즉 섭생법과 관련이 있었는데, 미아즈마(miasma) 이론 및 체액(체질)론과 결합해 일반적인 질병들뿐 아니라, 이 장에서 다루게 될 역병의 예방과 치료에 관한 이론과 실제들을 함께 제시했다. 요컨대 '6요소'에 근거해 섭생법을 준수하는 삶은 질병이나 역병의 예방과 치료에 필수적이라고 보았다.

그런데 앞서 제6장에서 살펴보았듯이, 1348년에 창궐한 흑사병은 이전 역병들과는 다른 양상을 보였고, 전통적인 미아즈마–체액(체질)론으론 해명되지 않는 부분이 있었다. 이를 위해 당대 의사들이 '독(poison) 이론'을 동시에 활용했음은 함께 언급했던 바다. 요컨대 1348년 역병에 대해선 전통적인 미아즈마–체액(체질)론의 이해 방식과 독 이론의 이해 방식이 공존했으며, 이 양자 간의 견해차는 예방·치유법의 차이로까지 이어졌다. 이번 장에서는 역병의 예방법 논의에 집중하여, 특히 14세기 중반 흑사병 창궐 당시와 대략 15세기 전반기까지 의학계의 전통적 대응법들을 알아보고, 전통적 방식 외에 또 어떠한 새로운 예방책이 강구되었는지 파악해본다.

1. 전통적 예방법

역병 예방을 위한 전통적 대응법은 '6요소'에 근거했다. 흑사병도 역병이었기에 기본적으로 이를 따랐다. 다양한 예방책들 가운데선 '6요소'의 '공기' 및 '배출'과 관련된, '도피법'와 '사혈법'이 가장 널리 활용되었다. 본격적 논의에 앞서, 도피와 사혈은 전통적인 미아즈마-체액(체질)론을 고수하는 의사들과 새롭게 독 이론을 추구하는 의사들 모두가 따랐던 예방법임을 인지해둘 필요가 있다.[2] 부연하자면, 1348년 역병 창궐 이래 당대 의학계는 기존 전통을 따라 미아즈마-체액(체질)론을 비롯해 '6요소'에 따른 섭생법을 고수하는 부류와 이러한 대응 방식에 회의적인 부류가 있었다. 그러나 후자의 부류도 전통적인 '6요소' 가운데 두 가지, 즉 공기와 배출 개념은 독 이론에 근거한 역병 예방책에 적용할 수 있다고 보았다. 도피와 사혈의 방식이 양쪽 의사집단 모두가 따랐던 대표적인 역병 예방법이 될 수 있었던 이유가 여기에 있다.

1) 도피

흑사병 예방법으로 도피가 강조된 까닭은 역병과 공기의 상관관계가 강조된 데 있었다. 14세기 중반 이후 다수의 '흑사병 논고'들이 역병 예방에 대해 논하면서 공기의 의미를 강조했다. 예컨대 어떤 의사는 역병을 "공기의 부패, 그 이상도 이하도 아니다"라고 정의했다. 또 다른 저술가는 "안 좋은 것을 먹고 마시는 것보다 나쁜 공기를 흡입하는 게 몸에 더 해롭다"라고 언급하면서 역병과 관련한 공기의 중요성을 역설했다. 이전에는 '6요소'에 근거한 섭생법 가운데 '음식·음료' 요소가 가장 중요했다면, 14세기 중반 흑사병 창궐 이래로 공기가 가장 의미 있는 요소로 부상했다.[3] 공기가 외부의 감염요인을 인체 내부로 유입시키는 가장 빠르고 보편적인 경로라 여겨졌기 때문이다.

당시 많은 의사들이 공기는 폐를 통해 인체 내부로 유입된다고 생각했다. 이들 가운데는 아리스토텔레스에 근거해 공기의 중요성을 설명하는 사람들이 있었다. 아리스토텔레스에 따르면, 심장은 인체의 열(heat)을 생성하는 곳이다. 공기는 심장의 열기를 적절한 온도로 식히는 기능을 맡는다. 하지만 부패했거나 독성 있는 공기가 폐를 통해 인체 내부로 유입되면, 공기의 이 본질적 기능은 작동하지 못한다. 심장의 열기를 적절한 온도로 식히지 못하는 것이다. 결국 심장과 인체 내부의 열기는 상승하고, 이러한 상황은 체액에 영향을 미쳐 체액의 균형 상태가 깨진다. 이븐 시나(Ibn Sina, 1037년 몰)에 근거해 공기의 중요성을 설명

미아즈마를 들이마시지 않기 위해 코를 막고 있는 사람(17세기)

하는 이들도 있었다. 부패한 공기가 심장의 기(氣, spirit)나 체액을 오염시키고, 이후 심장과 인체의 열이 과하게 상승한다. 결국 고열이 농창을 발생시킨다는 게 이들의 견해였다.[4] 어떤 경우든 손쉬운 발병의 근원은 바로 공기였다.

공기가 중요한 이유는 또 있었다. 미아즈마 이론에 의거한 공기의 부패든, 독 이론에 근거한 공기 내 독성물질의 생성과 존재든, 양자 모두 공기의 주변 환경적 관계요인에 무게를 두었다. 먼저 미아즈마 이론에 따르면, 공기를 오염시키는 요인에는 '천체 운행'을 비롯해 "매장하지 않은 사체, 늪지대와 호수 그리고 하수구와 같이 고여 있는 웅덩이, 썩어가는 동식물, 오물로 가득한 마구간" 등이 있다.[5] 독 이론의 경우, 15세기에 작성된 여러 '흑사병 논고'들에서 진술되듯이, "모든 독은 공기에서 생성되며" 독은 인간에게 큰 영향을 미쳐 죽음에 이르게 한다고 보았다. 또 독성 있는 공기를 흡입하면 혈액에 독이 유입되고, 그것이 바로 심장을 향해 가서 결국 죽음을 초래한다고 되어 있다. 독과 공기의 밀접한 관계가 강조되는 대목들이다. 끝으로 프라하 출신의 의사 지기스문트 알비쿠스(Sigismund Albicus, 1360년경~1427년경)가 기술했듯이, "공기가 정화되면 환자는 (회복되어) 살 수 있으므로" 의사는 공기 정화에 신경을 써야 한다는 게 독 이론이 공기의 중요성을 피력한 이유였다.[6]

이렇게 역병의 발생과 확산에서 공기가 의미하는 바는 컸다. 당대 의사들 또한 역병 예방을 논하면서 공기 문제를 크게 다룰 수밖에 없었다. 그렇다면 부패했거나 독성 있는 공기를 흡입하지 않고 역병을 예방할 수 있는 가장 효과적인 방법은 무엇이었을까. 역병 걸린 사람을 멀리하고 역병이 창궐한 곳에서 벗어남으로써 전(감)염 가능성을 낮추는 가장 근본적인 방법. 바로 도피였다. 많은 '흑사병 논고'들이 도피가 역병을 예방하는 가장 확실하고 안전한 방법임을 강조했다. 모두 가능한 한 "빨리 멀리 도망가고 최대한 늦게 돌아오라"라고 권했다.[7]

도피가 역병을 피할 수 있는 가장 확실한 방법이긴 했지만, 안타깝게도 모든 사람이 따를 수 있는 방법은 아니었다. 지위가 높고 부유한 계층만 위험성 낮은 조건으로 피신할 수 있었다. 사회 대다수를 차지하는 가난한 하층민에게 생계수단을 버리고 일상의 공간을 떠나는 것은 현실적으로 어려움이 컸다. 생활공간 이외의 은신처도 따로 없었으며, 피신했다 한들 생계유지가 막막했다. 역병이 가라앉아 본래 거주지로 되돌아왔을 때 생계수단을 다시 확보할 수 있을지 여부도 불확실했다.

의사들은 이렇게 도피할 수 없는 이들을 위해 여러 예방책을 제시했다. 그중 공기와 관련한 것만 거론하면, 훈증(fumigation)과 분사(aspergation)가 대표적이었다. 고대부터 영적·육체적 치유를 위해 연기를 피우고 성수를 이용하는[8] 전통이 있었기에, 당대 의사들은 이 방법을 흑사병 예방책으로 어렵지 않게 권할 수 있었다.

젠틸레 다 폴리뇨는 "사람이 사는 집안에 불을 피우고," "향기나는 식물을 태워 [그 연기가] 집과 도시의 오염물질을 제거하도록 하라"고 조언했다. 자크 다르라몽은 집안에서 "로즈메리와 향나무를 태우고, 몰약(myrrh), 커민(cumin), 프랑킨센스(frankincense) 같은 것을 태워 연기를 내라"라고 했으며 "장미수(rose water)나 식초를 물에 타 집안에 뿌리라"라고 권했다.[9] 제프리 드 모는 "너의 집에 오염된 공기가 유입하지 않게 하려면 (…) 집을 깨끗이 청소하고 나무로 불을 피워라. 집안에 월계수 나뭇잎, 향나무 등을 태워 연기를 피워라. (…) 장미와 포도나무 잎을 [우려낸] 물에 식초를 섞어 집안에 뿌리"라고도 말했다.[10] 불을 피우거나 약초를 태운 연기 그리고 오늘날 개념을 빌리자면 일종의 '살균수'를 이용해 공기를 정화함으로써 역병을 예방하고자 했다.

공기를 정화하기 위해 더 간단한 방법을 제시하기도 했다. 바로 환기였다. 창문을 열어 집안을 환기함으로써 오염된 공기나 독성 있는 공기를 깨끗한 것으로 대체할 수 있다고 믿었다. 예컨대 장 자크(Jean Jacme, 1384년 몰)는 비록 예방법은 아니지만 환자를 위한 방책으로 창문 열기를 권장했다.[11] 그런데 창을 아무 때나 열어서 환기하면 안 되었다. 역병이 창궐한 지역과 바람이 불어오는 방향을 고려해 창을 여닫아야 했다. 특히 남풍은 위험했기 때문에, 남풍이 불 때는 반드시 창을 닫아야 했다. 장 자크의 발언 당시도 때마침 남쪽에서 역병이 창궐해 다른 지역으로 확산되고 있었으며, 또 일반적으로 남풍은 부패한 공기를 동반한다고 믿어지고 있었다. 몇 가지 부연하자면, 남풍은 "육체를 비통하게 만들고 심장을 해한다. (…) 따라서 역병이 창궐했을 때 남풍이 불면 온종일 집안에 머무는 게 좋다. (…) 한낮 이후 한 시간이 지날 때까지 남쪽 창을 열지 말고 [그 이후] 북쪽으로 난 창

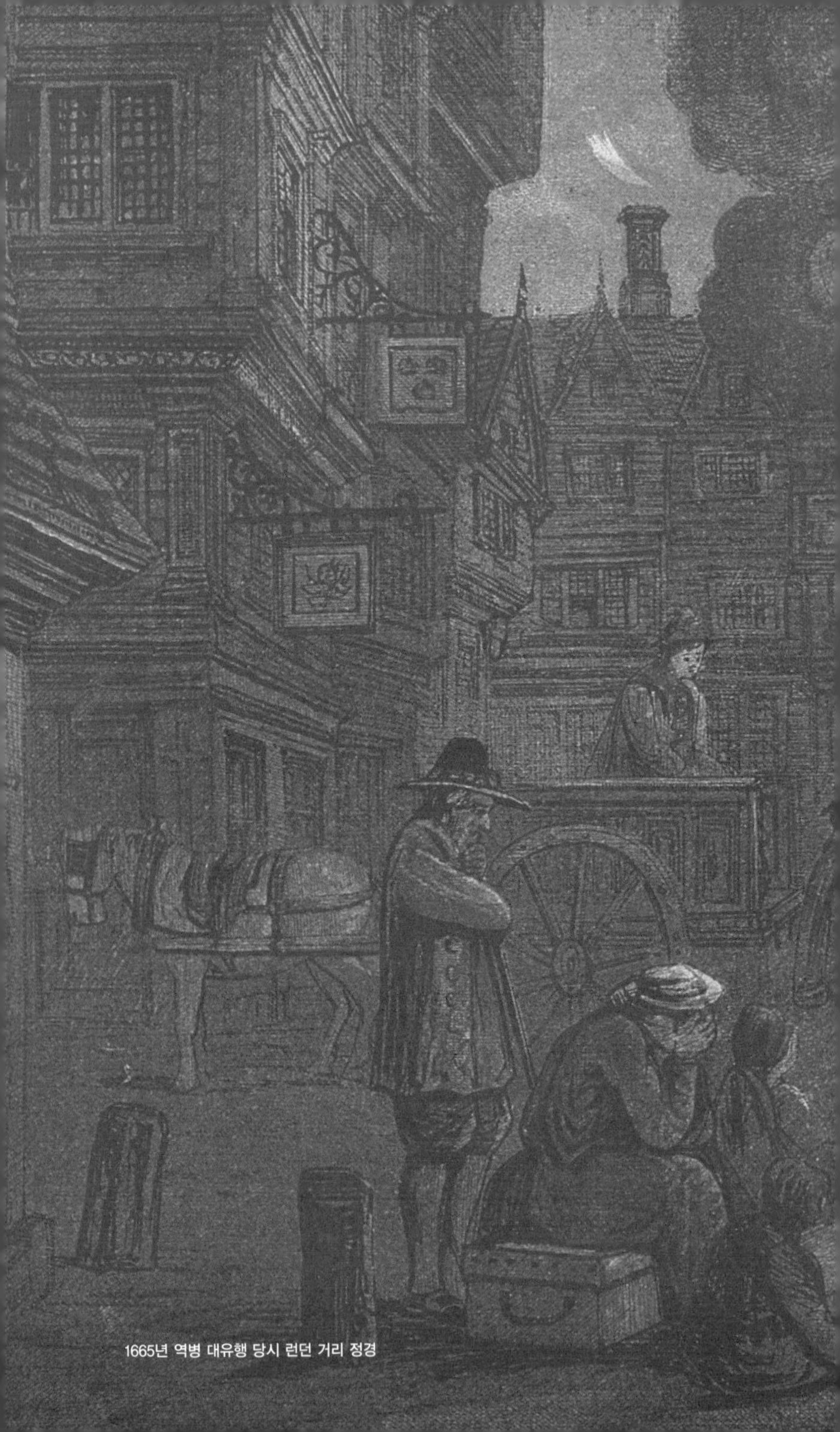

1665년 역병 대유행 당시 런던 거리 정경

을 열라"라고 의사들은 말했다.[12]

이렇게 당대 의학계는 부패·오염된 공기나 독성 있는 공기를 흡입함으로써 흑사병에 걸린다고 보았고, 그 예방법은 당연히 이를 피하는 것에서부터 출발했다. 이 방법이 어려운 사람들에겐 훈증과 분사 및 환기를 통한 공기 정화가 권고되었다. 또 환자를 보는 의사나 환자를 돌보는 자들에겐 되도록 환자와 거리를 두고 얼굴을 문이나 창 쪽으로 향하게 하며, 환자는 매일 방을 바꿔 사용하고 북쪽이나 동쪽으로 난 창문을 열어두라고 권했다.[13]

2) 사혈

이제 '6요소' 중 배출과 관련된 역병 예방법이다. 이 역시 미아즈마-체액(체질)론을 고수하는 무리와 독 이론을 추구하는 집단 모두가 따랐음을 상기할 필요가 있다. 전자의 관점에서 건강한 몸 상태를 유지하려면 체액 균형이 필수적이었다. 체내에 과도하게 축적된 체액, 즉 균형 상태를 벗어난 잉여 체액은 반드시 배출시켜야 했다. 그렇지 않으면 잉여 체액은 몸 안에 부패물을 생성시킨다고 여겨졌다. 후자의 관점에서도 독성물질이 체내로 유입했을 때는 그것이 역병을 발생시키기 전에 배출해야 했다. 체내에 흡수된 독성물질이나 이미 독으로 변한 혈액이 역병을 초래하는 직접적 요인이라고 여겨졌기 때문이다.[14]

헤임스커르크(Heemskerck, Egbert van), 외과-이발소에서 사혈 중인
야곱 프란츤(Jacob Franszn) 가족(1669년)

배출에는 여러 방식이 있었다. 사혈, 배변, 소변, 구토, 재채기, 땀내기 등이 그것이다. 사혈은 정맥에서 피를 뽑아내는 시술이었고, 배변은 관장약, 좌약, 완하제 등을 이용해 진행되었다. 또한 이뇨제, 구토 유발제, 깃털, 약물 등의 도움을 받아 소변·구토·재채기·땀내기가 시도되었다. 이 가운데 체액의 균형 상태를 효과적으로 관리할 수 있는 사혈이 배출 개념과 관련한 역병 예방법으로는 가장 대표적이었다.[15]

사혈법은 고대 이집트의 파피루스에서도 그 기록을 발견할 수 있을 만큼 오랜 전통을 가지고 있었다. 히포크라테스 시대에는 꽤나 성행했다. 사혈을 위해 정맥에서 피를 뽑아내는 시술법이 널리 사용된 것으로 보아, 사람들은 이미 당시에 정맥과 동맥을 구분하고 있었음을 알 수 있다. 정맥에서 사혈할 때 시술 부위는 주로 팔뚝과 무릎이었다.[16]

사람들은 사혈을 통해 체액의 균형 상태를 통제할 수 있다고 믿었다. 전통적으로 가장 널리 활용되어온 질병 예방·치료법이었기에 여러 권장사항이나 유의사항들도 축적되어 있었다. 그중 몇 가지 사안들을 짚어보자. 한 작가는 적어도 매주나 격주에 한 번씩 사혈하면 병에 걸리지 않는다고 언급했다. 이는 평시 질병 예방을 위한 상시적 시술에 해당한다. 정확한 빈도수가 언급되지는 않았지만, 역병 창궐 시기에는 평소보다 더 자주 사혈하는 게 권장되었다. 사혈을 자주 하는 만큼 사혈량은 줄이라는 충고도 함께였다. 물론 역병 예방을 위한 사혈의 빈도와 사혈량에 대해서는 의견이 분분했다. 예컨대 어떤 의사는 한 번에 한 시간

사혈, 또 어떤 의사는 적거나 적절한 양을 사혈하라는 식이었다. 여하튼 과도하게 혈액을 뽑아내면 위험하다는 사실은 인지하고 있었기 때문이다.[17]

3) 음식 및 기타 예방법

공기와 배설 외에도 '6요소'와 연관된 여러 예방법이 있었다. 먼저 음식을 통한 역병 예방법이다. 당대 의사들은 전통적 체액론에 근거해 역병을 예방하려면 과도한 음식물 섭취를 삼가고 절제하라고 충고했다. 생선, 우유처럼 '습한' 속성의 음식, 양념이 많이 된 '뜨거운' 속성의 음식은 기피 대상이었다. 습하고 뜨거운 속성은 부패를 촉진한다고 보았기 때문이다. 대신 신맛, 쓴맛, 기름기 없는 음식을 섭취하고, 포도주는 몸에 열기를 높이니 희석해서 연하게 마시라고 지시했다.

신체활동도 역병 예방의 방법이었다. 역병 창궐 시엔 과도한 신체활동 대신 가벼운 운동이 권장되었다. 적당한 운동을 통해 발생하는 열기는 체내의 잉여 체액을 분해하고 해소한다는 게 근거였다. 반면 과도한 운동은 많은 공기를 흡입케 하고, 때문에 부패한 공기가 체내로 유입할 가능성이 높아지므로, 기피 대상이었다. 몸에 열이 나거나 몸을 습하게 하는 행위도 마찬가지였다. 뜨거운 물 목욕은 땀구멍을 확장시켜 그곳으로 나쁜 공기가 들어올 수 있으므로 기피되었다. 성행위 역시 몸이 뜨거워진다는 이유로 자제가 권고되었다.[18] 요컨대 이 모든 예방법들은 체액의 균형 상태가 깨지면 역병에 걸린다는 인식에 기반을 두고 있었다.

다만 당대 의사들은 흑사병에 대한 직접적 예방법으로 수면을 논하지는 않았다. 대신 일반적인 수면의 중요성과 수면 시 자세에 관해 이야기했다. 건강하려면 충분한 수면이 필수적이라는 맥락에서였는데, 단 과도한 수면은 오히려 해롭다고 경고했다. 그들이 제시한 일반적인 가이드라인을 들여다보면, 잠은 밤에 자야 한다, 잠깐 낮잠을 즐기는 것 외에 낮에 자는 것은 좋지 않다, 바른 자세로 누워 자면 안 된다, 그 자세는 잉여 체액이 뇌로 올라가 심각한 질환을 초래한다, 좌우로 자세를 바꿔가면서 자야 한다, 한쪽으로 누워 자면 위장에 눌려 간에서 열기가 상승한다 등이었다.[19] 이처럼 수면 관련 내용은 건강을 위한 기본 사항들이었기 때문에 흑사병을 예방하는 데도 그대로 적용했다.

'6요소'를 건강 유지·회복에 절대적 요소로 여겼던 갈레노스와 그의 추종자들은 '감정' 상태 또한 건강을 좌우하는 요소라고 생각했다. 그들에 따르면 격노하지도 슬퍼하지도 외로워하지도 말아야 한다. 이러한 감정들이 체액의 균형 상태에 영향을 미쳐 질병을 일으킨다고 보았기 때문이다. 대신 즐겁고 기쁜 마음을 가지라고 조언했다. 그런 마음의 상태가 심장을 더 강하게 만들고 기운을 북돋아준다는 이유에서였다. 흑사병이 창궐하자 의사들은 이에 더해 사람들에게 평정심을 유지하고 희망을 품으라고도 조언했다. 그러면 흑사병에 걸리지 않을 가능성이 높아지고,

반대로 두려움에 떨면 흑사병에 더 잘 걸린다는 취지에서였다.[20]

이처럼 갈레노스 이래로 '6요소'는 건강을 유지하고 회복시키는 데 중요한 역할을 담당하는 것으로 인식되고 있었다. 흑사병 역시 질병의 일환이었기 때문에, 마찬가지로 이에 근거한 섭생법을 통해 예방될 수 있다고 여겨졌다. 하지만 강조했듯이 1348년 역병은 전과는 확연히 다른 양상의 질병이었다. 따라서 그 예방책에서도 '6요소'에 근거하는 것을 뛰어넘는 새로운 대안이 필요할 수밖에 없었다.

2. 약물 활용

대안적 역병 예방·치료법으로는 여러 약물의 사용이 제시되었다. 물론 그 약물이 완전히 새로운 것이라거나 흑사병 창궐 이전에는 질병의 예방과 치료에 전혀 약물이 활용되지 않았다는 의미는 아니다. 흑사병 이전에도 체액-체질론에 근거해 약물을 사용했었다. 다만 흑사병은 발생과 확산 등의 차원에서 메커니즘적으로 이전 역병과는 달랐기에 약물을 활용하는 예방책에도 변화가 필요했을 뿐이다.

중세시대 약물은 작동방식과 효과에 따라 크게 세 가지—하제, 강장제, 해독제—로 구분되었다. 하제(下劑)는 건조나 가습작용을 통해 잉여 체액의 체외 배출을 촉진한다. 강장제는 갈레노스 전통에서 인체의 3가지 주요 기관으로 일컬어지는 심장, 뇌, 간을 강하게 한다. 끝으로 해독제는 독을 중화시킨다.[21] 이상 세 부류의 약물은 고대부터 질병 예방과 치료를 위해 사용되었다. 흑사병과 관련해서는 상대적으로 해독제가 주목받았다. 독 이론을 통해 흑사병에 대한 이해도가 높아진 덕에 해독제가 예방약으로 선호되는 건 자연스런 결과였다.

1) 테리악

흑사병이 창궐하자 예방·치료약으로 주목받은 것은 테리악(theriac)이었다(여기서는 예방약으로서의 테리악에 대한 논의에 집중한다). 우선 테리악이 무엇인지부터 살펴보자.

테리악은 고대부터 제조되어온 해독제로, "야생동물이나 독성 있는 동물"을 뜻하는 그리스어 '테리온(θηρίον)'에 어원을 둔다. 독극물의 존재는 고대에도 널리 알려져 있었다. 독극물로부터 목숨을 구하고, 예컨대 독사에게 물렸을 때 등을 대비한 해독제가 개발되어 있었다. 바로 테리악이었다. 테리악은 시간이 지나면서 해독제뿐 아니라 여타의 많은 질병을 예방·치료할 수 있는 이른바 '만병통치약'으로 여겨지기도 했다. 당연히 흑사병을 예방하고 치료하는 데도 활용되었다.

해독제로서 테리악은 적어도 기원전 2세기경부터 제조되기 시작했다. 이에 대해서는 헬레니즘시대에 활동한 의사이자 식물학자인 콜로폰의 니칸데르(Nicander of Colophon, BC 2세기에 활동)를 통해 확인할 수 있다. 그는 해독제로서 테리악을 제조하는 방법을 기록으로 남겼다.

> 태생초, 붓꽃, 스파이크나드(spikenard) 뿌리, 힐초

테리악 제조

(valerian) 뿌리, 말린 펠리토리(pellitory: 남유럽산 국화과 식물), 말린 당근, 블랙브로니(black bryony), 작약의 신선하고 부드러운 뿌리, 검은 헬레보어(hellebore) 잔가지 그리고 천연탄산나트륨을 혼합한다. 그런 후 다량의 커민(cumin), 플리베인(fleabane: 개망초 무리의 식물), 참제비고깔의 일종인 식물(stavesacre)의 껍질을 넣고 섞는다. 베

이베리(bayberry), 나무개자리(tree-medick), 말이 먹는 이끼를 같은 양으로 강판에 간 다음 시클라멘(cyclamen)과 함께 넣는다. 이어서 양귀비 즙, 아그누수 카스투스(agnus-castus) 씨, 발삼, 계피, 어수리(cow-parsnip), 소금 한 사발, 응유(curd: 우유가 산이나 효소에 의해 응고된 것), 게(crab)를 넣고 섞는다. (…) 이 모든 것을 절구에 넣고 찧어서 반죽한다. 마른 재료 위에는 갈퀴덩굴(cleavers) 즙을 붓고 잘 섞는다. [반죽이 잘된 내용물을] 1드램(drachm: 대략 1940밀리그램) 정도의 환으로 빚는다. [이때 각 환의] 무게는 정확해야 한다. 그런 후 [환을] 포도주에 넣고 흔든 뒤 마신다. 이때 포도주 양은 두 잔 정도여야 한다.[22]

테리악이 해독제의 대명사가 된 것은 폰토스(Pontus: 오늘날 흑해 남부 연안에 위치해 있던 고대 왕국)의 왕으로 "모든 해독제의 어머니"라고 불리는 미트리다테스(Μιθραδάτης, 영어식으로는 Mithridates, 120~63 BC)를 거치면서였다. 그는 죄인들을 대상으로 임상실험을 하며 많은 해독제를 개발했다. 독살 위험에서 자신을 보호하기 위해 정기적으로 몸소 해독제를 섭취하기도 했다.

이후 또 다른 해독제들의 제조가 이어졌다. 네로(Nero, 재위: 54~68년) 황제의 주치의였던 안드로마쿠스(Ἀνδρόμαχος, 영어식으로는 Andromachus)가 개발한 것이 대표적이다. 미트리다테스의 테리악이 40여 종의 재료를 혼합한 것이었다면, 안드로마쿠스는 독사 살점을 추가하는 등 64가지 재료를 사용했다. 즉, 안드로마쿠스 테리악은 미트리다테스의 것을 발전시킨 형태로, 독을 중화하는 해독제뿐 아니라 천식, 복통, 수종병(dropsy), 염증, 역병 등 다른 여러 질병에도 사용되었다.

테리악은 갈레노스(219년경 몰)에 이르러 더 발전했다. 그는 70가지 재료를 혼합해 테리악을 제조했다. 갈레노스 테리악은 해독제로서의 효능은 물론, 전과 비교해 더 많은 질병에 효과가 있다고 알려졌다. 때문에 이후 중세시대에도 서유럽사회에서 가장 뛰어난 예방·치료제로 받아들여졌다. 심지어 19세기에도 그 효능을 신봉했다.[23]

중세 서유럽사회에 테리악 제조법이 확산된 것은 고대 의학 지식이 이슬람세계를 통해 유입되면서였다. 아랍 의학서들을 바탕으로 저술된 『안티도타리움 니콜라이(*Antidotarium Nicolai*)』가 큰 역할을 했는데, 원저자 미상의 이 책은 1150년경 이탈리아 살레르노에서 처음 유통되기 시작해 13세기 말 서유럽의 여러 지역 언어로 번역되었다. 책에서 테리악 제조법은 기본적으로 갈레노스에 근거했다. 재료는 독사 살점, 산호 가루, 발삼(balsam), 후추, 장미수, 샐비어(sage), 계피, 사프란, 생강, 파슬리, 아라비아 검(gum arabic), 한련(nasturtium), 센토리아 속(屬)의 화초(centaurea), 소합향(storax), 몰약, 아니스(anis) 씨 등 70가지다. 제조법에 따라 각 재료의 양을 맞춘 후 사발에 넣고 빻는다. 이후 3일간 포도주에 담가두었다가 끓이고 식힌 후 꿀에 절여 보관한다.[24] 완성품은 (가루약에 시럽·꿀을 섞은) 연약 형태였다.

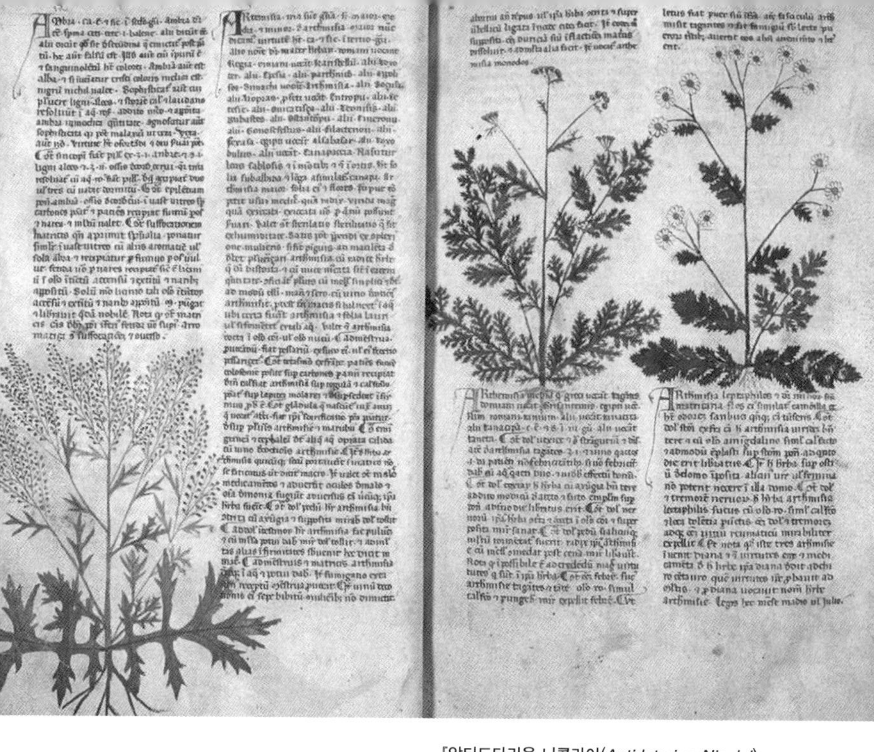

『안티도타리움 니콜라이(*Antidotarium Nicolai*)』

13세기 말 이후 서유럽사회에서 테리악은 가히 '만병통치약' 이었다. 『안티도타리움 니콜라이』에 따르면, 테리악은 수많은 질병에 유용했다. 간질, 강직증(强直症), 두통, 편두통, 후두염, 흉부질환, 관절염, 천식, 황달, 수증(水症), 신장결석, 결장질환, 생리불순 등에 효능이 있었다.[25] 독을 가진 동물에게 물렸을 때 해독제로서의 효과를 포함해, 신체 주요 기관에서 발생한 질환에도 효험이 있다고 여겨졌다.

1348년 흑사병이 창궐하자 테리악은 역병을 예방하는 의약품으로도 활용되었다. 이미 로마시대에 안드로마쿠스 테리악이 역병에 효능을 발휘했기 때문에, 이는 자연스러운 처사였다. 당시 테리악 복용 권장 사례를 몇 가지 짚어보자. 자크 다르라몽은 역병 예방을 위해 1드램의 테리악을 1주일에 3번 복용할 것을 권장했다. 1348년 파리대학 의학부 교수들은 국왕에게 올리는 글에서 역병 예방을 위해 제조된 지 10년이 넘은 고품질의 테리악을 사용할 것을 강조했다. 테리악은 포도주, 식초나 신맛 나는 과일주스에 희석해 복용하며, 주로 여름에는 꿀과 함께, 겨울에는 다른 것과의 혼합 없이 복용했다. 예방 효과를 극대화하기 위해 규칙적으로, 적어도 1주일에 2~3번 식전 복용이 권장되었다.[26]

테리악 효능의 기전은 무엇이었을까. 바로 독으로 독을 제어하는 방식이었다. 이는 테리악이 1348년에 창궐한 흑사병 이전의 역병들에 작동하던 방식과 차이가 있음을 의미한다. 말하자면, 안드로마쿠스 이래로 1348년 이전의 테리악들은 역병을 포함한, 일종의 만병에 대한 통치약으로서 기능한 것이었다. 하지만 흑사병은 이전의 역병과는 전혀 다른 양상을 띠었기 때문에, 테리악의 작동방식을 구성하는 데 있어서도 전통적인 의학지식을 넘어선 새로운 인식과 접근이 필요했다. 다시 독 이론을 통한 이해가 필요해지는 지점이다.

젠틸레 다 폴리뇨를 재소환해보자. 그는 1348년 흑사병을 독 이론으로 해석하고, 테리악이 흑사병에 효능을 발휘하는 작동방식 역시 독 이론과 연관 지어 이해했다. 그는 테리악이 “여러 개별 약초·약물을 혼합해” 제조한 것으로, “독특한 특성”, 즉 일종의 '독성'을 통해 "독을 제어할 수 있다"고 보았다. 흑사병은 독성 물질에 의한 것이기 때문에, 해독성을 보유한 테리악이 흑사병 예방에 효과적이라는 게 그의 입장이었다.

이는 물론 이전 세대 의사들의 영향을 받은 것이었다. 그는 갈레노스를 비롯해 이븐 시나와 이븐 루슈드 등 권위 있는 의사들이 제시한, 역병 창궐 시 테리악을 활용하라는 조언을 중요시했다. 특히 그는 갈레노스 시절 안티오크에서 있었던 일화를 직접 언급하며 공감을 표했다. 내용인즉, "안티오크의 어느 의사가 그곳에 역병이 창궐했을 때 테리악을 처방해주었는데, 그것을 복용한 사람은 역병에 걸리지 않았으며 역병에 걸린 환자 역시 치유되었다." 반면 테리악을 "복용하지 않은 사람은 모두 죽었다"라는 것이다. 이 영향으로 젠틸레는, 테리악은 "모든 독을 막아낼 수 있고 다른 약물로 손쓸 수 없는 질병을 취급하기에 적합하다"라는 결론에 도달했다.[27] 물론 앞서 지적했듯이 갈레노스 등이 테리악을 역병의 예방과 치료에 사용한 맥락과 젠틸레가 취한 입장에는 차이가 존재한다. 그럼에도 젠틸레가 테리악 관련하여 갈레노스, 이븐 시나, 이븐 루슈드 등에게서 영향 받았음을 부정할 수는 없다.

젠틸레와 달리 테리악의 흑사병 효능을 의심하는 견해도 있었다. 테리악은 몸을 뜨겁게 하는 속성이 있기 때문에 이를 복용한 자는 역병의 '부패'에 더 취약해진다는 비판이 대표적이었다. 이는 몸의 열기가 체액의 균형 상태를 깨트린다는 전통적인 체액-체질론에 근거한다. 이에 대해 젠틸레는 테리악은 "독특한 특성과 형태" 덕분에 "극소량으로도 효능을 발휘할 수 있다"면서, 취급하는 양에 따라 체액-체질에 영향을 미치는 다른 약물들과는 다른 형태의 속성을 지닌다고 진술했다.[28] 테리악은 극소량을 사용하기 때문에 열감 상승에 따른 해로움이 그리 크지 않고, 설령 인체에 해롭더라도 극소량으로 효능을 발휘하기 때문에 부패를 예방하는 이로움이 더 있다고 주장했다. 그러면서 그는 신 과즙(verjuice)이나 장미수 같은 차가운 속성의 음식(료)과 함께 테리악을 섭취하면 열감 상승을 예방할 수 있다고 진술했다.[29]

젠틸레의 반론이 테리악 회의론을 불식시켰다고 볼 수는 없다. 그럼에도 자크 다르라몽과 파리대학 의학부 교수진처럼 권위 있는 의사들이 흑사병 예방을 위해 테리악 섭취를 권장했다는 사실은 당시 의학계가 흑사병 예방약으로 테리악을 널리 인정했음을 시사한다. 또 14세기 말~15세기 전반기에 활동했던 마리아노 디 세르 야코포(Mariano di Ser Jacopo), 하인리히 리벤니츠(Heinrich Ribbeniz), 지그스문트 알비쿠스, 요하네스 슈파이어(Johannes Speyer), 한 뷔르커(Han Würcker) 등 많은 의사들도 젠틸레 입장에 동의했다. 이들은 테리악의 해독작용 효능을 인정하며, 체내로 들어온 독이 인체 여러 부위로 퍼져나가기 전에 테리악을 통해 제거될 수 있다고 보았다.[30] 요컨대 이들은 흑사병을 일으키는 독성물질을 테리악이 중화시킴으로써 이를 예방할 수 있다는 입장이었다.

2) 기타 약물

비록 테리악 만큼의 약효에는 미치지 못하지만, 고대부터 사용되어 여러 질환의 상태를 완화시키고 흑사병에도 효능이 있다고 여겨진 약물들이 있었다. 하제와 강장제가 그것이다. 우선 하제로 기능한 약물은 갈레노스를 비롯해 많은 명의들이 제시한 방법에 따라 알로에(aloe), 몰약(myrrh), 사프란(saffronn) 등을 재료로 정제약이나 가루약 형태로 제조되었다. 하제는 내장 기능을 활성화시켜 기관 내 (피하조직의 염증 부위인) 옹이나 궤양이 체액을 부패시키는 활동을 예방할 수 있다고 보았다.[31] 이런 맥락에서 하제는 흑사병 독성물질을 체외로 빠르게 배출시킬 수 있다고 인식되었고, 그 예방약으로도 활용되었다.

심장 강화에 주력하는 강장제도 흑사병 예방약으로 이용되었다. 심장은 인간 생명력의 정수로서, 흑사병이나 여타의 질병에 걸린 환자들에게 가장 고통스러운 신체 부위로 받아들여지고 있었다. 강장제는 다양한 재료를 사용해 (가루약에 시럽·꿀을 섞은) 연약, 가루약, 정제약, 물약 등 여러 형태로 제조되었다. 무엇보다 독 이론과 전통적 체액-체질론을 각각 따르는 의사들 모두 흑사병 예방을 위해 심장을 강화하는 약물을 처방했다. 전자는 약물을 통해 독성을 제어하기 때문에 흑사병 독성물질이 심장을 공격하는 것을 예방할 수 있다고 보았고, 후자는 부패한 공기가 심장의 열기를 높이는 것을 약물을 통해 제어할 수 있다고 확신했다.[32]

이외에도 흑사병을 예방하는 약물이 더 있었다. 그중 '아르메니안 볼(Armenian bole)'과 '렘노스 흙(Lemnian earth)'이 독특하다.

아르메니안 볼과 렘노스 흙은 토양이다. 토양을 의학용으로 사용하는 전통은 연원이 깊은데, 고대 메소포타미아를 비롯해 중국, 이집트, 페르시아, 그리스 등지에서 그 흔적을 찾을 수 있다. 여러 사례들 가운데 아르메니안 볼은 고대 그리스시대부터 사용되었다. 이는 아르메니아 산악지대에서 발견되는 붉은색 점토로, 궤양, 객혈, 설사, 결핵, 역병 등에 효능이 있다고 여겨졌다.[33] 무엇보다 고대 그리스의 의학전통을 계승한 이슬람세계에서 역병의 예방과 치료를 위해 널리 활용되었다. 이븐 시나는 아르메니안 볼을 여러 역병의 증상들 가운데 특히 농양 부위에 사용하라고 조언했고, 알 마그리지(Al-Maqrizi, 1442년 몰)는 카이로에서 흑사병이 창궐했을 때 예방책으로 이를 온몸에 바를 것을 권장했다. 이외에도 여러 무슬림 의사들이 흑사병 예방법으로 아르메니안 볼을 언급했다.[34]

이슬람세계와 비교할 정도는 아니지만 서유럽사회에서도 아르메니안 볼을 흑사병에 사용했다. 기 드 숄리아크(Guy de Chauliac, 1368년 몰)는 아비뇽에서 흑사병이 창궐하자 아르메니안 볼로 체액을 안정시키라고 조언했다. 파리대학 의학부 교수진 역시 아르메니안 볼을 포함한 여러 재료를 사용해 흑사병 예방약을 제조했다.[35]

쟝 드 투르느미르도 아르메니안 볼이 흑사병에 가장 효능이 높다고 평가했다. 그에 따르면, 아르메니안 볼은 첫째, 심장의 열기를 가라앉힘으로써 체액이 끓어오르는 것을 막아 부패를 방지한다. 둘째, 심장, (왼쪽 신장과 횡격막 사이에 있는) 비장 그리고 간에 있는 잉여 체액을 제거한다. 끝으로 심장을 포함한 다른 주요 장기로 통하는 경로를 차단함으로써 부패한 공기가 체내로 유입되는 것을 방지한다. 그는 "역병이 창궐했을 때 이보다 더 효과적인 것은 없으며", "만약 이것으로 안 되면 다른 어떤 것으로도 도움 받을 가능성이 없다"라고 진술했다.[36]

렘노스 흙은 에게 해 북부의 렘노스(Lemnos) 섬에서 채집된 것으로, 고대 그리스시대부터 근대에 이르기까지 해독제로 사용되었다. 물론 독을 중화시키는 기능 외에 다른 질병에서도 효능을 발휘했다. 갈레노스도 이를 궤양과 이질을 치료하고 역병을 예방하는 데 활용했다.[37]

이후 중세시대를 거치며 서유럽에서 렘노스 흙이 언급된 것은 1530년 게오르기우스 아그리콜라(Georgius Agricola, 1494~1555년)가 저술한 『베르마누스(*Bermannus*)』를 통해서였다. 그는 오스만 통치 아래에 있던 이스탄불에서 렘노스 흙으로 만들어진 정제약을 보았다. 노르스름한 빛깔에 오스만어로 된 문양이 찍혀 있었다. 그는 아랍인들이 아르메니안 볼을 역병에 효능이 있다고 여긴 것처럼, 오스만인들은 오래전부터 이 흙을 역병에 효과가 있는 유일한 치료제로 여겼다고 언급했다. 다만 이슬람사회와 달리 중세 서유럽사회에는 이 흙의 존재가 잘 알려져 있지 않았다. 이스탄불과 왕래가 잦았던 베네치아인들조차 이 흙의 효능을 잘 알지 못했으며, 약효를 알았다 하더라도 가격이 비쌌기 때문에 쉽게 구매할 수 없었다.[38]

*

고대의 의학전통을 이어받아 서유럽 중세의 의학계에서도 질병 예방은 체질(체액)론에 근거한 '6요소'를 바탕으로 하고 있었다. 1348년에 흑사병이 창궐했을 때도 그 예방을 위해 '6요소'가 중요한 가치로 인식되고 있었다. 특히 그 가운데서도 '공기'와 '배출'을 강조했다.

당대 의학계는 부패·오염된 공기나 독성 있는 공기를 흡입하면 흑사병에 걸린다고 판단했고, 이에 따라 나쁜 공기를 멀리하는 '도피'를 흑사병 예방법으로 가장 폭넓게 권고했다. 도피가 어려울 땐, '훈증', '분사', '환기' 등을 통한 공기 정화를 강조했다. 한편 배출은 체액(체질)론과 관련이 있었다. 그에 따르면, 건강을 유지하고 질병과 흑사병을 예방하려면 체액이 균형 상태여야 했으며, 따라서 잉여 체액을 배출시키는 일이 필수적이었다. 배출은 또한 독 이론의 차원에서도 중요했는데, 독성물질이 체내로 유입되어 역병을 일으키기 전에 그를 배출시켜야 했기 때문이다. 배출을 위해선 대표적으로 '사혈' 등 여러 가지 방법들이 제시되었다.

무엇보다 1348년 흑사병은 이전 역병들과 비교해 발생과 확산 등 여러 측면에서 달랐다. 전통적 의학 개념인 체액(체질)론–미아즈마 이론으로는 해명되지 않는 그런 부분들을 당대 의사들이 독 이론을 통해 설명해내려 했던 이유가 여기에 있다. 같은 맥락에서 역병 예방법에도 대안적 방식들이 생겨났다. 체액(체

역병에 걸린 환자들을 살피는 세 의사

질)론에 부합하는 '6요소'에 따른 예방법 외에 독 이론에 근거하는 약물법이 이에 해당한다.

흑사병 예방을 위해 사용된 약물 가운데 가장 대표적인 것은 테리악이었다. 테리악은 독으로 독을 제압하는 작동원리에 따라 흑사병을 발생시키는 독성물질을 제거하는, 이른바 만병통치용 약물이었다. 하제와 강장제 역할을 하는 약물도 선호되었다. 하제는 흑사병의 독성물질을 체외로 신속하게 배출시키려는 목적이었고, 강장제는 독성물질의 공격으로부터 특히 심장을 보호하려는 목적이었다. 물론 독 이론에 근거한 약물 예방법이 도입되었다고 하더라도 전통적인 체액(체질)론–미아즈마 이론과 '6요소' 개념이 부정된 것은 아니었다. 그 한계를 보완했다는 평가가 온당하다.

흑사병 예방에 대한 당대 의학계의 인식은 세속당국의 의사결정에 큰 영향을 미쳤다. 세속당국도 공적 노력을 통해 흑사병 창궐을 예방하고 확산을 저지하려 했다. 언급했듯이 흑사병 발생·확산과 관련해 당대 의사들은 부패했거나 독성 있는 공기의 위험성을 경고했고, 이는 부패와 악취의 온상을 제거해 흑사병을 비롯한 역병의 발생을 예방하려는 일종의 공공위생학적 규제의 제정과 강제로 이어졌다.

예컨대 잉글랜드에서는 1371년 '런던도축장규제안(London butchery regulations)'과 '1388년 의회법안(Parliamentary statute of 1388)' 등을 통해 거주지 환경을 청결하게 하는 공공위생 규제안이 공표되었다.[39] 1348년 이탈리아 피스토이아(Pistoia)에서는 흑사병에 걸린 환자와 그렇지 않은 자를 분리하는 등 여러 규제정책을 제정했다. 또한 1374년 이탈리아 밀라노에서는 흑사병에 걸린 환자를 도시에서 추방하는 등 흑사병 예방을 위한 다양한 공공위생 조치를 취했다.[40] 이런 규제들이 얼마나 효과적으로 작동했는가는 차치하고서라도, 역병 예방을 위해 세속당국이 얼마나 많은 관심과 노력을 기울였는지 확인해볼 수 있는 지점이다.

제8장

치유법 :
중세 의학의 관점에서

*

제5장에서 언급했듯이, 흑사병은 증상에 따라 크게 폐 페스트, 패혈성 페스트, 선 페스트로 분류한다. 패혈성 페스트는 페스트균이 혈액으로 침투해 패혈증을 유발시키는 것으로 중세 의학체계에서는 인식할 수 없는 종류였다. 다만 "사람들의 폐를 감염시켜 (…) 이렇게 감염된 사람은 누구든 간에 회복할 수 없고 이틀 내에 사망할 것이다"라는[1] 1348년의 한 기록에서 보이듯, 현대의 의학지식과는 비교할 수 없겠지만, 당시의 의학적 인식론 하에서도 폐 페스트는 인지되고 있었다. 그러나 중세시대의 의술로는 폐 페스트와 패혈성 페스트에 걸린 환자를 감당할 순 없었다. 두 경우 모두 사망률이 100퍼센트였으며,[2] 환자는 증상을 보인 직후 빠른 시간 내에 사망했다.

선 페스트는 사정이 달랐다. 제3차 페스트 펜데믹 당시 항생제 치료법을 도입하기 전 선 페스트 환자의 사망률은 40~60퍼센트였다.[3] 흑사병 창궐 당시 선 페스트 환자의 사망률이 어느 정도였는지 정확히 알 수는 없지만, 제3차 페스트 팬데믹 당시의 상황과 크게 다르지 않았을 것임을 감안해 40~60퍼센트 정도의 사망률을 적용해보면, 흑사병 창궐 당시 선 페스트 환자는 폐나 패혈성 페스트 환자처럼 생존 가능성이 아예 없진 않았다. 그리고 의사들은 이러한 환자들을 상대로 치료를 시행할 수 있었다.

이번 장에서는 당대 의학의 관점에서 흑사병 환자, 정확히는 선 페스트 환자를 어떻게 치료했는지 알아본다.

1. 외과술

선 페스트는 목, 겨드랑이, 서혜부 근처의 림프절에 화농성 농양을 발생시킨다. 중세 의학은 병인인 농양을 제거함으로써 이런 증상의 환자들을 치료하고 회복시킬 수 있다고 생각했다. 농양 제거법은 비교적 다양했다.

1) 정맥 사혈

제7장에서 다뤘듯이 피를 뽑아내는 정맥 사혈은 질병을 예방하고 치료하는 대표적 수단이었다. 전통적으로 혈액은 체액 자체일 뿐 아니라 다른 체액을 담고 있는 '그릇'으로 여겨졌기 때문에, 사혈을 통해 체액의 균형을 유지·회복함으로써 결과적으로 질병을 예방하고 치료할 수 있다고 보았다.[4] 이와 같은 의학적 인식론 하에, 1348년 서유럽에서 흑사병이 창궐하자 사혈이 치료에 널리 활용되기 시작한다.

흑사병 환자의 치료를 위해 의사들이 사혈을 선택했던 까닭은 오늘날의 스페인 알메리아에서 활동했던 이븐 카티마(Ibn Khatima, 1313~1374년)의 진술을 통해 확인할 수 있다. 그는 흑사병 치료에 "사혈보다 더 효과적인 치료법은 없다"라고[5] 선언하면서, 이 방식이 인간 생명력의 정수인 심장의 활동을 도와준다고 주장했다. 구체적으로 그는 사혈을 통해 체내 혈액량이 감소함으로써 심장이 보호된다고 생각했는데, 이는 사혈하지 않으면 과도한 양의 혈액이 심장을 압박해 심장에 있는 '기(氣, spirit)'를 파괴할 수 있기 때문이었다. 게다가 정맥에서 피를 뽑아냄으로써 동맥에 있는 '기'의 순환을 원활하게 촉진할 수 있었다. 14세기 후반 활동한 장 드 부르고뉴(Jean de Bourgogne, 생몰 미상) 역시 사혈의 효과를 신뢰했다. 그는 흑사병에 걸린 "많은 사람이 사혈법 하나만으로 치료되었다"라며 사혈의 가치를 역설했다. 이때 그는 단서 하나를 덧붙였는데, "적절한 시간 내에" 사혈해야 한다는 조건이었다.[6]

이처럼 흑사병 환자의 사혈치료는 시술 시기가 그 효과를 좌우한다고 여겨졌다. 증상 발현 후 가능한 한 빠를수록 좋았는데, 적어도 12~24시간 이내에 실시해야 했다. 물론 어떤 의사들은 그보다 더 빠른 시술을 권했다. 예컨대 장 드 부르고뉴도도 마찬가지였다. 그는 "환자에게 증상이 보이자마자 바로 사혈해야 하며, 그럴 수 없으면 적어도 6시간 내에는 해야 한다"라고 말했다. 빠른 사혈이 필요했던 이유는 무엇보다 체내로 유입된 부패한 공기나 독성물질이 흡수되기 전에 배출되어야 했기 때문이다.[7]

질병 예방을 위한 일반 사혈과 달리 흑사병 환자가 대상인 사혈은 증상에 따라 사혈 위치가 달랐다. 일반 사혈은 보통 팔뚝과 무릎 정맥에서 피를 뽑았는데,[8] 흑사병 환자는 화농성 농양의 발생 부위가 사혈 위치를 결정했다. 귀와 목 뒤쪽에 화농성 농양이 생긴 경우 팔이나 손, 특히 엄지손가락과 집게손가락 사이에 있는 요측피정맥(cephalic vein)이나 요측정중정맥(median cubital vein)에서 피를 뽑았다. 겨드랑이에 화농성 농양이 발생하면 팔과 손에 있는 척측피정맥(basilic vein)과 요측정중정맥에서 사혈을 시행했다. 손 부위에서 사혈할 때는 새끼손가락과 무명지 또는 무명지와 중지 사이에 있는 정맥을 이용했다. 사타구니에 증상이 나타나면 발목 안쪽이나 바깥쪽 또는 발등에 있는 복재정맥(saphenous vein)에서 피를 뽑았다. 특히 발등을 이용할 때는 엄지발가락과 두 번째 발가락 사이나 새끼발가락과 네 번째 발가락 사이에서 사혈했다.

이때 각 정맥은 배출기관들과 연결되어 있었다. 즉, 정맥은 뇌, 심장, 간과 이어지는 것이었는데, 뇌의 배출기관은 목이고, 심장의 경우는 겨드랑이, 간은 사타구니라고 여겨졌다.[9] 예컨대 심장 내 잉여 체액이나 독성물질이 흑사병을 발병시키고, 그 증상으로 겨드랑이에 화농성 농양이 나타난다는 식이었다. 겨드랑이의 농양 증상을 근거로, 흑사병 치료를 위해 심장과 연결된 정맥에서 피를 뽑아내는 처방이 뒤따랐다. 뇌와 간의 경우도 같은 맥락으로 이해되거니와, 흑사병 환자의 증상에 따라 사혈 위치가 특정되어야 하는 이유가 바로 여기에 있었다.

사혈

정확한 사혈을 위해서는 그 위치를 제대로 파악해야 했다. 먼저 따뜻한 물에 팔다리를 담그는 등의 방법으로 정맥을 확장시켜 사혈 위치를 확인한 뒤, 그 부위를 마사지해 혈액이 모이도록 했다. 주변을 실이나 끈으로 묶어 정맥이 두드러지게도 했다. 그다음 랜싯(lancet: 의료용 칼)이나 절개용 칼을 이용해 정맥을 그어 피를 뽑아내면 되었다.[10] 단, 증상으로 화농성 농양을 보이지 않는 환자는 신중히 다뤄야 했다. 사혈 정맥 선택이 불분명했기 때문이다. 오인으로 부패했거나 유독성인 혈액 대신 맑은 피를 뽑아버리면, 환자의 수명을 단축시킬 수도 있었다.[11]

흑사병 환자의 사혈은 예방 차원의 사혈일 때와 비교해 사혈량부터 달랐다. 흑사병을 포함한 일반 질병의 예방 목적일 때는 그 양이 적었지만,[12] 흑사병 환자는 많은 양을 사혈했다. 이탈리아의 의사 조반니 델라 페나(Giovanni della Penna)가 1348년 작성한 내용을 통해 그 이유를 알 수 있다. 일단 그는 사혈을 반복 시행해 환자가 몸과 정신을 제대로 가누지 못할 정도로 많은 양의 피를 뽑아내야 한다고 주장했다. 그는 환자 몸에서 힘이 빠지고 정신이 몽롱해지는 상태가 바로 나쁜 체액의 강도와 체내 축적량을 보여주는 척도라고 언급했는데,[13] 피를 어느 정도 뽑아내도 환자의 정신과 신체 상태가 괜찮다면 나쁜 체액이 여전히 체내에 남아 있다는 뜻이므로, 몸을 가누기 어려울 정도로 나쁜 체액이 다 배출될 때까지 계속해서 피를 뽑아내야 한다는 입장이었다.

이렇게 많은 의사들이 "적은 양을 사혈하는 것은 거의 도움 되지 않는다"라는 갈레노스의 입장을 계승했다. 적은 양의 사혈은 흑사병을 일으키는 부패물이나 독성물질을 더 활성화시킬 뿐이고, 그것들이 다시 심장으로 돌아가 결국 환자를 사망에 이르게 한다고 보았다. 많은 양의 사혈만이 그런 물질을 배출할 수 있다고 여겨졌다.[14] 예컨대 쟝 드 투르느미르는 한 시간 간격으로 2회에 걸쳐 총 1파운드(pound: 0.454리터)의 피를 뽑으라고 조언했다.[15] 심지어 이보다 더 많은 양의 피를 뽑아야 한다고 주장하는 의사들도 있었다. 환자가 기절할 때까지, 기절하면 얼굴에 물을 뿌려 정신이 들게 한 이후에도 계속 사혈을 시행해야 한다는 식이었다.[16]

물론 모든 의사가 흑사병 환자의 치료를 위한 다량의 사혈에 동의한 것은 아니었다. 활동 시기가 15세기 초였기에 1348년 역병과는 약간의 시차가 있지만, 예컨대 요하네스 폰 작센(Johannes von Sachsen)이 그랬다. 만일 다량의 사혈로 환자가 사망하면, 환자 측에서 사혈을 시행한 의사를 비난하는, 오늘날과 같은 의료사고 분쟁에 휘말릴 위험이 있기 때문이었다. 대신 그는 적은 양을 여러 번 나눠서 사혈하거나 고약을 사용하라고 조언했다.[17]

2) 고약

흑사병, 특히 선 페스트의 증상인 화농성 농양을 치료하기 위해 일종의 '고약(plaster)'이 널리 사용되었다. 증상 발현 후 가능한

한 빨리 사혈을 서둘러야 하듯이, 고약도—여러 의견들이 분분하지만—늦어도 12~24시간 내에 화농성 농양 부위에 붙여야 했다. 물론 신속한 고약 사용이 효과를 보증하는 것은 아니었다.

고약의 효과는 농양의 발생 부위에 따라 달랐다. 예컨대 심장의 배출기관인 겨드랑이에 화농성 농양이 생긴 경우는 고약을 활용해도 치료가 매우 어렵다는 결론이 있었다. 흑사병의 병인인 부패물이나 독성물질이 심장 부위에서 심장을 압도해버리면 결국 사망을 피치 못한다는 해석에서였다. 같은 메커니즘으로 뇌의 배출기관인 목 부위에 화농성 농양이 생긴 경우도 고약을 활용한 치료가 어렵다고 여겨졌다.[18]

고약 처방의 주목표는 화농성 농양을 농익게 한 뒤 고름으로 배출시킴으로써 부패물과 독성물을 제거하는 것이었다. 즉, 흑사병 병인이 심장을 비롯한 인체 주요 장기로 회귀해 해를 입히기 전에 고약을 통해 배출시키는 것이었다. 작동방식으로 보면, 이런 부류는 배출성 고약에 해당한다. 다른 방식으로 작동하는 고약도 있었다. 소멸성 고약과 압출성 고약이 그것이다. 전자는 흑사병 원인물질들에 대응해 농양을 소멸시키는 것이었고, 후자는 그 물질들을 피부 표면으로 끌어낸 뒤 다른 도구로 제거할 수 있게 한 것이었다.[19]

고약을 만드는 재료로는—구체적으로는 이견들이 존재하지만—무엇보다 식초가 가장 널리 사용되었다. 그 외에도 테리악, 겨자, 딱총나뭇잎, (빵을 만들기 위한) 반죽, 소금, 무화과, 달걀노른자, ("강한 방향(芳香)을 띠는 밀랍 같이 흰색의 투명한 고체인") 장뇌 등

역병 환자들을 돌보는 프란체스코수도회 수도사들

을 일반적으로 사용했다. 또 인간의 대변, 가축의 분뇨, 토끼털, 황소의 쓸개, 돼지 피, 몸집이 큰 개미와 그 알, 은, 납, 고약 제조자의 침과 소변 등이 포함되는 경우도 있었다.[20] 고약의 효능을 높인다는 이유에서였다.

3) 부항법

부항법(cupping)은 부항이란 작은 단지를 신체 부위에 부착한 뒤 단지 안을 진공 상태로 만들고, 피부의 표면과 조직 사이에 압력 차를 발생시켜 피나 부패물 등을 뽑아내는 요법이다.[21] 이때 피부에 "다수의 작은 표면성 찰상이나 자상을" 내는 난절법을 추가함으로써 보다 효과적으로 부패·독성물질이나 혈액을 뽑아낼 수 있었다.[22] 수천 년의 역사를 지닌 이 요법은 고대의 이집트, 중국, 그리스 등 여러 지역에서 두루 시행되었다.

14세기 말~15세기 의사들은 고약보다 부항이 흑사병 치료에 더 효과가 있다고 보았다. 또 환부를 절개하는 절개술이나 불 혹은 불에 달군 쇠 등으로 환부를 지지는 물리적 소작법(cautery)과 비교해서도 안전하다고 판단했다. 절개술과 소작법은 목 부위 같은 곳에 시도하기 어려웠거니와, 어린아이나 쇠약한 환자를 대상으로 하기에도 위험이 컸다. 의사들의 이런 입장은 앞서 요하네스 폰 작센의 진술에서 확인할 수 있었듯이, 치료 중 환자가 사망해 일종의 의료분쟁에 휘말리는 것을 꺼렸던 당시 의학계의 상황과 궤를 같이한다.

지역과 시대에 따라 부항은 동물의 뿔, 대나무, 청동, 사기, 유리 등 다양한 재질로 제작되었다. 중세 서유럽에서는 금속이나 유리로 된 포도주잔이나 조롱박 등을 이용하기도 했다.

부황

4) 동물 · 가축 이용법

15세기에 흑사병 농양을 제거하는 데 부항법 다음으로 널리 활용된 방식은 주로 거머리나 닭 등의 동물·가축을 이용하는 것이었다.

거머리 이용법은 고대부터 전승되어 중세가 되면 더 활발하게 활용되었다. 특히 안정성을 의식한 의사들이 애용한 방식이었다.

시술 중 고통이 상대적으로 적고, 한 번에 15~30밀리리터 정도의 소량만 뽑는다는 장점이 있었다. 또 부항법, 난절법, 고약법 등을 적용하기 어려운 편도선, 항문, 자궁경부와 같은 부위에 사용할 수 있었다. 상대적으로 안전했기 때문에 어린아이 치료에도 용이했다.[23]

연령별로 거머리 사용법이 제시되기도 했다. 예컨대 15세기 전반기에 활동한 살라딘 페로 데 에스쿨로(Saladin Ferro de Esculo)에 따르면, 5~12세의 아이들에게는 거머리 2마리, 12~20세는 3마리, 20~40세는 5마리를 사용해야 했다. 같은 시기에 활동했던 테오볼드 론티(Theobald Loneti)는 거머리가 부패물이나 독성 물질을 빨아내는 원리를 설명했다. "거머리는 깨끗한 피보다 부패하고 감염된 피를 빨아낸다. 마도요새가 닭이나 비둘기가 아니라 뱀과 두꺼비를 쫓는 것과 같은 이치다."[24]

생닭을 농양 위에 얹어 피·부패물을 뽑아내는 방식은 14세기 중반 흑사병이 창궐하면서부터 시행되었다. 1348년 쟝 드 투르느미르가 이 시술법을 기록해두었다. 우선 닭의 항문을 손가락 마디 정도 뽑아내고, 그 부위에 소금을 바른다(이렇게 하면 피가 더 잘 빨려나온다고 생각했다). 그렇지 않으면, 아예 닭의 항문 부위를 잘라내 그 부위가 농양에 쉽게 위치하도록 만든다. 이후 닭을 농양 위에 얹고 매듭을 지어 고정한다. 시간이 지나 닭이 죽거나 기절하면 다른 닭으로 바꾸어 같은 방식을 반복한다. 이 행위는 닭이 살아남을 때까지 계속되었다. 닭이 죽는다는 건 흑사병 유발 물질이 인체에서 닭으로 옮겨왔다는 의미였고, 반대로 그 물

질이 모두 배출되었다면 닭은 생존하는 것이었다. 그 상태에 이르면 환자는 치료된 셈이었다.[25]

5) 소작법

소작법(cautery)은 "병적 조직을 변질시켜 생존능력을 잃게 만들어 없애는 치료법"으로, 크게 화학적 소작법과 물리적 소작법으로 구분한다. 전자는 화학물질을 활용하고, 후자는 불이나 불에 달군 쇠 등 물리력을 활용했다. 두 소작법의 흑사병 치료원리는 단순하고 동일했다. 먼저 피부, 즉 농양이나 농양 근처에 물집을 발생시킨다. 그 뒤 물집이 흑사병을 일으키는 나쁜 체액이나 독성물질로 간주되는 "노란색" 액체로 가득 차면, 터트려 배출시킨다.[26]

화학적 소작법은 일종의 고약을 농양에 붙여 농양이 곪아 터지게 하는 방식이었다. 이를 위해 부식성 높은 재료들이 동원되었다. 대표적인 게 딱정발레목 가뢰과에 속하는 곤충인 스페인 청가뢰(spanish fly)다. 이 벌레는 칸타리딘(cantharidin)이라는 물질을 체내에 축적한다. 칸타리딘은 강력한 소포제로, 여기에 노출되면 화학적 화상을 입을 수 있으나 적절하게 사용하면 피부질환을 치료할 수 있다. 이 밖에도 다양한 재료들이 사용되었는데, 예컨대 젠틸레 다 폴리뇨가 제시한 것으로, 황산, 산화구리, 비소, 생석회, 갈바눔, 등대풀속(屬), 네스트리움, 쇄기풀, 겨자, 맛

이 변질한 견과, 코르도바산 가죽, 소금, 보석, 붕사, 제충국분, (비둘기, 매, 오리, 거위 등의) 새똥, 빨간색 야생사과 등이 있었다.[27]

물리적 소작법은 오랜 역사를 갖는 치료법으로, 특히 히포크라테스가 강조했다. 그는 이렇게 말했다. "약물로 치료할 수 없는 질병은 쇠(즉 칼)로 치료할 것이다. 쇠로 할 수 없는 것은 불로 치료할 수 있다. 불로도 안 되는 것은 치료가 불가능하다."[28]

일반적으로 물리적 소작법은 불에 달군 쇠를 사용하거나 기름, 왁스, 액상 견과류 등을 끓여 환부에 붓는 방식으로 진행되었다. 흑사병을 치료할 때도 농양 그 자체의 환부나 그 주변을 불에 달군 쇠로 지지거나 그곳에 뜨거운 액체를 부었다. 따라서 극심한 고통이 수반될 수밖에 없었고, 어린아이나 쇠약한 환자에게는 시술하기 어렵다는 한계가 있었다. 그럼에도 의사들은 흑사병 치료에 이 방법이 활용되는 걸 옹호했다. 예컨대 젠틸레 다 폴리뇨는 "물리적 소작법이 화학적 소작법보다 낫다"라고 말했고, 한스 부르커 폰 울름(Hans Wurcker von Ulm)도 환자가 견뎌낼 용기만 있다면 물리적 소작법이 농양 치료에 최선의 길이라고 역설했다.[29]

6) 절개술

절개술은 외과수술이나 해부용의 작은 칼을 이용해 농양을 절개하는 시술법이다. 고대부터 널리 사용되어온 외과술이지만,

흑사병 당시 의사들은 일반적으로 이 방법을 쓰는 걸 주저했다. 앞서 언급했던 것과 마찬가지로, 목, 겨드랑이, 사타구니 등 농양 발생 부위가 부위였던 만큼, 이곳을 절개하는 데는 너무 큰 위험부담이 따랐기 때문이다. 테오볼드 론티가 거머리나 닭을 이용한 방법이 실패하면, 그다음에 농양을 절개하라고 한 것도 같은 맥락에서다. 즉, 절개술은 제한된 상황에서만 위험을 무릅쓰고 진행된 흑사병 치료법이었다고 볼 수 있다.

2. 약물요법

1) 배출형 약물과 중화제

약물은 작동방식에 따라 크게 배출형 약물과 중화제(해독제)로 분류한다. 전자는 부패·독성물질을 체외로 배출시키고, 후자는 체내에서 독성물질을 중화시킨다.

14세기 후반에 활동한 베르나르트 폰 프랑크푸르트(Bernard von Frankfurt)는 배출형 약물의 기능을 세 가지로 설명했다. 혈액의 정화, 살의 정화, 내장기관의 정화가 그것이다. 혈액과 살의 정화는 약물 복용과 땀내기를 통해, 내장의 정화는 하제를 복용함으로써 가능했다. 약물 효과를 높이기 위해 사혈이나 소작법을 병행하기도 했다. 이와 관련해 장 드 투르느미르는 환자가 관장하거나 하제를 복용한 후 사혈을 시행하라고 권고했다. 14세기 말 한 잉글랜드인 저술가는 사혈에 앞서 몸의 열기를 낮추기 위해 '시원한' 성분의 연약(electuary: (꿀을 타서 달게 한) 핥아 먹는

약)을 섭취하라고도 조언했다.[30]

아랍의 의학서적(『*Tacuinum Sanitatis*』)에 수록되어 있는 약국 삽화

중화제(해독제)로 흑사병 치료에 가장 널리 사용된 약물은 테리악이었다. 제7장에서 논했듯이 테리악은 흑사병뿐 아니라 다른 많은 질병에도 효험이 있는 일종의 만병통치약으로 여겨졌다. 이러한 인식의 배경에는 고대부터 아편이 테리악의 재료에 포함되어 활용된 덕이 컸다. 아편은 진통, 기침, 발열, 설사 그리고 흑사병이 일으키는 증상 등에 효과가 있는 것으로 알려졌다. 중추신경계를 억제해 통증을 완화시키는 아편의 효능은 흑사병을 포함해 통증을 수반하는 다양한 질병들을 치유하는 데 효과적이었다.[31]

사실 아편이 의약품으로 활용된 역사는 꽤 오래되었다. 고대 중국을 비롯해 고대 지중해 권역, 특히 이집트와 소아시아에서 이미 아편을 의약품으로 사용했다. 아편 활용법이 중세 서유럽에 전해진 것은 고대의 다른 의학지식이 그러했던 것처럼 이슬람세계를 통해서였다. 당시 서유럽에서는 아편이 생산되지 않았기 때문에 소아시아에서 아편을 수입했다. 13세기 초 파리에서

는 아편 판매와 사용이 엄격하게 통제되었는데, 그만큼 당시 아편 사용이 빈번했음을 방증한다.[32]

흑사병 치료에 아편이 사용되었다는 직접적인 진술도 쉽게 눈에 띈다. 예컨대 기 드 숄리아크(Guy de Chauliac, 1300~1368년)는 『대(大)외과학(*Chirurgia magna*)』에서 흑사병이 초래하는 고통과 증상을 치유·완화하기 위해 아편 사용을 권고했다. 그는 잉여 체액 배출과 환부 치료가 고통을 줄이지 못한 채 환자가 괴로워하면, 아편 같은 "진통제나 마취제를 사용해야 한다"라고 진술했다. 물론 그에게 아편 같은 진통제는 최후의 수단이었다. 당대 의사들은 그와 같은 약물의 과다 사용이 치명적일 수 있다는 걸 이미 인지하고 있었다. 기 드 숄리아크도 아편 사용량을 2분의 1드램으로 제한했다.[33]

흑사병 치료를 위해서는 테리악의 복용 시점이 중요했던바, 의사들은 화농성 농양이 발현하는 즉시 테리악을 사용해야 한다고 강조했다. 테리악 처방은 사혈요법과 병행되기도 했다. 사혈 직전에 테리악을 복용하기도 했지만, 많은 경우 사혈 몇 시간 후에 복용하도록 했다. 사혈 후에도 여전히 잔존하는 독성물질을 중화시키기 위해서였다. 테리악이 효과가 없을 때는 대체 약물을 사용했다. 당밀(syrup), 물약(julep: 먹기 힘든 약을 타는 단물), 연약, 당과(confection), 허브차, 강심제(cordial), 가루약 등을 혼합한 약물이 그런 경우에 해당했다.[34]

2) 땀내기 요법

땀내기 역시 흑사병 치료법으로, 약물요법에 속했다. 땀내기를 촉진하기 위해 몸의 열기를 높여야 했고, 이를 위해 테리악과 같은 약물을 함께 복용했기 때문이다. 15세기 의사들이 14세기 후반기와 비교해 이 요법을 4배 이상 더 권장했다. 어떤 의사들은 땀내기 요법이 사혈이나 다른 외과술과 비교해 흑사병 치료에 월등한 효과가 있다고 보았다. 특히 어린 환자를 비롯해 사혈을 거부하거나 사혈했어도 차도가 없는 환자의 경우 땀내기 요법이 적절하다고 받아들여졌다. 지기스문트 알비쿠스 같은 의사들은 아예 독성물질을 체외로 배출시키는 데 땀내기 요법이 가장 효과가 높다고 주장했다.[35]

이처럼 15세기 들어 땀내기 요법이 선호된 까닭은 전과 비교해 환자의 안전을 더 고려하는 분위기가 조성되었기 때문이다. 또 흑사병을 전통적인 체액(체질)론뿐만 아니라 새로운 독 이론으로 이해하는 경향이 강화되면서 땀내기 요법이 흑사병 치료에 더 효과적이라고 인식되었기 때문이기도 하다.

그런데 사실 전통적인 체액(체질)론에 따르면, 땀내기 요법은 흑사병 치료에 결코 도움이 되지 않는다. 체액(체질)론에서 흑사병은 인체 내 잉여 체액이 부패물을 형성시켜 발생하며, 열기와 습기는 부패를 촉진시키기 때문이다.[36] 결국 이때 땀내기 요법은 도리어 흑사병을 키운다.

원래 체액(체질)론의 작동원리는 갈레노스의 '대립이론(theory

of opposites)'에 바탕을 두고 있었다. 이 이론에 따르면, 질병은 체액의 균형이 깨져서 발생하는 현상이다. 따라서 질병을 치료하려면 과잉된 특정 체액에 대립하는 속성을 강화시킴으로써 균형을 회복해야 한다. 예컨대 황담즙이 과잉이라면, 황담즙의 속성인 열기와 건기에 대립되는 한기와 습기의 속성을 보강해 과잉을 해소한다. 이를 통해 환자는 체액의 균형을 회복하고 치유된다. 대립이론의 핵심이 이와 같다.[37] 정리해보자. 체액(체질)론-대립이론에 따르면, 흑사병 환자는 체내에 부패물이 생성되는 것을 막기 위해 열기에 대립하는 한기가 필요하다. 그런데 땀내기 요법은 오히려 열기를 상승시킨다. 따라서 이 방식은 흑사병 환자를 더 악화시킨다.

하지만 땀내기 요법을 옹호하는 입장에서는 흑사병 환자 치료를 위해 한기 속성을 강화하는 데 반대했다. 베르나르트 폰 프랑크푸르트는 흑사병 환자가 열이 난다고 해서 열기의 대립 속성인 한기를 강화하면 체액은 식게 되고, 그것이 원래 있던 인체 내 부위로 회귀하게 되면 그 어떤 치료법도 효과가 없다고 주장했다. 대신 땀내기를 통해 열기 있는 체액을 체외로 배출시키거나 열기를 제어해야 한다고 강조했다. 이처럼 땀내기 요법을 옹호하는 의사들은 땀내는 걸 돕기 위해 아예 두툼한 담요나 모피로 침구류를 갖출 것을 제안하기도 했다. 반대로 전통적인 체액(체질)론-대립이론을 고수하는 의사들은 환자가 시원한 상태로 있을 수 있도록 귀리짚(oatstraw)으로 된 매트리스를 제공하라고 조언했다.[38]

땀내기 요법이 효과를 거두기 위해서는 시행 시간 역시 중요했다. 당대 의사들은 발병하고서 12시간 내에 이 요법을 시작해야 한다고 강조했다. 그러지 않으면 독성물질이 심장에까지 확산되고, 결국 그땐 이 요법은 무용지물이 된다고 보았다. 예컨대 1448년 베르히톨트(Berchtold)는 흑사병을 발병시키는 잉여 체액이 정맥으로 이동하기 전에 땀내기 요법을 시행해야 그것을 체외로 배출할 수 있다면서 신속성을 강조했다. 만일 부패한 체액이 땀을 통해 배출되지 않으면 농양으로 바뀌어 축적되어야 하는데(선 페스트), 그러지 않고 머물 곳 없이 심장이나 폐로 이동해 버리면 환자는 어쩔 수 없이 2~3일 내에 죽게 된다는 것이었다(패혈성 페스트와 폐 페스트).[39]

*

흑사병 창궐 당시 폐 페스트나 패혈성 페스트 환자는 회복이 불가능했지만, 선 페스트 환자는 사망률이 40~60퍼센트로, 회복이 가능하기도 했다. 선 페스트는 목, 겨드랑이, 서혜부 주변의 림프절에 화농성 농양이 생기는 증상이 있었고, 의사들은 이를 제거하는 치료행위에 집중했다. 15세기에 작성된 '흑사병 논고'에서 보이듯, 농양 제거를 통해 독성물이 체외로 배출되어 치료되고 나면, 흑사병 환자는 회복이 가능하다고 믿어졌기 때문이다.[40] 요컨대 전통적인 체액론에 근거하든, 새로이 제기된 독 이

뵈클린(Böcklin, Arnold), 흑사병의 알레고리(1898년)

론에 근거하든, 흑사병을 일으키는 체내의 부패·독성물질은 화농성 농양을 통해 그 존재가 확인되며, 이를 제거함으로써 흑사병의 병인을 해소할 수 있다고 여겨졌다. 이때 활용된 외과술은 부항법, 소작법, 절개술 그리고 고약이나 동물·가축을 이용하는 시술법 등이었다. 아울러 정맥 사혈법을 통해 체액을 균형 상태로 회복시킴으로써 흑사병을 치료하려는 시도도 있었다.

14세기 말~15세기엔 약물 치료법이 더해졌다. 14세기 후반부터 제기된 독 이론에 의거해, 흑사병 치료에서 독성물질 해독이 우선시되었고, 이에 따라 약물을 통한 중화작용의 효과가 주목받기 시작했다. 15세기에 들어서면 환자 치료 과정에서 안전성이 강조되기 시작했다. 위험도가 높은 외과술 대신 배출형 약물이나 중화제(해독제)를 활용하거나 땀내기 요법 같은 약물 치료법이 권장되기 시작한 때가 이 무렵이었다.

그렇다고 당시 의사들 모두가 이성적·합리적·과학적 태도로 의학지식들을 활용해 흑사병을 이해하고 환자 치료에 나선 건 아니었다. 그들 역시 당대의 에피스테메에서 자유로울 수 없었으므로, 외과술과 약물치료를 시행하면서도 여전히 세상을 주재하는 신에 의지한 치료의 영역에서 벗어나지 못했다. 민간에서 내려오던 주술적 치료술까지 여기에 보태졌다.[41] 엄연한 시대적 한계였다.

에필로그

14세기 중반에 창궐해 서유럽을 휩쓴 흑사병은 장·단기적으로 여러 방면에서 많은 영향을 미쳤다. 이 책은 먼저 종교영역에서 초래된 광신적 상황을 살피는 것으로 시작했다.

당시 사람들은 세상이 타락해 신이 노했다는 데서 흑사병의 원인을 찾았다. 흑사병은 신이 내린 형벌이었거니와 채찍질 고행과 같은 신의 분노를 누그러뜨리기 위한 집단적·광신적 참회가 이어졌다. 좀 더 장기적인 관점에선 성직자집단과 교회의 권위 실추가 드러나 보인다. 수없이 이어지는 죽음 속에서도 속인 대중들은 초월적 존재의 자비를 외쳤고, 성직자와 교회의 도움을 바랐다. 하지만 성직자와 교회권력은 이들을 위해 실질적으로 할 수 있는 게 아무것도 없었다. 심지어 어떤 성직자들은 대중의 영혼 구제라는 본분을 저버리고 자기 안전만 염려하며 도주하거나 개인의 영달과 탐욕만 좇으며 주저앉아버렸다. 속인 대중은 이들의 무능과 타락한 민낯에 직면해야 했다.

소수자를 향한 배타성도 극단화되었다. 사회나 집단이 위기에 처하면 소수자들을 타자화하고 희생양으로 삼는 경향이 강화된다. 반대급부로 주류 구성원의 결속력은 공고해지고, 그 과정에서 사회적·집단적 문제가 해결되거나 해결되었다는 착시현상이 빚어지곤 한다. 흑사병이 창궐할 당시 기독교사회가 타자화해 희생양으로 삼은 무리는 빈자나 걸인 같은 사회 하층민은 물론, 유대인이 다수였다. 유대인들의 피해가 특히 심했던 것은 우선 당시 집단 학살을 당한 신성로마제국 내의 소수자들 가운데 이들의 규모가 가장 컸기 때문이다. 이런 조건 하에 기독교사회에 내재되어 있던 유대인에 대한 반감과 기독교도와 유대인 간의 사회·경제적 이해관계가 결부되면서 유대인을 향한 분노와 폭력은 격화되었다.

사회·경제적으로도 심각한 변화들이 초래되었다. 1347/8년에 첫 번째 흑사병이 창궐하고 불과 몇 년 사이 서유럽 인구의 3분의 1 이상이 감소했다. 급격한 인구 감소로 노동력의 희소성이 증가했고, 대신 노동자의 선택권과 협상력이 넓어졌다. 이들은 더 높은 임금과 더 나은 노동환경을 좇았다. 임금 상승은 불가피했으며 노동조건은 개선되는 듯했다. 만약 이런 상황이 실질적이었다면, 흑사병이 초래한 인구의 급감은 사회를 긍정적인 방향으로 유도했을지도 모른다.

그러나 현실사회에서 기득권 세력은 자신들이 누려왔던 특권을 쉽사리 포기하지 않는다. 노동자의 협상력 강화와 임금 상승은 고용인, 즉 기득권 세력에게 사회·경제적 손실을 의미했다. 기득권은 반동적이었다. 임금 상승을 억제하고 노동자의 협상력

자크리 봉기를 그린 삽화

을 약화시키려 했다. 노동계층과 기득권 세력 간의 대립과 갈등은 불가피했다. 프랑스에서 일어난 자크리(Jacquerie)의 봉기, 잉글랜드에서 와트 테일러(Wat Tyler)가 주동한 봉기, 이탈리아 피렌체에서 있었던 촘피(Ciompi) 봉기 등 14세기 말에서 15세기 초 서유럽사회에 수많은 민중봉기가 발생했다.

이 와중에도 기득권 세력의 자기-보존성은 공고했다. 지위와 권위를 지켜내기 위해 전략적으로 상황에 맞섰다. 예컨대 제1차 페스트 팬데믹을 초래했던 유스티니아누스 역병이 창궐했을 때, 비잔티움제국의 황제 유스티니아누스는 권위 회복을 위해 자기-신성화 전략을 취했다. 흑사병이 창궐했을 때, 교황을 비롯한 교회권력은 채찍질 고행과 같은 속인 대중의 광신적 표출을 지지하다가도, 자신들의 권위가 침해된다고 판단하면 그 즉시 고행자 무리를 이단으로 규정하고 활동을 금지시켰다.

기득권 세력은 자기-포장술에도 뛰어났다. 민중계급은 자기 의사를 노골적이고 적나라하게 표출한다. 반면 기득권 세력은 자기 속내(잇속)를 직접 표출하지 않는다. 대신 거창한 명분으로 포장한다. 이러한 경향은 흑사병 창궐 상황 속에서 유대인을 향했던 이들의 태도에서도 잘 드러나 있었다. 들여다보면, 신성로마제국의 기득권 세력은 애당초 유대인 학살을 반대하고, 이른바 인도주의의 입장에서 그들을 보호했다. 그러나 이는 유대인을 향한 민중계급의 폭력이 자신들에게까지 확산될 것을 우려한 일시적 제스처였을 뿐이다. 민중계급이 유대인 보호정책을 거세게 비판하자 이들은 곧바로 유대인 학살에 앞장섰다. 철저하게 이해의 득실을 따진 처사였다. 민중계급의 유대인 학살 참여가 즉흥적·감정적·폭력적·무차별적이었던 데 반해, 이들의 행태는 이성적·합리적·사법적 외양을 띠었지만, 혐의 있는 유대인은 절차에 따라 화형에 처해졌을 뿐, 종내 죽음을 피할 길은 없었다.

정리하자면, 이들의 이러한 대처는 실추된 권위를 회복하기 위한 자기-보존성의 일환이었다. 흑사병에 직면한 자신들의 무능을 합리적 구실이나 사법적 절차의 강조로 우회·변질시켜 민중계급에 대한 통치·지배권을 강화하려던 방책이었다. 마찬가지로 유대인을 보호하려던 교회당국의 태도 역시 이와 같은 맥락에서 풀이되는 자기-이해적 판단에 따른 결과였다. 교회당국은 유대인들은 기독교사회 안에 이른바 '2등 시민'으로 둠으로써, 기독교인이 옳고 유대인은 틀렸다는 교리전통을 세상에 늘 환기시키려 했다.

흑사병이 의학계에 미친 영향도 컸다. 무엇보다 역병의 원인과 확산에 대한 인식론상의 확대가 눈에 띈다. 흑사병 창궐 이전의 전통적인 의학전통에서는 역병을 '미아즈마-체액(체질)론'으로 이해했다. 이에 따르면 역병은 미아즈마—나쁜 공기나 사악한 증기—때문에 발생하며, 사람들에게 선별적으로 영향을 미친다(함께 미아즈마에 노출되더라도 모두가 역병에 걸리는 건 아니다). 이는 체액의 구성에 따라 개개인 체질이 달리 형성되고, 결국은 체질마다 질병에 대한 저항력이 각각 다르기 때문이다.

그런데 1348년 역병은 미아즈마-체액(체질)론으로 설명되지 않는 부분이 있었다. 남녀노소 할 것 없이 무차별적으로 희생자가 양산되었기 때문이다. 이 현상을 해명하기 위해 이른바 '독 이론'이 제기되었다. 설명하자면, 본래적으로 독성이 있는 물질이 체액(체질)의 특성과 무관하게 인체에 해를 끼친다는 개념이다.

개개인의 체액(체질)에 따라 유입 물질이 유해성이 달라질 수 있는 미아즈마-체액(체질)론과 차별되는 대목이다(물론 독 이론의 논리가 기존하던 미아즈마-체액(체질)론에 기반한 역병 창궐 및 확산의 메커니즘에 완전히 반하는 건 아니다). 바로 이에 근거해 전과 다른—무차별적—양상을 보이던 1348년 역병은 비로소 새롭게 해명될 수 있었다.

이러한 독 이론을 근거로 흑사병의 예방과 치료에서도 새로운 방법들이 시도되었다. 예방법들은 여전히 전통적인 '6요소'에 토대를 두고 있었지만, 여기에 더해 독 이론을 따르는 약물법이 강조되었다. 독 이론에 따르면, 흑사병은 독성물질이 병인이었기에 이것의 인체 내 활동을 차단시켜야 했다. 그리하여 의사들은 이른바 만병통치약으로 유명했던 테리악을 비롯해 하제와 강장제 역할을 하는 여러 약물들을 활용, 독을 제압하거나 체외로 배출시키려 했다. 즉, 흑사병의 치료에는 전통적인 외과술에 더해, 테리악을 포함한 배출형 약물이나 중화제(해독제)의 사용, 그리고 땀내기 요법과 같은 약물 치료법이 두루 활용되었다.

흑사병에 대한 의학계의 대응과 인식론의 확장은 세속당국의 의사결정에도 영향을 미쳤다. 흑사병의 발생과 확산과 관련해 당대 의사들은 부패했거나 독성 있는 공기의 위험성에 대해 경고하곤 했는데, 이는 부패와 악취의 온상을 제거해 역병을 예방하려는 일종의 공공위생 관련 규제들의 제정과 강제로 이어졌다. 이러한 대처들이 단기적으로 얼마나 실효성이 있었는가는 의문이지만, 장기적으로 점차 그 효력을 발휘해나갔다는 점은 부인할 수 없다. 바로 이 과정에서 왕권이나 도시당국도 행정·통치상의 효율성을 확보해나갔다. 이때의 효율성이란, 오늘날의 표현을 빌리자면, 일반 대중을 규제할 수 있는 강제·구속력에 비견될 만하다. 흑사병으로 균열이 발생했던 기득권 세력은 그렇게 다시 자신들의 권력을 강화해갔다.

이른바 중세시대의 흑사병은 서유럽사회에 의미심장한 변화들을 추동시켰다. 하지만 그 총체적인 변화의 와중에서도 지배세력은 사회·경제·종교·문화 등 여러 영역에서 기민하게 대처하면서 자신들의 기득권을 놓지 않으려 발버둥쳤다. 시야를 당겨 오늘날 우리가 겪어낸—겪어내고 있는—코로나19 팬데믹 상황을 되짚어보자. 그간의 희생자 규모만큼이나 사회는 급격하게 변화했고, 여파는 어떤 식으로든 더 지속될 게 분명하다. 이 과정에서 기득권 세력은 과연 어떠한 자기-보존술과 자기-포장술을 구사했을—구사할—까. 정녕 계속해서 혹세무민을 시도했을—시도할—까.

이 책에 제시된 흑사병 관련 논의들이 코로나19 팬데믹과 포스트-코로나19의 상황을 비판적으로 성찰하고 전망하는 데 조금이나마 기여했으면 하는 바람이다.

주

머리말

1 WHO, (https://www.who.int/emergencies/diseases/novel-coronavirus-2019); UN News, "WHO chief declares end to COVID-19 as a global health emergency," (https://news.un.org/en/story/2023/05/1136367).

프롤로그

1 "First Covid-19 case happened in November, China government records show: report," *The Guardian* (2020. 3. 13) (https://www.theguardian.com/world/2020/mar/13/first-covid-19-case-happened-in-november-china-government-records-show-report).

2 "WHO Director-General's opening remarks at the media briefing on COVID-19: 11 March 2020," (https://www.who.int/dg/speeches/detail/who-director-general-s-opening-remarks-at-the-media-briefing-on-covid-19---11-march-2020).

3 Nita Madhav et al., "Pandemics: Risks, Impacts, and Mitigation," in Jamison DT et al. (ed), *Disease Control Priorities: Improving Health and Reducing Poverty*, 3rd edition (Washington: The International Bank for Reconstruction and Development, 2017), pp. 315~316; "What Is a Pandemic?," *WHO* (2010. 2.24), (https://www.who.int/csr/disease/swineflu/frequently_asked_questions/pandemic/en/).

4 Kelsey Piper, "Why the WHO waited to call the coronavirus a pandemic," *Voxmedia* (2020. 3.11), (https://www.vox.com/future-perfect/2020/3/9/21163412/who-coronavirus-covid19-pandemic-world-health-organization).

5 "Past pandemics," WHO, (http://www.euro.who.int/en/health-topics/communicable-diseases/influenza/pandemic-influenza/past-pandemics).

6 흑사병이 유럽사회로 전파한 경로에 대한 논의는 남종국의 「흑사병 서유럽 전파에 관한 오해와 왜곡: 무시스의 기록을 중심으로」, 『의사학』 30(3) (2021.12), pp. 465~498을 참조하라.

7 Ole J. Benedictow, The Black Death, 1346~1353: The Complete History (Woodbridge and Suffolk: The Boydell Press, 2021). p. 3. 인도나 중국, 사하라 이남 아프리카 등지로 확산되었는지를 확인할 수 있는 증거는 없다. M. H. Green, "Editor's Introduction to Pandemic Disease in the Medieval World: Rethinking the Black Death," The Medieval Globe, 1 (2014), pp. 13~14; Nükhet Varlık,"New Science and Old Sources: Why the Ottoman Experience of Plague Matters," The Medieval Globe, 1 (2014), pp. 196~197.

8 최근의 연구 성과 중 몇 가지 예를 들면 다음과 같다. Stuart J. Borsch, *The Black Death in Egypt and England: A Comparative Study* (Austin: University of Texas Press, 2005); Russell Hopley, "Plague, Demographic Upheaval and Civilisational Decline: Ibn Khaldūn and Muḥammad al-Shaqūrī on the Black Death in North Africa and Islamic Spain," Landscapes, 17(2) (2016), pp.

108~123; Monica H. Green, "Putting Africa on the Black Death map: Narratives from genetics and history," *Afriques*, 09 (2018), (https://journals.openedition.org/afriques/2125); Michael Walters Dols, *The Black Death in the Middle East* (Princeton and New Jersey: Princeton University Press, 2019).

9 *Oxford English Dictionary Online* (3rd ed.) (Oxford University Press, 2011), (https://www.oed.com/view/Entry/280254).

10 Ole J. Benedictow, op cit., pp. 3~4; Joseph P. Byrne, *The Black Death* (London, Greenwood Press, 2004), p. 1; J. E. Shrewsbury, *History of Bubonic Plague in the British Isles* (New York: Cambridge University Press, 1970), p. 37.

11 Ole J. Benedictow, op cit., pp. 325~400; John Aberth (ed), *From the Brink of the Apocalypse: Confronting Famine, War, Plague, and Death in the Later Middle Ages, 2nd* (London, Routledge, 2010), pp. 89~94: John Aberth, *The Black Death: The Great Mortality of 1348~1350* (Boston and New York, Bedford/St. Martin's, 2017), pp. 2~3.

12 Josiah Cox Russell, *British Medieval Population* (Albuquerque: University of New Mexico Press, 1948), 216; Philip Ziegler, *The Black Death* (Sutton: Sutton Publishing, New edition, 2003), p. 230; Jeremy Goldberg, "Introduction," in Mark Ormrod and P. G. Lindley (eds), *The Black Death In England*, (Stamford: Paul Watkins, 1996), p. 4.

13 John Aberth, op cit., 2017, p. 3.

14 예컨대 1315~1318년 사이 기후 이상이 초래한 이른바 대기근(Great Famine)으로 북유럽 인구의 10퍼센트 가량이 사망했다. Bruce M.S. Campell, "The European Mortality Crises of 1346~52 and Advent of the Little Ice Age," in Dominik Collet and Maximilian Schuh (eds.), *Famines During the 'Little Ice Age' (1300~1800)* (Cham: Springer, 2018), p. 21.

15 Giovanni Boccaio, *The Decameron*, G. H. McWilliam (trans) (New York: Penguin Books, 1995), pp. 8~9.

16 Robert S. Gottfried, *The Black Death: Natural and Human Disaster in Medieval Europe* (New York: Free Press, 1983), p. xiii. 국내 연구물로는 박흥식의 「흑사병과 중세 말기 유럽의 인구문제」, 『서양사론』, 93 (2007), 5~32쪽; 「중세 말기 유럽의 성직자와 교회에 미친 흑사병의 영향」, 『서양사연구』, 44 (2011) 41~82쪽; 「흑사병이 잉글랜드의 성직자와 교회에 미친 영향」, 『통합연구』, 21(1) (2019), 7~31쪽 등이 있다.

17 Aaron O'Neill, "Number of military and civilian deaths per country in the First World War 1914~1918," (2022.06.21.), (https://www.statista.com/statistics/1208625/first-world-war-fatalities-per-country/); Aaron O'Neill, "Second World War: fatalities per country 1939~1945," (2022.08.18.), (https://www.statista.com/statistics/1293510/second-world-war-fatalities-per-country/).

18 Rosemary Horrox (ed and trans), *The Black Death* (Manchester, Manchester University Press, 1994), p. 235; John Aberth, op cit., 2010, p, 280.

19 Richard Gyug, "The Effects and Extent of the Black Death of 1348: New Evidence for Clerical Mortality in Barcelona," Mediaeval Studies, 45 (1983), p. 391.

20 '종부성사'는 1962년 개최된 제2차 바티칸 공의회 이후 '병자성사'로 부른다.

21 Joseph P. Byrne, *Daily life during the Black Death* (London; Greenwood Press, 2006), pp. 118~122

22 John Aberth, op cit., 2017, p. 87.

23 Rosemary Horrox, op cit., p. 271.

24 Ibid., p. 307.

25 David Routt, "The Economic Impact of the Black Death," EH.Net, (https://eh.net/encyclopedia/the-economic-impact-of-the-black-death/).

26 Henry Phelps Brown and Sheila. V. Hopkins, *A perspective of wages and prices* (Methuen: London, 1981), pp. 13~59.

27 Stuart J. Borsch, op cit., p. 62.

28 Joseph P. Byrne, op cit., 2004, p. 65.

29 Ole J. Benedictow, op cit., pp. xv~xvi.

30 Ibid., pp. xxi~xxv. Ole J. Benedictow, op cit., pp. xxi~xxv.

제1장

1 J. D. Poland and D. T. Dennis, "Plague," in P. S. Brachman and A, S. Evans (eds), *Bacterial Infections of Humans: Epidemiology and Control* (New York: Kluwer Academic/Plenum Publisher, 1998), p. 548; Eisen R. J., Petersen J. M. et al., "Persistence of Yersinia pestis in soil under natural conditions," Emerging Infectious Diseases, 14(6) (2008), pp. 941~943.

2 이 외에도 인간 간 전염을 비롯해 페스트가 인간사회로 퍼져 나가는 경로는 다양하지만, 지면의 한계로 여기에서는 논하지 않는다.

3 Procopius, *De bello persico,* in Dewing (trans), Procopius, I (London: W. Heinemann, 1914), pp. 452~455.

4 Ibid., pp. 455~472; Evagrius, *The Ecclesiastical History of evagrius Scholasticus, M. Whitby* (trans) (Liverpool: Liverpool University Press, 2000), 4.29.

5 Bede, *Ecclesiastical History of England,* A. M. Sellar (trans) (London: George Bell and Sons, 1907), 5.24, 3.27, 3.13, 4.27(https://www.gutenberg.org/files/38326/38326-h/38326-h.html#toc239); D. Twitchett, "Population and Pestilence in T'ang China," in W. Bauer (ed), *Studia Sino-Mongolica* (Wiesbaden: Fritz Steiner, 1979), pp. 42, 62; Michael G. Morony, "For Whom Does the Writer Write?: The First Bubonic Plague Pandemic According to Syriac Source," in Lester K. Little (ed), *Plague and the end of Antiquity: The Pandemic of 541~750* (Cambridge: Cambridge University Press, 2007), pp. 61~68.

6 J. N. Hays, *Epidemics and Pandemics: Their Impacts on Human History* (SantaBarbara: ABC-CLIO, 2005), pp. 1~30. 아테네와 로마 외의 지역에서도 역병은 존재했다. 하지만 아테네 역병과 안토니우스 역병의 경우처럼 상세하게 기록으로 남겨지지 않아 당시 상황을 재현하거나 추정하기가 어렵다. 윌리엄 맥닐 저, 김우영 역, 『전염병의 세계사』 (서울: 이산, 2012), 128쪽.

7 Dionysios Stathakopoulos, "Crime and Punishment: The Plague in the Byzantine Empire, 541~749," in Lester K. Little (ed), op cit., pp. 102~105.

8 Procopius, *De bello persico*, pp. 457~459.

9 Agathias, *The Histories*, J. P. Frendo (trans), (New York: De Gruyter, 1975), pp. 37~41, 145~46; Evagrius, "Evagre, Histoire Ecclésiastique," A. J. Festugière (trans), *Byzantion*, 45 (1975), pp. 389~392.

10 유스티니아누스 역병은 선 페스트뿐만 아니라 폐 페스트와 패혈성 페스트 형태로도 창궐했다. 후자의 두 경우와는 달리 선 페스트 형태는 증상이 가시적이라는 특징이 있다.

11 Robert Sallares, "Ecology, Evolution, and Epidemiology of Plague," in Lester K. Little (ed), op cit., p. 237.

12 『분자·세포생물학백과』, 「천연두」(https://terms.naver.com/entry.nhn?docId=5751277&cid=61233&categoryId=61233); 『서울대학교병원 의학정보』, 「탄저병」(https://terms.naver.com/entry.nhn?docId=926615&cid=51007&categoryId=51007).

13 Robert Sallares, op cit.,, pp. 237~238.

14 그러나 문헌자료를 통해 확인되는 유스티니아누스 역병 증상 외에 다른 관점에서 이 역병이 페스트가 아닐 수 있다는 의혹이 제기되기도 한다. 예컨대 페스트를 확산시키는 주요 매개체가 쥐-쥐벼룩인데, 북유럽의 경우 쥐와 쥐벼룩이 서식·번식하기에는 기온이 낮으며, 또한 지중해 연안의 여름철은 고온 건조해 벼룩이 번식할 수 없다는 견해 등이 있다.

15 V. N. Fyodorov, "The Question of the Existence of Natural Foci of Plague in Europe in the Past," *Journal of Hygiene, Epidemiology, Mirobiology and Immunology*, 4 (1960), pp. 135~141; Norris J., "East or West? The Geographic Origin of the Black Death," *Bulletin of the History of Medicine*, 51 (1977), pp. 1~24.

16 E. Watson William, "The End of an Epoch," *Greece & Rome*, 9(2) (1962), pp. 109~125; Lawrence I. Conrad, "The Biblical Tradition for the Plague of the Philistines," *Journal of the American Oriental Society*, 104(2) (1984), pp. 281~287.

17 윌리엄 맥닐, 위의 책, 101~102쪽, 122쪽; Robert Sallares, op cit., pp. 245~246.

18 이는 사실 왜 그곳에서, 또 왜 그때 페스트가 창궐했느냐는 근본적인 물음과 관련 있다. 지면의 제한으로 이에 대한 논의는 다른 기회에 이어가겠다.

19 Maria A. Spyrou et al., "Historical Y. pestis Genomes Reveal the European Black Death as the Source of Ancient and Modern Plague Pandemics," *Cell Host & Microbe*, vol. 19, no. 6 (2016), p. 874; Joseph P. Byrne, op cit., 2004, p. 6.

20 '고대 발원지(A)'라는 표현을 사용하는 이유는, 이곳(A)에서 페스트가 발병해 다른 여러 지역(B)으로 확산되었고, 추후 그 지역(B)에서 페스트가 창궐하면 그때의 발원은 바로 그곳(B)이 되기 때문으로, 이러한 차이를 명확하게 표현하기 위해서다.

21 Susan Scott, Christopher J. Duncan, *Biology of Plague: Evidence from Historical Populations* (Cambridge: Cambridge University Press, 2004), pp. 47~48.

22 M. W. Dols, "Plague in Early Islamic History," *Journal of the American Oriental Society*, 94 (1974), p. 373.

23 윌리엄 맥닐, 위의 책, 172쪽.

24 Peter Sarris, "Bubonic Plague in Byzantium: The Evidence of Non-Literary Sources," Lester K. Little (ed), op cit., p. 121.

25 Ibid., pp. 121~122. 하지만 근래에 있었던 DNA 검사는 유스티니아누스 역병이 창궐하기 수 세기 전에 중국에서 페스트균에 의한 역병이 발병했을 가능성을 제기하기도 했다. Mischa Meier, "The 'Justinianic Plague': the economic consequences of the pandemic in the eastern Roman empire and its cultural and religious effects," *Early Medieval Europe*, 24(3) (2016), p. 275.

26 C. Tsiamis et al., "The Red Sea and the Port of Clysma. A Possible Gate of Justinian's Plague," *Gesnerus*, 66(2) (2009), pp. 209~217.

27 Evagrius, op cit., 2000, 4.29.

28 P. Allen, "The 'Justinianic' Plague," *Byzantion*, 49 (1979), p. 6. 이 견해는 중세시대까지 이어져, 아랍 문헌에서 에티오피아와 수단을 일종의 역병 온상지로 기록했다. M. W. Dols, op cit., 1974, pp. 372~373.

29 Evagrius, op cit., 2000, 4.29.

30 R. N. Frye, "The Political History of Iran under the Sasanians," in Eshan Yarshater (ed), *The Cambridge History of Iran*, vol 3(1) (Cambridge: Cambridge University Press, 2003), pp. 156~158; Peter Sarris, op cit., p. 123.

31 Procopius, De bello persico, p. 464; L. Conrad, "The Plague in Bilad al-Sham in Pre-Islamic Times," in M. A. Bakhit and M. Asfour (eds), *Proceedings on the Symposium on Bilad al-Sham During the Byzantine Period*, Vol. 2 (Amman: University of Jordan, 1986), II, pp. 143~163; Michael G. Morony, op cit., p. 72.

32 J. C. Russell, "That Earlier Plague," *Demography*, 5(1) (1968), pp. 178~184.

33 Mischa Meier, op cit., pp. 272~273; M. Whittow, *Making of Orthodox Byzantium 600~1025* (London: Macmillan, 1996), p. 66.

34 Novella 122, 128 in Corpus Iuris Civilis, P. Kreuger et al. (eds), (Lipsiae: sumtibus Baumgaertneri, 1866), iii. pp. 538~539, 576~585.

35 Mischa Meier, op cit., pp. 286~287.

36 Ibid., pp. 284~285. 비잔티움제국에서 동정녀 마리아 숭배의식이 성행하게 된 또 다른 배경으로, 페르시아나 아바르족(Avars)과 전쟁을 수행하면서 이를 내부 결속을 위한 통치수단으로 활용한 점을 꼽을 수 있다. Geroge the Pisidian, "The Persian Campaign," "The Avar War," and "Heraclius," in Hans Belting, *Likeness and Presence: A History of the Image before the Era of Art, Edmund Jephcott* (trans) (Chicago and London: The University of Chicago Press, 1996), pp. 495~498.

37 Joseph P. Byrne, op cit., 2004, p. 77; Frank M. Snowden, *Epidemics and Society: From the Black Death to the Present* (New Haven and London: Yale University Press, 2019), p. 65.

38 Mischa Meier, op cit., pp. 285~286.

39 유스티니아누스 역병이 당대 사회에 미친 영향이 어떠했느냐는 논쟁은 사실 장기적 관점에서 그 변화 추이를 검토하고 있다. 반면 앞에서 거론한 대응·반응과 관련한 논의는 경우에 따라 단기적 조치에 바탕을 두고 있다. 장기적 관점에서의 대응·반응을 분석하는 후속 연구가 요구된다.

제2장

1 당시에는 신성로마제국이었다.

2 Rosemary Horrox, op cit., p. 150.

3 John Aberth, op cit., 2017, p. 163; Rosemary Horrox, op cit., pp. 153~154.

4 Ibid., p. 50.

5 Ibid., p. 96.

6 특히 11세기부터 이탈리아 중부에 있는 움브리아(Umbria)의 '까말돌리수도회(Camaldolese)'와 관련 깊다. 움브리아지역에 페루자가 속해 있다. Gary Dickson, "The Flagellants of 1260 and the

crusades," *Journal of Medieval History*, 15(3) (1989), p. 229; Trudy Ring (ed), *International Dictionary of Historic Places*, vol 3 (London and New York, Fitzroy Dearborn, 1995), p. 59.

7 Gary Dickson, op cit., pp. 229~230.

8 G. Monleone, *Jacopo da Varagine e la sua cronaca di Genova [James of Voragine and his chronicle of Genoa]* (Rome: Tipografia del Senato, 1941), pp. 389~390; Gary Dickson, op cit., p. 240.

9 Piroska Nagy and Xavier Biron-Ouellet, "A Collective Emotion in Medieval Italy: The Flagellant Movement of 1260," *Emotion Review*, 12(3) (2020), p. 137.

10 Ibid., p. 137; Christopher Kleinhenz et al. (eds), *Medieval Italy: An Encyclopedia* (New York and London: Routledge, 2004), pp. 338~389.

11 Piroska Nagy and Xavier Biron-Ouellet, op cit., p. 139; B. E. Whalen, "Contesting the End of Days," *Dominion of God: Christendom and Apocalypse in the Middle Ages* (Cambridge: Harvard University Press, 2009), pp. 177~203.

12 Craig R. Koester, *Revelation and the End of All Things* (Cambridge: Eerdmans Publishing, 2001), p. 10.

13 Diarmaid MacCulloch, *A History of Christianity* (London, Penguin, 2010), p. 403; Norman F. Canter, *The Civilization of the Middle Ages* (New York: Harper Perennial, 1994), p. 429.

14 Piroska Nagy and Xavier Biron-Ouellet, op cit., p. 140.

15 G. Scalia, Salimbene de Adam, *Chronica [Salimbene of Adam, chronicle]* (Bari: Laterza, 1966), p. 677.

16 Piroska Nagy and Xavier Biron-Ouellet, op cit., p. 140.

17 Ibid., p. 139.

18 G. Monleone, op cit., pp. 389~90; Gary Dickson, op cit., p. 240.

19 Ibid., p. 231.

20 Christopher Kleinhenz et al. (eds), op cit., p. 339.

21 Piroska Nagy and Xavier Biron-Ouellet, op cit., p. 139; L. A. Muratori, Annales Mutinenses [Annals of Modena], in *Rerum Italicarum scriptores*, 11 (Milan, 1727), p. 65.

22 Gary Dickson, op cit., p. 233.

23 Ibid., p. 234.

24 Ibid., p. 235.

25 Ibid., p. 235.

26 Randi Fredricks, *Fasting: An Exceptional Human Experience* (San Jose, All Things Well Publications), 2013, p. 182.

27 Bryon Lee Grigsby, *Pestilence in Medieval and Early Modern English Literature* (New York: Routledge), 2004, p. 125. 신이 인간사회를 벌하기 위해 역병을 창궐하게 한다는 생각은 성서에 기반을 둔다. 성서에 따르면, 사악한 무리와 적들에게 역병을 내려 그들을 벌한다는 내용이 포함되어 있다. 예컨대 이집트의 파라오가 히브리인들을 풀어주지 않자 이에 분노한 신이 역병을 내렸다. 또한 다윗 왕이 인구조사를 감행하자 신은 그의 교만함을 벌하기 위해 역병을 내리기도 했다. 『가톨릭 성경』, 「탈출기」 11~14장, 「사무엘기 하권」 24장, (https://bible.cbck.or.kr/Knb).

28 Ronald L. Numbers and Darrel W. Amundsen (eds), *Caring and Curing: Health and Medicine in the Western Religious Traditions* (New York, Johns Hopkins University Press, 1986), p. 76; 이상동, 「영혼의 질병, 나병: 11~14세기 서유럽에서」, 『사림』 27, (2007), 333~334쪽.

29 Rosemary Horrox, op cit., p. 88.

30 Robert S. Gottfried, op cit., p. 62; Joseph P. Byrne, op cit., 2004, p. 67.

31 William Langland, *William Langland's Piers Plowman: The C-Text, Derek Pearsall* (ed), (Exeter, Edward Arnold, 1978), Ⅲ. pp. 98~102.

32 Bryon Lee Grigsby, op cit., pp. 103~104.

33 Rosemary Horrox, op cit., pp. 113~114.

34 Bryon Lee Grigsby, op cit., pp. 117~121.

35 Rosemary Horrox, op cit., p. 119.

36 Solomon Schimmel, *The Seven Deadly Sins* (New York and Oxford, Oxford University Press, 1992), pp. 1, 29. 7대죄는 오만(pride), 질투(envy), 분노(anger), 탐욕(greed), 게으름(sloth), 폭식(gluttony), 정욕(lust)이다. 이상동, 위의 글, 339~340쪽.

37 D. W. Amundsen, *Medicine, Society, and Faith in the Ancient and Medieval Worlds* (Baltimore and London, Johns Hopkins University Press, 1996), p. 210.

38 Rosemary Horrox, op cit., p. 271.

39 Philip Ziegler, op cit., p. 68; Eric A. Gobel, "Liturgical Processions in the Black Death," *The Hilltop Review*, 9(2) (2017), p. 38.

40 John Aberth, op cit., 2017, pp. 100~101.

41 Ibid., pp. 101~102.

42 Rosemary Horrox, op cit., p. 97; The ultimate Stabat Mater site, (https://www.stabatmater.info/english-translation).

43 John Aberth, op cit., 2017, pp. 94~100.

44 여기서 하루는 한 해를 의미하는 것으로 33.5일은 예수가 인간사회에서 살았던 세월을 뜻한다. Joseph P. Byrne, op cit., 2004, p. 79.

45 1실링은 12펜스다.

46 John Aberth, op cit., 2017, p. 101.

47 Rosemary Horrox, op cit., pp. 150~152.

48 Ibid., pp. 151~152; John Aberth, op cit., 2017, pp. 102~104; Richard Kieckhefer, "Radical tendencies in the flagellant movement of the mid-fourteenth century," *Journal of Medieval and Renaissance Studies*, IV (1974), p. 161.

49 Rosemary Horrox, op cit., p. 152.

50 John Aberth, op cit., 2017, p. 108.

51 Andri Vauchez, *Sainthood in the later Middle Ages* (Cambridge: Cambridge University Press, 2008), pp. 36~49.

52 Ibid., p. 29; Medieval Sourcebook: Twelfth Ecumenical Council: Lateran IV 1215, (http://www.fordham.edu/halsall/basis/lateran4.asp).

53 Rosemary Horrox, op cit., pp. 154~157; Richard Kieckhefer, op cit., p. 167; Andrew Bradstock, "Millenarianism in the Reformation and the English Revolution," in Stephen Hunt (ed), *Christian Millenarianism from the Early Church to Waco* (London: Hurst&Company, 2001), p. 91.

54 John Aberth, op cit., 2017, pp. 106~111; Richard Kieckhefer, op cit., p. 157.

제3장

1 Anna Foa, *The Jews of Europe after the Black Death* (Berkeley and Los Angeles: University of California Press, 1992), p. 13; John Kelly, *The Great Mortality* (London: Harper Perennial, 2006), p. 138.

2 Joseph P. Byrne, op cit., 2004, p. xxviii.

3 John Kelly, op cit., pp. 138~139. 일부는 의학·천문지식을 바탕으로 나름대로의 과학적 접근을 통해 흑사병이 창궐한 원인을 설명했다. 예컨대 천체 운행에 따른 영향 및 히포크라테스-갈레노스의 전통을 이어받은 4체액설을 기반으로 한 해석이 그 경우이다. John Aberth, op cit., 2017, pp. 40~45; Rosemary Horrox, op cit., pp. 158~177. 교회와 일반 속인은 종교·심성적인 측면에서 이 문제를 바라보았다. 그들은 인간사회가 범한 죄(sin)로 인해 신이 분노했고, 인간을 벌하고자 신이 인간사회에 흑사병을 내렸다고 믿었다. 이상동, 「채찍질 고행: 1260년과 흑사병 창궐 시기(1348~1349년) 활동에 대한 비교사적 접근」, 『사림』 75, (2021b), 390~393쪽.

4 Albert Winkler, "The Approach of the Black Death in Switzerland and the Persecution of Jews, 1348~1349," *Swiss American Historical Society Review*, 43(3) (2007), p. 7.

5 Anna Foa, op cit., pp. 8~9.

6 일반적으로 우물이나 샘에 독을 풀었다고 알려졌으나 가옥, 교회, 음식, 하천을 비롯해 해자와 와인 양조장에 독을 풀었다는 주장이 제기되기도 한다. John Aberth, op cit., 2017, pp. 114, 125.

7 Ibid., p. 119.

8 Ibid., pp. 120~121.

9 Ibid., p. 122.

10 Ibid., p. 123.

11 Ibid., p. 124.

12 Ibid., pp. 114, 117, 130.

13 Ibid., p. 118.

14 Brian P. Levack, *The Witch-Hunt in Early Modern Europe*, 김동순 옮김, 『유럽의 마녀사냥』 (서울: 소나무, 2003), 117~118쪽.

15 Brian P. Levack, 같은 책, pp. 115~116; Christopher J. Einolf, "The Fall and Rise of Torture: A Comparative and Historical Analysis," *Sociological Theory*, 25(2) (2007), pp. 107~108.

16 Robert Chazan, "The Anti-Jewish Violence of 1096: Perpetrators and Dynamics," in A. S. Abulafia (ed), *Religious Violence between Christians and Jews: Medieval Roots, Modern Perspectives* (Houndmills: Palgrave, 2002), p. 26에서 재인용.

17 Robert Chazan, *God, Humanity and History: The Hebrew First Crusade Narratives* (Berkeley: University of California Press, 2000), p. 33; Israel Jacob Yuval, *Two nations in Your Womb: Perceptions of Jews and Christians in Late Antiquity and the Middle Ages* (Berkeley: University of California Press, 2006), pp. 181~182.

18 Joshua Trachtenberg, *The Devil and the Jews: The Medieval Conception of the Jew and its Relation to Modern Antisemitism* (New Haven: Yale University Press, 1983), pp. 97~108.

19 Ibid., p. 97.

20 Tzafrir Barzilay, "Early Accusations of Well Poisoning against Jews: Medieval Reality or Historiographical Fiction?," *Medieval Encounters*, 22 (2016), pp. 520~21, 524~530.

21 Ibid., pp. 531~532.

22 Ibid., pp. 520~531.

23 Ibid., pp. 517~539; David Nirenberg, *Communities of Violence: Persecution of Minorities in the Middle Ages* (Princeton: Princeton University Press, 1996), pp. 52~68, 93~124; Macolm C. Barber, "Lepers, Jews and Moslems: The Plot of Overthrow Christendom in 1321," *History*, 66(216) (1981), pp. 1~17.

24 Robert I. Moore, *The Formation of a Persecuting Society: Authority and Deviance in Western Europe 950~1250* (Oxford: Blackwell, 2000), pp. 106~107; David Nirenberg, op cit., p. 68.

25 Bruce D. Chilton, "René Girard, James Williams, and the genesis of violence," *Bulletin for Biblical Research*, 3 (1993), p. 18; Benedict O. Ushedo, "Unloading Guilt: The Innocent Victim as Illustrated by James Baldwin and René Girard," *The Journal of Religious Thought*, 53/54 (2/1) (1997), p. 136; René Girard, Le bouc émissaire, 김진석 옮김, 『희생양』 (서울: 민음사, 2007), 7~24쪽.

26 Frank Collard, *The Crime of Poison in the Middle Ages*, Deborah Nelson-Cambell (trans) (Westport: Praeger, 2008), pp. 1~6, 11~17, 20~27.

27 Anna Foa, op cit.. p. 125; Robert Chazan, *The Jews of Medieval Western Christendom, 1000~1500* (Cambridge: Cambridge University Press, 2006), pp. 92, 117, 119; Albert Winkler, op cit., 2007, pp. 7, 10.

28 Brian P. Levack, 위의 책, 192~193쪽.

29 John Aberth, op cit., 2017, pp. 131~132.

30 Sylvia Lettice Thrupp, *Change in Medieval Society: Europe North of the Alps, 1050~1500* (Toronto: University of Toronto Press, 1988), p. 214.

31 Albert Winkler, "'The Clamor of the People': Popular Support for the Persecution of Jews in Switzerland and Germany at

the Approach of the Black Death, 1348~1350," *Swiss American Historical Society Review*, 53(2) (2017), pp. 36~39; Norman F. Cantor, *In the Wake of the Plague: the Black Death and the World it made* (New York: Free Press, 2001), pp. 149~160; Joshua Trachtenberg, op cit., p. 105; Avner Falk, *A psychoanalytic history of the Jews* (New Jersey: Associated University Presses, 1996), p. 495.

32 Anna Foa, op cit., pp. 9~10.

33 Robert Chazan, op cit., 2006, pp. 1~7, 23, 77, 115.

34 John Gilchrist, "The Perception of Jews in the Canon Law in the Period of the First Two Crusades," *Jewish History*, 3(1) (1998), pp. 9~24.

35 Israel Jacob Yuval, op cit., pp. 154~174.

36 Albert Winkler, "The Medieval Holocaust: The Approach of the Plague and the Destruction of Jews in Germany, 1348~1349," *Federation of East European Family History Societies*, XIII (2005), pp. 8~10.

37 Albert Winkler, op cit., 2007, p. 16.

38 주도 세력의 정체에 관한 논쟁은 이 글의 논지 상 다음 기회로 넘긴다.

39 S. K. Cohn, "The Black Death and the burning of Jews," *Past and Present*, 196 (2007), pp. 18~19.

40 Rosemary Horrox, op cit., pp. 210~220.

41 M. Schmandt, "Cologne, Jewish Centre on the Lower Rhine," in C. Cluse (ed), *The Jews of Europe in the Middle Ages (tenth to fifteenth centuries)* (Turnhout: Brepols, 2004), p. 373.

42 Albert Winkler, op cit., 2017, p. 50; Rosemary Horrox, op cit., pp. 209~210.

43 Joseph P. Byrne, op cit., 2004, pp. 84~85.

44 Michael Prestwich, *Edward I* (New Haven: Yale University Press, 1997), pp. 343~346.

45 John Aberth, op cit., 2017, 127; Rosemary Horrox, op cit., p. 220.

46 M. Schmandt, op cit., pp. 371, 373.

47 Rosemary Horrox, op cit., p. 223; John Aberth, op cit., 2017, pp. 113~114.

48 Rosemary Horrox, op cit., pp. 221~222.

49 S. Grayzel, *The church and the Jew in the XIIIth century: A study of their relations during the years 1198~1254, based on the Papal Letters and Conciliar Decrees of the period* (New York: Hermon Press, 1966), p. 76.

50 Robert C. Stacey, "The Conversion of Jews to Christianity in Thirteenth-Century England," *Speculum*, 67(2) (1992), p. 263.

51 Linda M. A. Stone, *"Slay them not": Twelfth-Century Christian-Jewish Relations and the Glossed Psalms* (Leiden & Boston: Brill, 2019), pp. 1~2.

52 St. Augustine of Hippo, *The Writings against the Manichaeans and the Donatists*, Richard Stothert and John Richard King (trans) (Altenmünster: Jazzybee Verlag, 2012), p. 161.

53 S. Grayzel, op cit., p. 93.

54 Kenneth Stow, "The "1007 anonymous" and papal sovereignty: Jewish perceptions of the papacy and papal policy in the High Middle Ages," in *Popes, Church, and Jews in the Middle Ages: Confrontation and Response* (Aldershot: Ashgate, 2007), p. 9; J. Cohen, *Living Letters of the Law: Ideas of the Jews in Medieval Christianity* (Los Angeles: University of California Press, 1999), p. 29. 또한 로마서 11장 25~29절은 성서의 예언을 증언한다는 점에서 유대인의 역사적 의미를 강조한다. 예언은 예수가 메시아(구세주)임을, 그리고 종말의 전조로서 유대인이 결국에는 기독교로 개종할 것이라고 말한다. Robert C. Stacey, op cit., p. 263.

55 Anna Foa, op cit., pp. 26~27; M. L. Kaplan, "Servitus Judaeorum: Biblical Figures, Canon Law, and the Construction of Hereditary Inferiority," in *Figuring Racism in Medieval Christianity* (Oxford: Oxford University Press, 2019), pp. 19~56, 특히 pp. 43~44.

56 예컨대 스트라스부르 도시당국은 사보이(Savoy)에서 유대인에 대한 재판이 진행 중이라는 소식을 전해 듣고, 여러 도시에 연락을 취해 관련 정보를 요청했다. John Aberth, op cit., 2017, pp. 115~129.

제4장

1 Albert B. White, Wallace Notestein and Dana C. Munro (eds), *Source Problems in English History* (New York and London: Harper & Brothers Publisher, 1915), p. 141.

2 Frederic Seebohm, "The Black Death and its Place in English History," *Fortnightly Review*, 2 (1865), pp. 268~279; J. E. T. Rogers, "English before and after the Black Death," *Fortnightly Review*, 3 (1866), pp. 191~196; Paul Vinogradoff, "Review of T. W. Page, *The end of Villainage in England* (New York, 1900)," English Historical Review, 15 (1900), pp. 774~781.

3 Ibid., pp. 774~781; Eileen E. Power, "The Effects of the Black Death on Rural Organization in England," *History, new series 3* (1918), pp. 109~116; John Hatcher, "England in the Aftermath of the Black Death," *Past & Present*, 144 (1994), pp. 3~4.

4 John Munro, "'Money Matters': A Critique of the Postan Thesis on Medieval Population, Prices, and Wages," in John Drendel (ed), *Crisis in the Later Middle Ages: Beyond the Postan-Duby Paradigm* (Turnhout: Brepols, 2015), pp. 127~128; Phillipp Schofield, "M. M. Postan and the Peasant Economy," in *Crisis in the Later Middle Ages*, pp. 73~93.

5 Michael M. Postan, *Essays on Medieval Agriculture and General Problems of the Medieval Economy* (Cambridge: Cambridge University Press, 1973), pp. 3~27, 150~185, 186~213. 사회·경제의 구조적 변화 원인을 인구학적 관점에서 바라보는 포스탄의 모델은 마르크스주의자들로부터 비판받았다(John Hatcher, op cit., p. 5). 마르크스주의자

들은 생산력과 생산관계의 모순이 계급투쟁을 촉발하며, 그것을 통해 역사는 발전(혹은 진보)한다는 입장이었기 때문에 역사 발전이나 사회 변화의 주체를 인구수의 변동으로 보는 것을 인정할 수 없었기 때문이다.

6 Michael M. Postan, op cit., p. 11.

7 Ibid., p. 190.

8 David Richardo, *On the Principles of Political Economy and Taxation*, 권기철 옮김, 『정치경제학과 과세의 원리에 대하여』 (서울: 책세상, 2019).

9 Robert Thomas Malthus, *An Essay on the Principles of Population*, 이서행 옮김, 『인구론』 (서울: 동서문화사, 2011).

10 John Munro, "Wage-stickiness, monetary changes, and real incomes in late-medieval England and the Low Countries, 1300~1500: did money matter," *Research in Economic History*, 21 (2003), p. 191.

11 Ibid., p. 199. 베버리지 경(Lord Beverdge)과 쏘롤드 로저(Thorold Roger)의 자료를 근거로 포스탄이 작성했다. 석공(1)은 타운톤 장원(Manor of Taunton)의 경우다.

12 John Munro, op cit., 2015, p. 132.

13 Ibid., p. 133.

14 John Munro, op cit., 2003, p. 207.

15 Michael M. Postan, *The Medieval Economy and Society: An Economic History of Britian, 1100~1500* (Cambridge: Cambridge University Press, 1972), pp. 31~35; Michael M. Postan, op cit., 1973, pp. 150~185.

16 L. R. Poos, "The Rural Population of Essex in the Later Middle Ages," *Economic History Review*, 38(4) (1985), pp. 515~530의 자료를 바탕으로 장-폴 샤바(Jean-Paul Chavas) 등이 제작했다. Jean-Paul Chavas and Daniel W. Bromley, "Modelling Population and Resource Scarcity in Fourteenth-century England," *Journal of Agricultural Economics*, 56(2) (2005), p. 225.

17 Paul Freedman, "Rural Society," in Michael Jones (ed), The New Cambridge Medieval History 6 (Cambridge: Cambridge University Press, 2008), p. 89.

18 Michael M. Postan, op cit., 1973, p. 11.

19 David Routt, op cit., accessed January 3, 2022,

20 Henry Phelps Brown and Sheila. V. Hopkins, op cit., pp. 13~59.

21 Albert B. White et al (eds), op cit., p. 141.

22 Ibid., pp. 141~145.

23 Ibid., p. 145.

24 Ibid., p. 144.

25 Ibid., p. 144.

26 Bertha H. Putnam, *The Enforcement of the Statutes of Labourers during the First Decade after the Black Death* (New York: Columbia University, 1908), pp. 10~11; L. R. Poss, "The Social Context of Statute of Labourers Enforcement," *Law and History Review*, 1(1) (1983), p. 29.

27 Albert B. White et al (eds), op cit., p. 147.

28 Bertha H. Putnam, op cit., p. 2.

29 Albert B. White et al (eds), op cit., p. 148.

30 Ibid., p. 150.

31 Ibid., p. 150.

32 Ibid., p. 148.

33 이와 관련해서 살펴보면, 예컨대 1275년 램지(Ramsey)수도원의 법정은 주인과의 계약을 위반한 하인에게 계약된 고용기간까지 봉사하라고 명령했다. 1301년 루틴(Ruthin)의 영주의 장원법정에서는 계약기간이 종료하지 않았음에도 다른 일자리를 찾아 떠난 하인과 그가 일자리를 옮기도록 유도한 새로운 주인 모두를 상대로 소송이 제기되었다. Bertha H. Putnam, op cit., pp. 157~158. 또한 흑사병이 창궐한 중세 말이 되면 농노에 대한 영주의 인신 구속력이 약화된다. 농노

나 자유민이지만 영주에게 토지를 임대한 차지인과 영주와의 관계는 마치 계약을 통해 형성된 주인-(자유민)하인과 유사한 형태로 진화한다. Ibid., pp. 200~203.

34 Albert B. White et al (eds), op cit. p. 149.

35 Ibid., pp. 152~157; Bertha H. Putnam, op cit., pp. 9~15.

36 "Ordinances for Crafts at Bristol," in Gervase Rosser (ed), *Towns in Medieval England: Selected Sources* (Manchester: Manchester Univ. Press, 2016), p. 87.

37 Ibid., p. 87.

38 Nora Ritchie, "Labour Conditions in Essex in the Reign of Richard II," in E. M. Carus-Wilson (ed), *Essays in Economic History*, vol. II (London: Edward Arnold, 1962), pp. 91~111; Simon A. C. Penn and Christopher Dyer, "Wages and Earnings in Late Medieval England: Evidence from the Enforcement of the Labour Laws," *The Economic History Review*, 43(3) (1990), pp. 356~376; John Hatcher, op cit., pp. 3~35.

39 Munro, Munro, op cit., 2003, pp. 199~200; John Hatcher, op cit., p. 23.

40 J. H. Munro, "Before and after the Black Death: money, prices, and wages in fourteenth-century England," (2004), pp. 15~16. Accessed 2022년 1월 3일, (https://www.economics.utoronto.ca/public/workingPapers/UT-ECIPA-MUNRO-04-04.pdf).

41 Albert B. White et al (eds), op cit., p. 148.

42 "Statute 11 Henry VII c. 22," in *Statutes of the Realm*, vol. II (London: Dawsons of Pall Mall, reprinted 1963), pp. 585~587; J. H. Munro, op cit., 2004, p. 17.

43 Ibid., pp. 18~19.

44 Michael M. Postan, op cit., 1972, p. 239; Michael M. Postan, "The Trade of Medieval Europe: the North," in M. Postan et al (eds), *Cambridge Economic History of Europe, vol. II: Trade and*

Industry in the Middle Ages (Cambridge: Cambridge Univ. Press, 1952), reprinted in M. Postan and E. Miller (eds) (Cambridge: Cambridge Univ. Press, 1987), pp. 213, 209~210; Munro, op cit., 2015, pp. 133~134.

45 David Herlihy, *Medieval and Renaissance Pistoia: The Social History of an Italian Town, 1200~1430* (New Haven: Yale University press, 1967), p. 125; Munro, op cit., 2003, p. 213에서 재인용.

46 네이버 시사상식사전, accessed 2022년 1월 10일, (https://terms.naver.com/entry.naver?docId=69862&cid=43667&categoryId=43667).

47 Munro, op cit., 2015, p. 137, figure 6을 참조.

48 Munro, op cit., 2015, Table 6, 7의 자료 참조.

제5장

1 Procopius, *The Persian War. Procopius with an English Translation*, H. B. Dewing (ed. and trans) (London, 1914), I. pp. 452~472; Evagrius, op cit., 2000, 4.29; Bede, op cit., vol. 5, ch. 24, vol. 3. ch. 27, vol. 3. ch. 13, vol. 4. ch. 27; D. Twitchett, op cit., pp. 42, 62; Michael G. Morony, op cit., pp. 61~68; 이상동, 「유사 이래 최초의 팬데믹: 유스티니아누스 역병」, 『역사비평』, 132호(2020년 8월), 98~120쪽.

2 Joseph P. Byrne, op cit., 2004, pp. xxx~2; Samuel K. Cohn, "Epidemiology of the Black Death and Successive Waves of Plague," in *Vivian Nutton* (ed), *Pestilential Complexities: Understanding Medieval Plague* (London: Wellcome Trust Center for the History of Medicine, 2008). pp. 74~75; Mark Harrison, *Disease and the Modern World: 1500 to the present day* (Cambridge: Polity, 2004), p. 44.

3 Barbara Bramanti et al., "The Third Plague Pandemic in Europe," *Proceedings of the Royal Society B: Biological Sciences*, vol. 286, no. 1901 (2019), pp. 1~2; N. Signoli, "Reflections on crisis burials related to past plague epidemics," *Clinical Microbiology and Infection*, vol. 18, no. 3 (2012), pp. 219~220.

4 Lester K. Little, "Life and Afterlife of the First Plague Pandemic," in Lester K. Little (ed), op cit., p. 5.

5 Ibid., p. 6

6 Emily E. Puckett et al., "Commensal Rats and Humans: Integrating Rodent Phytogeography and Zooarchaeology to Highlight Connections between Human Societies," *BioEssays*, vol. 42, no. 5 (2020), pp. 1~2.

7 Lars Walløe, "Medieval and Modern Bubonic Plague: Some Clinical Continuities," in *Vivian Nutton* (ed), *Pestilential Complexities*, p. 59.

8 G. F. Petrie, "A short abstract of the plague commission's work in Bombay with regard to the rat-flea theory," *Transactions of The Royal Society of Tropical Medicine and Hygiene,* vol. 2, no.2 (1908), pp. 1908~1909.

9 Ruifu Yang, "Plague: Recognition, Treatment, and Prevention," *Journal of Clinical Microbiology*, vol. 56, no. 1 (2018). p. 2.

10 M. Drancourt et al., "Yersinia pestis as a telluric, human ectoparasite-borne organism," *The Lancet. Infectious Diseases*, vol. 6, no. 4 (2006), pp. 234~241; R. Gani and S. Leach, "Epidemiologic Determinants for Modeling Pneumonic Plague Outbreaks," *Emerging infectious diseases*, vol. 10, no. 4 (2004), pp. 608~614.

11 Rosemary Horrox, op cit., pp. 24, 43, 55; Joseph P. Byrne, op cit., 2004, pp. 22~23.

12 Lars Walløe, op cit., p. 59.

13 Procopius, The Persian War, pp. 452~472; Agathias, op cit., pp. 37~41, 145~146; Evagrius, "Evagre, Histoire Ecclésiastique," in

A. J. Festugière (trans), Byzantion, 45 (1975), pp. 389~392; 이상동, 위의 글, 2020, 103~104쪽.

14 R. Abel, "Was wussten unsere Vorfahren von der Empfänglichkeit der Ratten und Mäuse für die Beulenpest des Menschen?," *Zeitschr. f. Hygiene*, vol. 36 (1901), pp. 89~119.

15 J. E. Shrewsbury, op cit., pp. 148~152; Graham Twigg, *The Black Death: A Biological Reappraisal* (London: Batsford, 1984), pp. 201, 219~221; Susan Scott, Christopher J. Duncan, op cit., 2004, pp. 384~389; 스콧과 던컨은 *Return of the Black Death*, 황정연 역, 『흑사병의 귀환』 (서울: 황소자리, 2005), 183~204쪽에서 흑사병의 병인론과 관련해 논의를 전개했다.

16 Samuel K. Cohn, *The Black Death transformed: disease and culture in early Renaissance Europe* (London, 2002), p. 2.

17 Samuel K. Cohn, op cit., 2008, pp. 75, 78; George Christakos et al., *Interdisciplinary public health reasoning and epidemic modelling: the case of Black Death* (Berlin: Springer, 2005), pp. 223, 230.

18 C. J. Martin, "Discussion on the spread of plague," *The British Medical Journal*, vol. 2, no. 2654 (1911), pp. 1249~1263.

19 Nükhet Varlik, "A Natural History of Plague," *Plague and Empire in the Early Modern Mediterranean World: The Ottoman Experience, 1347~1600* (Cambridge: Cambridge University Press, 2015), p. 20.

20 Kaylee A. Byers et al., "Rats About Town: A Systematic Review of Rat Movement in Urban Ecosystems," *Frontiers in Ecology and Evolution*, vol. 7 (2019), p. 5.

21 *Government of India, Report of the Indian Plague Commission*, vol. V, 1898~99 (London, 1901), pp. 106, 108, 113.

22 Samuel K. Cohn, op cit., 2008, p. 83.

23 Graham Twigg, "The Black Death and DNA," *Lancet: Infectious Diseases*, vol. 3, no. 1 (2003), p. 11.

24 근래 논의에서는 당시 사망률이 더 높았다는 견해가 제기된다. 예컨대 베네딕토우(Ole J. Benedictow)와 애버스(J. Aberth)는 사망률이 전체 인구의 50~60퍼센트는 되었을 것이라고 주장한다. Ole J. Benedictow, op cit., pp. 325~389; John Aberth, op cit., 2010, pp. 89~94: John Aberth, op cit., 2017, pp. 2~3.

25 Samuel K. Cohn, op cit., 2008, p. 83; Graham Twigg, op cit., 2003, p. 11.

26 Lars Walløe, op cit., p. 68.

27 T. Butler, "Plague history: Yersin's discovery of the causative bacterium in 1894 enabled, in the subsequent century, scientific progress in understanding the disease and the development of treatment and vaccines," *Clinical Microbiology and Infection*, vol. 20, no. 3 (2014), pp. 202~209; Barbara Bramanti et al., op cit., pp. 5~6.

28 신규환의 『페스트 제국의 탄생: 제3차 페스트 팬데믹과 동아시아』(서울: 역사공간, 2020)를 참조하라.

29 J. W. H. Chun, "Clinical features," in Wu LIen-Teh et al. (eds), *Plague: a manual for medical and public health workers* (Shanghai: National Quarantine Service, 1936), pp. 327~331; Robert Sallares, op cit., p. 237.

30 이상동, 위의 글, 2020, 104쪽.

31 Samuel K. Cohn, op cit., 2008, pp. 88~90.

32 Robert Sallares, op cit., p. 240.

33 Rosemary Horrox, op cit., pp. 42~43.

34 Ibid., pp. 42~44

35 Ibid., p. 42.

36 R. Pollitzer, "Plague Studies: Clinical aspects," *Bulletin of the World Health Organization*, 9 (1953), p. 82; Robert Sallares, op cit., p. 240.

37 Ann G. Carmichael, *Plague and the poor in Renaissance Florence* (New York: Cambridge, 1986), p. 94; Jean Noël Biraben,

"Current Medical and Epidemiological Views on Plague," *Plague Reconsidered* (Matlock, Derbyshire: Local Population Studies, 1977), p. 28; Samuel K. Cohn, op cit., 2008, p. 84.

38 Susan Scott, Christopher J. Duncan, op cit., 2004, p. 45.

39 Lars Walløe, op cit., p. 67.

40 Hans Zinsser, *Rats, Lice, and History* (New York: Routledge, 1935), p. 89.

41 Stephen R. Ell, "Immunity as a Factor in the Epidemiology of Medieval Plague," *Review of Infectious Diseases*, vol. 6 (1984), pp. 875~876; Stephen R. Ell, "The Interhuman Transmission of Medieval Plague," *Bulletin of the History of Medicine*, vol. 54 (1980), p. 500.

42 D. S. Reed and M. J. Martinez, "Respiratory immunity is an important component of protection elicited by subunit vaccination against pneumonic plague," *Vaccine*, vol. 24 (2006), pp. 2283~2289; Lars Walløe, op cit., pp. 67~68.

43 D. E. Davis, "The scarcity of rats and the black death: an ecological history," *Journal of Interdisciplinary History*, vol. 16 (1986), pp. 455~470.

44 S. Scott and C. J. Duncan, "What caused the Black Death," *Postgraduate Medical Journal*, 81 (2005), p. 316. 대부분의 계절성 전(감)염병은 기온이 24~27℃일 때 발생하고, 27.5℃가 넘어가면 약해진다. 실험결과에 따르면 페스트균은 27~30℃의 경우보다는 23℃에서 더 강하다. 27~30℃에서는 벼룩이 가진 박테리아성이 줄어들기 때문이며, 또 벼룩이 더 빠른 속도로 죽기 때문이다. 벼룩은 온도가 높은 환경에서는 에너지 소비가 많기 때문에 그런 조건에서는 굶주림과 탈수현상이 가속화된다. Anna M. Schotthoefer et al., "Effects of temperature on the transmission of Yersinia Pestis by the flea, Xenopsylla Cheopis, in the late phase period," *Parasite & Vectors*, vol. 4, no. 1 (2011), pp. 1~11.

45 Samuel K. Cohn, op cit., 2008, p. 82.

46 Rosemary Horrox, op cit., p. 42: John Aberth, op cit., 2017, pp. 38~39.

47 John Maddicott, "Plague in Seventh-Century England," in Lester K. Little (ed), op cit., p. 185.

48 Didier Raoult et al., "Molecular identification by "suicide PCR" of Yersinia pestis as the agent of Medieval Black Death," *Proceedings of the National Academy of Sciences*, vol. 97, no. 23 (2000), pp. 12800~12803.

49 M. Thomas P. Gilbert et al., "Absence of Yersinia pestis-specific DNA in human teeth from five European excavations of putative plague victims," *Microbiology*, vol. 150 (2004), pp. 341~354; George Christakos et al., op cit., p. 112; Graham Twigg, op cit., p. 11.

50 Maria A. Spyrou et al., op cit., p. 874; David M. Wagner et al., "Yersinia Pestis and the Plague of Justinian 541~543 AD: A Genomic Analysis," *The Lancet: Infectious Diseases*, vol. 14, no. 4 (2014), pp. 319~326; Christian E. Demeure, "Yersinia pestis and plague: an updated view on evolution, virulence determinants, immune subversion, vaccination, and diagnostics," *Genes and Immunity*, vol. 20, no. 5 (2019), pp. 357~370.

51 E. H. Hankin, "On the Epidemiology of Plague," *The Journal of Hygiene*, vol. 5, no. 1 (1905), pp. 66, 72, 74.

52 Ibid., p. 66.

53 Lars Walløe, op cit., pp. 70~71.

54 Government of India, op cit., p. 106.

55 Sean P. Maher et al., "Range-wide determinants of plague distribution in North America," *The American journal of tropical medicine and hygiene*, vol. 83, no. 4 (2010), pp. 736~742; R. J. Brinkerhoff et al., "Rodent and flea abundance fail to predict a plague epizootic in black-tailed prairie dogs," *Vector borne and zoonotic diseases*, vol. 10, no. 1 (2010), pp. 47~52; J. Reijniers et al., "Plague epizootic cycles in Central Asia," *Biology letters*, vol. 10, no. 6 (2014), pp. 1~4.

56 20세기 후반부 이래 여러 에피데믹(epidemic)에서 쥐벼룩 대신 사람벼룩과 몸니가 전파 매개체로 발견되는 경우가 빈번하게 발생했다. A. Smith, "The susceptibility to dieldrin of Pulex irritans and Pediculus humanus corporis in the Pare area of north-east Tanganyika," *Bulletin of the World Health Organization*, vol. 21, no. 2 (1959), pp. 240~241; C. Guiguen and J. C. Beaucournu, "Presence of Pulex irritans L. (Siphonaptera) in Burundi, plague risk area," *Bulletin de la Société de Pathologie Exotique*, vol. 72, nos. 5~6 (1979), pp. 481~486; J. C. Beaucournu, "The present status of the conquest of tropical Africa by Pulex irritans Linnaeus, 1758," *Bulletin de la Société de Pathologie Exotique*, vol. 86, no. 4 (1993), pp. 290~294; A. Laudisoit et al., "Plague and the human flea, Tanzania," *Emerging infectious diseases*, vol. 13, no. 5 (2007), pp. 687~693; Pierre-Edouard Fournier et al., "Human pathogens in body and head lice," *Emerging infectious diseases*, vol. 8, no. 12 (2002), pp. 1515~1518.

57 R. Pollitzer, "A Review of Recent Literature on Plague," *Bulletin of the World Health Organization*, vol. 23 (1960), p. 360.

58 Katharine R. Dean et al., "Human ectoparasites and the spread of plague in Europe during the Second Pandemic," *Proceedings of the National Academy of Science of the United States of America*, vol. 115, no. 6 (2018), p. 1308. 최근의 연구들은 페스트가 확산되는 데 인간 체외기생충이 기여했을 것이라는 가능성을 제시하지만(R. Piarroux et al, "Plague epidemics and lice, Democratic Republic of the Congo," Emerging infectious diseases, vol. 19, no. 3 (2013), pp. 505~506; Laudisoit et al., "Plague and the human flea, Tanzania," pp. 687~93; J. Ratovojato et al., "Yersinia pestis in Pulex irritans fleas during plague outbreak," *Emerging infectious diseases*, vol. 20, no. 8 (2014), pp. 1414~1415), 그 상관관계를 규명하진 못했다.

59 Katharine R. Dean et al., op cit., pp. 1304~1309.

제6장

1 이상동, 위의 글, 2021b, 390~392쪽.

2 Jon Arrizabalaga, "Facing the Black Death: Perceptions and Reactions of University Medieval Practitioners," in Luis Garcia-Ballester et al. (eds), *Practical Medicine from Salerno to the Black Death* (New York: Cambridge University Press, 1994), pp. 248~249.

3 John Aberth, *Doctoring the Black Death: Medieval Europe's Medical Response to Plague* (Rowman & Littlefield Publishers, 2021), p. 62; Nicholas Campion, *A History of Western Astrology* (London: Bloomsbury, 2009), vol. II. pp. 69~84.

4 Lynn Thorndike, *A History of Magic and Experimental Science, Vols. III and IV: Fourteenth and Fifteenth Centuries* (New York: Colombia University Press, 1934), p. 5.

5 John Z. Wee, "Discovery of the Zodiac Man in Cuneiform," *Journal of Cuneiform Studies 67* (2015), pp. 217~233; Charles West Clark, *The Zodiac Man in Medieval Medical Astrology* (PhD dissertation accepted at University of Colorado, 1979); Kathryn Rudy, "Medieval medicine: astrological 'bat books' that told doctors when to treat patients," *The Conversation* (2019), (https://theconversation.com/medieval-medicine-astrological-bat-books-that-told-doctors-when-to-treat-patients-126737).

6 Rosemary Horrox, op cit., pp. 159, 169; W. Kubel (ed), *Alberti Magni Opera omnia* (Münster: Aschendorff, 1980), vol.v, pars II, p. 63.

7 Rosemary Horrox, op cit., pp. 159~160; 천문학백과, (https://terms.naver.com/entry.naver?docId=5647305&cid=62801&categoryId=62801); 황도십이궁도에서 운행하는 행성들은 다른 행성의 상대적 위치에 따라 해당 행성과의 상호적 의미를 갖게 된다. 예컨대 두 행성의 위치가 황도십이궁도 상 180도나 90도에 있다면 두 행성은 서로 해로운 상태에 있는 것이다. 반면 120도나 60도에 위치한다

면 서로 자애로운 상태이다. Rosemary Horrox, op cit., p. 160. n. 6. 남풍의 유해함은 히포크라테스 시대부터 거론되었는데 남풍이 지중해의 습한 공기를 동반했기 때문으로 여겨진다. Joseph P. Byrne, op cit., 2004, p. 47.

8 John Aberth, op cit., 2017, p. 46.

9 Ibid., pp. 52~53; Rosemary Horrox, op cit., pp. 163~172.

10 John Aberth, *An Environmental History of the Middle Ages: The Crucible of Nature* (London and New York: Routledge, 2013), p. 54.

11 John Aberth, op cit., 2021, pp. 69~70.

12 Rosemary Horrox, op cit., pp. 160~161; John Aberth, op cit., 2017, p. 43.

13 Rosemary Horrox, op cit., p. 161, 지진 관련해서는 pp. 177~182 참조; John Aberth, op cit., 2017, pp. 43~44.

14 Gentile da Foligno, *Consilium contra pestilentiam* (Colle di Valdelas, c. 1479), pp. 2~3.

15 J. Veniy I Clar (ed). *'Regiment de reservacio de pestilencia' de Jacme d'Agramont (s. XIV). Introducció, transcripció i estudi linguïstic* (Tarragonna: Publicaciones De La Excelentisima Diputación Provincial, 1971), p. 60.

16 John Aberth, op cit., 2021, pp. 72~75.

17 Giovanni Boccaio, op cit., p. 6.

18 Rosemary Horrox, op cit., p. 182; Jacme d'Agramont, "Regiment de preservacio a epidimia o pestilencia e mortaldats," in M. L. Duran-Reynals and C.-E. A. Winslows (trans), *Bulletin of the History of Medicine*, 23 (1949), pp. 58~89 at 69, 71. 바실리스크는 당대인들에게 쳐다보는 것만으로도 죽음에 이르는 강력한 독성을 지녔다고 회자되던 전설 속의 뱀이다. John Aberth, op cit., 2017, pp. 120-121; 이상동, 「흑사병 창궐과 유대인 학살(pogrom): 1348~1351년 유대인 음모론과 사회적 대응」, 『서양중세사연구』, 47 (2021a), 156쪽.

19 Jon Arrizabalaga, op cit., p. 259.

20 Annemrie Kinzeblach, "Infection, Contagion, and Public Health in Late Medieval and Early Modern German Imperial Towns," *Journal of the History of Medicine and Allied Science*, 61(3) (2006), p. 370; Ewan Morgan, "The Physician Who Presaged the Germ Theory of Disease Nearly 500 Years Ago," *Scientific America* (2021), (https://www.scientificamerican.com/article/the-physician-who-presaged-the-germ-theory-of-disease-nearly-500-years-ago). 19세기 세균학자들은 그가 제기한 "질병의 씨(seeds of disease) 이론"을 근대 세균론의 전신으로 평가한다. 이상동, 「흑사병(Black Death) 병인(病因)론: 흑사병은 페스트인가」, 『서양사론』, 149 (2021c), 190쪽.

21 Jacques Jouanna, "Air, Miasma andn Contagion in the time of Hippocrates and the survival of Miasmas in post-Hippocratic medicine," in *Greek Medicine from Hippocrates to Galen* (Leiden: Brill, 2012), pp. 121~128; Joseph P. Byrne, op cit., 2004, pp. 42, 44.

22 자크 르 고프, 장 샤를 수르니아 편, 장석훈 역, 『고통 받는 몸의 역사』 (지호, 2000년), 319~320쪽; *Hippocratic Writings*, G.E.R. Lloyd (ed), J. Chadwick and W. N. Mann (trans) (London: Pennguin Books, 1978), p. 237; J. N. Hays. *The Burdens of Disease* (New Brunswick, New Jersey and London: Rutgers University Press, 1998), p. 10; Lawerence I. Conrad, Michael Neve, Vivian Nutton, Roy Porter, Andrew Wear, *The Westernn Medical Tradition: 800 BC to AD 1800* (Cambridge: Cambridge University Press, 1995), p. 25; 이상동, 위의 글, 2007, 331~332쪽.

23 자크 르 고프, 장 샤를 수르니아 편, 위의 책, 319쪽.

24 Rosemary Horrox, op cit., pp. 162~163; John Aberth, op cit., 2017, p. 45.

25 Rosemary Horrox, op cit., p. 163; John Aberth, op cit., 2017, p. 45.

26 Frederick W. Gibbs, *Poison, Medicine, and Disease in Late Medieval and Early Modern Europe* (New York: Routledge, 2019), p. 117.

27 Roger French, *Canonical Medicine: Gentile da Foligno and Scholasticism* (Leiden: Brill, 2001), pp. 281~283; Gentile da Foligno, Consilium contra pestilentiam reprinted in Karl Sudhoff, "Pestschriften aus den ersten 150 Jahren nach der Epidemie des 'schwarzen Todes' 1348[이하 Pestschriften]," *Archiv für Geschichte der Medizin[이하 AGM]*, 5 (1912), pp. 36~87, 332~96 at 83~87, 332~340.

28 Gentile da Foligno, op cit., c. 1479, pp. 2~3.

29 Gentile da Foligno, Consilium contra Pestilentiam reprinted in Karl Sudhoff, "Pestschriften," *AGM*, 5 (1911), pp. 36~87, at 83; John Aberth, op cit., 2017, p. 49.

30 Roger French, op cit., p. 283; Frederick W. Gibbs, op cit., 2019, pp. 118~119; Frederick W. Gibbs, "Medical Understanding of Poison circa 1250~1600," PhD diss. (University of Wisconsin-Madison, 2009), pp. 110~111.

31 Frederick W. Gibbs, op cit., 2019, pp. 122~123; Frederick W. Gibbs, op cit., 2009, pp. 106~107, 111, 117; John Aberth, op cit., 2021, 25.

32 Frederick W. Gibbs, op cit., 2019, p. 20.

33 Galen, De Temperamentis, G. Helmreich (ed), *Galeni temperamentis libri* (Leipzig: Teubner, 1904), III.3, pp. 97~98; Peter N. Singer (trans), *Galen: Selected Works* (Oxford: Oxford University Press, 1997), pp. 274~275.

34 Mark Grant, *Galen on Food and Diet* (London: Routledge, 2000), p. 7; Helen King, ""First Behead Your Viper": Acquiring knowledge in Galen's poison stories," in Ole Peter Grell, Andrew Cunningham and Jon Arrizabalaga (eds), *"It All Dependes on the Dose": Poisons and Medicines in European History* (London: Routledge, 2018), p. 36.

35 Galen, op cit., III.4, p. 109; Peter N. Singer (trans), op cit., p. 284.

36 Frederick W. Gibbs, op cit., 2019, p. 26.

37 Avicenna, *Canon Medicinae*, Joannes Costaeus and Joannes Paulus Mognisu eds. (Venetiis: apud Vincentium Valgrisium, 1564), IV. 6.1.2.

38 Ibid., 1.4.1.

39 Frederick W. Gibbs, op cit., 2019, p. 122; John Aberth, op cit., 2021, p. 28.

40 Frederick W. Gibbs, op cit., 2019, p. 26.

41 Pietro d'Abano, *De venenis* (Mantua: Johannes Vurster, 1473), fol. 3r.

42 Avicenna, op cit., 1564, IV. 6.1.2; Frederick W. Gibbs, op cit., 2019, p. 123.

43 이상동, 위의 글, 2007, 332쪽; Lawerence I. Conrad et al., op cit., p. 26.

44 Gentile da Foligno, op cit., c. 1479, p. 20.

45 Saul Jarcho, "Galen's six non-naturals: a bibliographic note and translation," *Bulletin of the History of Medicine*, 44(4) (1970), pp. 372~377; Naohide Yaguchi, ""Non naturals" in Islamic medicine," *Journal of the Japanese Society for the History of Medicine*, 56(1) (2010), pp. 53~66.

46 Gentile da Foligno, op cit., c. 1479, pp. 34~35, 38.

47 Roger French, op cit., p. 141; John Aberth, op cit., 2021, pp. 33~34.

48 John Aberth, op cit., 2021, pp. 34~35.

49 Ibid., pp. 34~35.

제7장

1 Ibid., p. 163; Gerrit Bos and Guido Mensching, "The Black Death in Hebrew Literature: Abraham Ben Solomon Hen's "Tractatulus de pestilentia"," *Jewish Studies Quarterly*, 18 (2011), p. 45; Karl Sudhoff, "Pestschriften," *AGM*, 5 (1912), p. 48; Karl Sudhoff, "Pestschriften," *AGM*, 16 (1924~1925), p. 61.

2 John Aberth, op cit., 2021, pp. 165~169.

3 Ibid., pp. 165~170.

4 Ibid., p. 170.

5 이상동.「1347/8년~1351년 제1차 흑사병 창궐 원인에 대한 당대 의학계의 인식: 전통적 인식론에서 독(poison) 이론까지」.『의사학』. 31(2), (2022b). 366~372쪽; Rosemary Horrox, op cit., p. 174.

6 John Aberth, op cit., 2021,, p. 170; Karl Sudhoff, "Pestschriften," *AGM*, 8 (1915), p. 284; Karl Sudhoff, "Pestschriften," *AGM*, 9 (1916), p. 146.

7 John Aberth, op cit., 2021, pp. 207~209. 역설적으로 이미 감염된 자가 다른 지역으로 도피함으로써 새로운 사람들을 감염시키고, 그래서 흑사병이 급격하게 널리 확산된 측면도 있다.

8 Claire Burridge, "Incense in medicine: an early medieval perspective," *Early Medieval Europe*, 28(2) (2022), pp. 219~255; Evy Johanne Håland, "Water Sources and the Sacred in Modern and Ancient Greece and Beyond," *Water History*, 1(2) (2009), pp. 83~108.

9 John Aberth, op cit., 2017, pp. 50, 53.

10 Rosemary Horrox, op cit., pp. 176~177.

11 Ibid., p. 175.

12 Ibid., pp. 175~176; Joseph P. Byrne, op cit., 2004, p. 47.

13 Rosemary Horrox, op cit., p. 175.

14 John Aberth, op cit., 2021, p. 177; Frederick W. Gibbs, op cit., 2019, pp. 129~130; Frederick W. Gibbs, op cit., 2009, p. 122.

15 John Aberth, op cit., 2021, p. 172.

16 Liakat Ali Parapia, "History of bloodletting by phlebotomy," *British Journal of Haematology*, 143 (2008), p. 490.

17 John Aberth, op cit., 2021, pp. 173~175.

18 Joseph P. Byrne, 2004, p. 48; Rosemary Horrox, op cit., p. 187; Jon Arrizabalaga, op cit., pp. 278~279.

19 Ibid., p. 279.

20 Ibid., p. 280.

21 Ibid., p. 281.

22 Nicander of Colophon, Nicander, A. S. F. Cows, and A. F. Scholfield (eds) (Cambridge: Cambridge University Press, 1953), 934~956행; Martin Levey, "Medieval Arabic Toxicology: The Book on Poisons of Ibn Wahshiya and Its Relation to Early Indian and Greek Texts," *Transactions of the American Philosophical Society*, 56(7) (1966), p. 18.

23 Christiane Nockels Fabbri, "Treating Medieval Plague: The Wonderful Virtues of Theriac," *Early Science and Medicine*, 12(3) (2007), pp. 253~254; Demetrios Karaberopoulos et al., "The theriac in antiquity," *Lancet*, 379(9830) (2012), pp. 1942~1943.

24 Christiane Nockels Fabbri, op cit., p. 257.

25 Ibid., pp. 257~258.

26 Ibid., pp. 263~264.

27 Gentile da Foligno, op cit., c. 1479, pp. 20~21; John Aberth, op cit., 2021, p. 179.

28 Ibid., p. 180; Gentile da Foligno, op cit., c. 1479, pp. 31~32.

29 Ibid., pp. 22; John Aberth, op cit., 2021, p. 180; Frederick W. Gibbs, op cit., 2009, p. 124.

30 John Aberth, op cit., 2021, p. 179.

31 Ibid., p. 184; Karl Sudhoff, op cit., 1915, p. 258; Karl Sudhoff, op cit., 1924~1925, pp. 42, 65; Karl Sudhoff, "Pestschriften," *AGM*, 17 (1925), p. 27.

32 John Aberth, op cit., 2021, p. 184; Karl Sudhoff, "Pestschriften," *AGM*, 11 (1919), pp. 173, 175; Karl Sudhoff, op cit., 1912, pp. 49, 53; Karl Sudhoff, op cit., 1915, pp. 257~258, 267~268; Karl Sudhoff, op cit., 1925, p. 116.

33 A. Hosseinkhani et al., "Armenian bole: a historical medicinal clay," *Pharmaceutical Historian*, 44(4) (2014), pp. 98~100.

34 Michael Walters Dols, op cit., 2019, pp. 102~103.

35 Ibid., pp. 103~104.

36 John Aberth, op cit., 2021, p. 185; Karl Sudhoff, op cit., 1912, p. 49; Karl Sudhoff, op cit., 1915, pp. 257~257; Karl Sudhoff, op cit., 1924~1925, pp. 63, 68.

37 A. J. Hall and E. Photos-Jones, "Accessing past beliefs and practices: the case of lemnian earth," Archaeometry, 50 (2008), pp. 1034~1036; Celso de Sousa Figueireo Gomes, "Healing and edible clays: a review of basic concepts, benefits and risks," *Environ Geochem Health*, 40 (2018), pp. 1739~1740.

38 F. W. Hauluck, "Terra Lemnia," *The Annual of the British School at Athens*, 16 (1909/1910), p. 222.

39 Rosemary Horrox, op cit., pp. 203~206.

40 Ibid., pp. 194~203.

제8장

1 Rosemary Horrox, op cit., p. 42

2 Lars Walløe, op cit., p. 68; Frances Talaska Fischbach, Marshall Barnett Dunning, *A Manual of Laboratory and Diagnostic Tests* (New York and London: Lippincott Williams & Wilkins, 2009), p. 529.

3 Lars Walløe, op cit., p. 68.

4 7장, 주15 참조.

5 John Aberth, op cit., 2021, p. 236.

6 Karl Sudhoff, op cit., 1912, pp. 67~68; Karl Sudhoff, op cit., 1919, pp. 129~130.

7 John Aberth, op cit., 2021, p. 232; Rosemary Horrox, op cit., p. 191.

8 Liakat Ali Parapia, "History of bloodletting by phlebotomy," *British Journal of Haematology*, 143 (2008), p. 490. 예방법은 주19 참조.

9 John Aberth, op cit., 2021, pp. 236~237.

10 Pedro Gil-Sotres, "Derivation and revulsion: the theory and practice of medieval phlebotomy," in Luis Garcia-Ballester et al. (eds), op cit., pp. 141~151.

11 Karl Sudhoff, op cit., 1925, p. 60.

12 7장, 각주 17 참조.

13 Karl Sudhoff, op cit., 1912, pp. 346~348.

14 John Aberth, op cit., 2021, p. 237.

15 통상 사람의 혈액량은 체중의 7~8퍼센트가량인데, 체중이 60~80킬로그램인 성인 남성을 기준으로 대략 5리터 정도다. 이 중 3분의 1 이상을 잃으면 사망한다.

16 Ibid., p. 238.

17 Ibid., p. 238.

18 Ibid., p. 239; Karl Sudhoff, "Pestschriften", AGM, 6, 1913, p. 327.

19 John Aberth, op cit., 2021, pp. 239~240.

20 Ibid., pp. 241, 245~246.

21 "부항", 자생한방병원 한방의학정보, (https://terms.naver.com/entry.naver?docId=3343332&cid=58505&categoryId=58519).

22 John Aberth, op cit., 2021, p. 247; "Scarification," 이우주의학사전, (https://terms.naver.com/entry.naver?docId=3519836&cid=60408&categoryId=58529).

23 Maria Rosa Montinari and Segio Minelli, "From ancient leech to direct thrombin inhibitors and beyond: New from Old," *Biomedicine and Pharmacotherapy*, 149 (2022), p. 2.

24 John Aberth, op cit., 2021, p. 248.

25 Ibid., p. 248.

26 Ibid., p. 251.

27 Ibid., p. 250; 위키백과, (https://ko.wikipedia.org/wiki/%EC%8A%A4%ED%8E%98%EC%9D%B8%EC%B2%AD%EA%B0%80%EB%A2%B0).

28 Hippocrates. Aphorisms. Francis Adams (trans) (Adelaide: The University of Adelaide Library, 2014), VII, 87; Antonio Fornaciari and Valentina Giuffra, "Surgery in the early middle ages: Evidence of cauterisation from Pisa," *Surgery,* 151 (2012), pp. 351~352; Antonio Fornaciari et al., "Cautery in medieval surgery: a unique palaeopathological case," *Lancet*, 392 (2018), p. 1111; John Aberth, op cit., 2021, pp. 246~247.

29 Ibid., pp. 250~251.

30 Ibid., pp. 256~257.

31 Christiane Nockels Fabbri, op cit., pp. 256, 258.

32 Ibid., pp. 258~260.

33 Ibid., pp. 260~262; 참고로 비교를 위해 오늘날 마약성 진통제의 일종인 모르핀 사용(허용)량을 살펴보면, 일반 성인은 매 3~4시간마다 경구용 모르핀 10~30밀리그램을 복용하며, 하루 최대 1600밀리그램 이상 복용·투여하지 말라고 규정되어 있다. "Morphine

SULFATE ER Capsule, Extended Release Multiphase 24 Hr," WebMD, (https://www.webmd.com/drugs/2/drug-327-9352/morphine-oral/morphine-extended-release-capsule-oral/details)

34 John Aberth, op cit., 2021, pp. 258~259.

35 Ibid., p. 261; Karl Sudhoff, op cit., 1915, p. 251; Karl Sudhoff, op cit., 1916, p. 133.

36 7장, 주18 참조.

37 John Aberth, op cit., 2021, p. 262; 이상동, 위의 글, 2022b, 374쪽.

38 John Aberth, op cit., 2021, pp. 262~263; Karl Sudhoff, op cit., 1915, pp. 247, 250~251; 예방법은 주32번 단락 참조.

39 John Aberth, op cit., 2021, pp. 262~263.

40 Rosemary Horrox, op cit., p. 194.

41 John Aberth, op cit., 2021, pp. 273~290.

참고문헌

1차 사료

- Aberth, John. *The Black Death: The Great Mortality of 1348~1350*. Boston and New York: Bedford/St. Martin's, 2017.
- Agathias. *The Histories*. J. P. Frendo (trans). New York: De Gruyter, 1975.
- Avicenna. *Canon Medicinae*. Joannes Costaeus and Joannes Paulus Mognisu (eds). Venetiis: apud Vincentium Valgrisium, 1564.
- Bede. Ecclesiastical *History of England*. A. M. Sellar (trans). London: George Bell and Sons, 1907 (https://www.gutenberg.org/files/38326/38326-h/38326-h.html#toc239).
- Boccaio, Giovanni. *The Decameron*. G. H. McWilliam (trans). New York: Penguin Books, 1995.
- Evagrius. "Evagre, Histoire Ecclésiastique." A. J. Festugière (trans). *Byzantion*, 45, (1975).
- Evagrius. *The Ecclesiastical History of evagrius Scholasticus*. M. Whitby (trans). Liverpool: Liverpool University Press, 2000.

- G. Scalia. *Salimbene de Adam*, Chronica [*Salimbene of Adam, chronicle*]. Bari: Laterza, 1966.
- Galen. *De Temperamentis*. In G. Helmreich (ed). *Galeni temperamentis* libri. Leipzig: Teubner, 1904.
- Gentile da Foligno. *Consilium contra pestilentiam*. Colle di Valdelas, c. 1479.
- Government of India. *Report of the Indian Plague Commission*. vol. V, 1898~99, London, 1901.
- Horrox, Rosemary (ed. and trans). *The Black Death*. Manchester: Manchester University Press, 1994.
- Jacme d'Agramont. "Regiment de preservacio a epidimia o pestilencia e mortaldats." In M. L. Duran-Reynals and C.-E. A. Winslows (trans). *Bulletin of the History of Medicine*. 23, (1949).
- Kreuger, P. et al. (eds). *Corpus Iuris Civilis III*. Lipsiae: sumtibus Baumgaertneri, 1866.
- Kubel, W. (ed). *Alberti Magni Opera omnia*. Vol. V (pars II). Münster: Aschendorff, 1980.
- Lloyd, G.E.R. (ed). *Hippocratic Writings*. J. Chadwick and W. N. Mann (trans). Londonn: Pennguin Books, 1978.
- *Medieval Sourcebook: Twelfth Ecumenical Council: Lateran IV 1215.* (http://www.fordham.edu/halsall/basis/lateran4.asp).
- Monleone, G. *Jacopo da Varagine e la sua cronaca di Genova* [*James of Voragine and his chronicle of Genoa*]. Rome: Tipografia del Senato, 1941.
- Muratori, L. A. *Annales Mutinenses* [*Annals of Modena*]. in *Rerum Italicarum scriptores*. 11, Milan, 1727.
- *Nicander* of Colophon, *Nicander*, A. S. F. Cows, and A. F. Scholfield (eds) Cambridge: Cambridge University Press, 1953.

- Pietro d'Abano. *De venenis.* Mantua: Johannes Vurster, 1473.
- *Procopius. De bello persico.* In H. B. Dewing (trans). *Procopius* I. London: W. Heinemann, 1914.
- Putnam, Bertha H. *The Enforcement of the Statutes of Labourers during the First Decade after the Black Death.* New York: Columbia University, 1908.
- Rosser, Gervase (ed). *Towns in Medieval England: Selected Sources.* Manchester: Manchester Univ. Press, 2016.
- Singer, Peter N. (trans). *Galen: Selected Works.* Oxford: Oxford University Press, 1997.
- St. Augustine of Hippo. *The Writings against the Manichaeans and the Donatists.* Richard Stothert and John Richard King (trans). Altenmünster: Jazzybee Verlag, 2012.
- *Statutes of the Realm*, vol. II. London: Dawsons of Pall Mall, reprinted 1963.
- Sudhoff, Karl. "Pestschriften aus den ersten 150 Jahren nach der Epidemie des 'schwarzen Todes' 1348[이하 Pestschriften]." *Archiv für Geschichte der Medizin*[이하 *AGM*], 5, 1912.
- ___________, "Pestschriften." *AGM*, 11, 1919.
- ___________, "Pestschriften." *AGM*, 16, 1924~1925.
- ___________, "Pestschriften." *AGM*, 17, 1925.
- ___________, "Pestschriften." *AGM*, 6, 1913.
- ___________, "Pestschriften." *AGM*, 8, 1915.
- ___________, "Pestschriften." *AGM*, 9, 1916.
- Veny, Joan (ed). *'Regiment de reservacio de pestilencia' de Jacme d'Agramont (s. XIV). Introducció, transcripció i estudi lingüístic.* Tarragonna: Publicaciones De La Excelentisima Diputación Provincial, 1971.

- White, Albert B. Notestein, Wallace and Munro, Dana C. (eds). *Source Problems in English History*. New York and London: Harper & Brothers Publisher, 1915.
- William Langland, *William Langland's Piers Plowman: The C-Text.* Derek Pearsall (ed). Exeter: Edward Arnold, 1978.

2차 문헌

- Abel, R. "Was wussten unsere Vorfahren von der Empfänglichkeit der Ratten und Mäuse für die Beulenpest des Menschen?." *Zeitschr. f. Hygiene.* vol. 36, (1901).
- Aberth, John. *An Environmental History of the Middle Ages: The Crucible of Nature*. London and New York: Routledge, 2013.
- Aberth, John. *Doctoring the Black Death: Medieval Europe's Medical Response to Plague*. Lanham: Rowman & Littlefield Publishers, 2021.
- Aberth, John. *From the Brink of the Apocalypse: Confronting Famine, War, Plague, and Death in the Later Middle Ages*. 2nd ed. London: Routledge, 2010.
- Aberth, John. *The Black Death: The Great Mortality of 1348~1350*. Boston: bedford/st.martin's, 2017.
- Allen, P. "The 'Justinianic' Plague." *Byzantion*. 49, (1979).
- Amundsen, D. W. *Medicine, Society, and Faith in the Ancient and Medieval Worlds.* Baltimore and London: Johns Hopkins University Press, 1996.
- Arrizabalaga, Jon. "Facing the Black Death: Perceptions and Reactions of University Medieval Practitioners." Luis Garcia-

Ballester et al. (eds). *Practical Medicine from Salerno to the Black Death*. New York: Cambridge University Press, 1994.

- Ayda, Hosseinkhani et al. "Armenian bole: a historical medicinal clay." *Pharmaceutical Historian.* 44(4), (2014).
- Barber, Macolm. "Lepers, Jews and Moslems: The Plot of Overthrow Christendom in 1321." *History.* 66(216), (1981).
- Barzilay, Tzafrir. "Early Accusations of Well Poisoning against Jews: Medieval Reality or Historiographical Fiction?" *Medieval Encounters.* 22, (2016).
- Beaucournu, J. C. "The present status of the conquest of tropical Africa by Pulex irritans Linnaeus, 1758." *Bulletin de la Société de Pathologie Exotique.* vol. 86, no. 4(1993).
- Benedictow, Ole J. *The Black Death, 1346~1353: The Complete History*. Woodbridge and Suffolk: The Boydell Press, 2021.
- Biraben, Jean Noël. "Current Medical and Epidemiological Views on Plague." *Plague Reconsidered*. Matlock, Derbyshire: Local Population Studies, 1977.
- Borsch, Stuart J. *The Black Death in Egypt and England: A Comparative Study*, Austin: University of Texas Press, 2005.
- Bosand, Gerrit and Mensching, Guido. "The Black Death in Hebrew Literature: Abraham Ben Solomon Hen's "Tractatulus de pestilentia"." *Jewish Studies Quarterly.* 18, (2011).
- Bradstock, Andrew. "Millenarianism in the Reformation and the English Revolution." In Stephen Hunt (ed). *Christian Millenarianism from the Early Church to Waco.* London: Hurst&Company, 2001.
- Bramanti, Barbara et al. "The Third Plague Pandemic in Europe." *Proceedings of the Royal Society B: Biological Sciences.* vol. 286, no. 1901(2019).

- Brinkerhoff, R. J. et al. "Rodent and flea abundance fail to predict a plague epizootic in black-tailed prairie dogs." *Vector borne and zoonotic diseases.* vol. 10, no. 1(2010).
- Brown, Henry Phelps and Hopkins, Sheila V. *A perspective of wages and prices*. Methuen: London, 1981.
- Burridge, Claire. "Incense in medicine: an early medieval perspective." *Early Medieval Europe.* 28(2), (2022).
- Butler, T. "Plague history: Yersin's discovery of the causative bacterium in 1894 enabled, in the subsequent century, scientific progress in understanding the disease and the development of treatment and vaccines." *Clinical Microbiology and Infection.* vol. 20, no. 3(2014).
- Byers, Kaylee A. et al. "Rats About Town: A Systematic Review of Rat Movement in Urban Ecosystems." *Frontiers in Ecology and Evolution.* vol. 7, (2019).
- Byrne, Joseph P. *Daily life during the Black Death*. London; Greenwood Press, 2006.
- Byrne, Joseph P. The Black Death. London: Greenwood Press, 2004.
- Campell, Bruce M. S. "The European Mortality Crises of 1346~52 and Advent of the Little Ice Age." Dominik Collet and Maximilian Schuh eds. *Famines During the 'Little Ice Age' (1300~1800).* Cham: Springer, 2018.
- Campion, Nicholas. *A History of Western Astrology*. vol. II. London: Bloomsbury, 2009,
- Canter, Norman F. *The Civilization of the Middle Ages*, New York: Harper Collins Pub. 1994.
- Cantor, Norman F. *In the Wake of the Plague: the Black Death and the World it made*. New York: Free Press, 2001.

- Carmichael, Ann G. *Plague and the poor in Renaissance Florence.* New York: Cambridge, 1986.
- Chavas, Jean-Paul and Bromley, Daniel W. "Modelling Population and Resource Scarcity in Fourteenth-century England." *Journal of Agricultural Economics.* 56(2), (2005).
- Chazan, Robert. "The Anti-Jewish Violence of 1096: Perpetrators and Dynamics." In A. S. Abulafia (ed). *Religious Violence between Christians and Jews: Medieval Roots, Modern Perspectives.* Houndmills: Palgrave, 2002.
- Chazan, Robert. *God, Humanity and History: The Hebrew First Crusade Narratives.* Berkeley: University of California Press, 2000.
- Chazan, Robert. *The Jews of Medieval Western Christendom, 1000~1500.* Cambridge: Cambridge University Press, 2006.
- Chilton, Bruce D. "René Girard, James Williams, and the genesis of violence." *Bulletin for Biblical Research.* 3, (1993).
- Christakos, George et al. *Interdisciplinary public health reasoning and epidemic modelling: the case of Black Death.* Berlin: Springer, 2005.
- Chun, J. W. H. "Clinical features." In Wu LIen-Teh et al. (eds). *Plague: a manual for medical and public health workers.* Shanghai: National Quarantine Service, 1936.
- Clark, Charles West. "The Zodiac Man in Medieval Medical Astrology." PhD diss. University of Colorado, 1979.
- Cohen, J. *Living Letters of the Law: Ideas of the Jews in Medieval Christianity.* Los Angeles: University of California Press, 1999.
- Cohn, S. K. "The Black Death and the burning of Jews." *Past and Present.* 196, (2007).
- Cohn, Samuel K. "Epidemiology of the Black Death and Successive Waves of Plague." In Vivian Nutton (ed). Pestilential

Complexities: Understanding Medieval Plague. London: Wellcome Trust Center for the History of Medicine, 2008.

- Cohn, Samuel K. *The Black Death transformed: disease and culture in early Renaissance Europe.* London: Arnold/Oxford University Press 2002.
- Collard, Frank. *The Crime of Poison in the Middle Ages*. Deborah Nelson-Cambell (trans). Westport: Praeger, 2008.
- Conrad, L. "The Plague in Bilad al-Sham in Pre-Islamic Times." in M. A. Bakhit and M. Asfour (eds). *Proceedings on the Symposium on Bilad al-Sham During the Byzantine Period.* vol. 2, Amman: University of Jordan, 1986.
- Conrad, Lawerence I. and Neve, Michael et al. *The Western Medical Tradition: 800 BC to AD 1800*. Cambridge: Cambridge University Press, 1995.
- Conrad, Lawrence I. "The Biblical Tradition for the Plague of the Philistines." *Journal of the American Oriental Society.* 104(2), (1984).
- Davis, D. E. "The scarcity of rats and the black death: an ecological history." *Journal of Interdisciplinary History.* vol. 16, (1986).
- Dean, Katharine R. et al. "Human ectoparasites and the spread of plague in Europe during the Second Pandemic." *Proceedings of the National Academy of Science of the United States of America.* vol. 115, no. 6(2018).
- Demeure, Christian E. "Yersinia pestis and plague: an updated view on evolution, virulence determinants, immune subversion, vaccination, and diagnostics." *Genes and Immunity.* vol. 20, no. 5(2019).
- Dickson, Gary. "The Flagellants of 1260 and the crusades." *Journal of Medieval History.* 15(3), 1989.

- Dols, M. W. "Plague in Early Islamic History." *Journal of the American Oriental Society*. 94, (1974).
- Dols, Michael Walters. *The Black Death in the Middle East*. Princeton and New Jersey: Princeton University Press, 2019.
- Drancourt, M. et al. "Yersinia pestis as a telluric, human ectoparasite-borne organism." *The Lancet. Infectious Diseases.* vol. 6, no. 4(2006).
- Einolf, Christopher J. "The Fall and Rise of Torture: A Comparative and Historical Analysis." *Sociological Theory*. 25(2), (2007).
- Eisen, Rebecca J. et al. "Persistence of Yersinia pestis in soil under natural conditions." *Emerging Infectious Diseases.* 14(6), (2008).
- Ell, Stephen R. "Immunity as a Factor in the Epidemiology of Medieval Plague." *Review of Infectious Diseases.* vol. 6, (1984).
- Ell, Stephen R. "The Interhuman Transmission of Medieval Plague." *Bulletin of the History of Medicine*. vol. 54, (1980).
- Fabbri, Christiane Nockels. "Treating Medieval Plague: The Wonderful Virtues of Theriac." *Early Science and Medicine.* 12(3), (2007).
- Falk, Avner. *A psychoanalytic history of the Jews*. New Jersey: Associated University Presses, 1996.
- Fischbach, Frances Talaska and Dunning, Marshall Barnett. *A Manual of Laboratory and Diagnostic Tests*. New York and London: Lippincott Williams & Wilkins, 2009.
- Foa, Anna. *The Jews of Europe after the Black Death*. Berkeley and Los Angeles: University of California Press, 1992.
- Fournier, Pierre-Edouard et al. "Human pathogens in body and head lice." *Emerging infectious diseases.* vol. 8, no. 12(2002).

- Fredricks, Randi. *Fasting: An Exceptional Human Experience.* San Jose: All Things Well Publications, 2013.
- Freedman, Paul. "Rural Society." In Michael Jones (ed). The New Cambridge Medieval History 6. Cambridge: Cambridge University Press, 2008.
- French, Roger. *Canonical Medicine: Gentile da Foligno and Scholasticism*. Leiden: Brill, 2001.
- Frye, R. N. "The Political History of Iran under the Sasanians." In Eshan Yarshater (ed). *The Cambridge History of Iran.* vol 3(1), Cambridge: Cambridge University Press, 2003.
- Fyodorov, V. N. "The Question of the Existence of Natural Foci of Plague in Europe in the Past." *Journal of Hygiene, Epidemiology, Mirobiology and Immunology.* 4, (1960).
- Gani, R. and Leach, S. "Epidemiologic Determinants for Modeling Pneumonic Plague Outbreaks." *Emerging infectious diseases.* vol. 10, no. 4(2004).
- Geroge the Pisidian, "The Persian Campaign," "The Avar War," and "Heraclius." In Hans Belting. *Likeness and Presence: A History of the Image before the Era of Art*. Edmund Jephcott (trans). Chicago and London: The University of Chicago Press, 1996.
- Gibbs, Frederick W. "Medical Understanding of Poison circa 1250~1600." PhD diss. University of Wisconsin-Madison, 2009.
- Gibbs, Frederick W. *Poison, Medicine, and Disease in Late Medieval and Early Modern Europe*. New York: Routledge, 2019.
- Gilbert, M. Thomas P. et al. "Absence of Yersinia pestis-specific DNA in human teeth from five European excavations of putative plague victims." *Microbiology.* vol. 150, (2004).
- Gilchrist, John. "The Perception of Jews in the Canon Law in the Period of the First Two Crusades." *Jewish History*. 3(1), (1998).

- Girard, René. *Le bouc émissaire*. 김진석 옮김. 『희생양』. 서울: 민음사, 2007.
- Gobel, Eric A. "Liturgical Processions in the Black Death." *The Hilltop Review*. 9(2), (2017).
- Goldberg, Jeremy. "Introduction." *In The Black Death In England*. Mark Ormrod and P. G. Lindley (eds). Stamford: Paul Watkins, 1996.
- Gomes, Celso de Sousa Figueiredo. "Healing and edible clays: a review of basic concepts, benefits and risks." *Environ Geochem Health*. 40, (2018).
- Gottfried, Robert S. *The Black Death: Natural and Human Disaster in Medieval Europe*. New York: Free Press, 1983.
- Grant, Mark. *Galen on Food and Diet*. London: Routledge, 2000.
- Grayzel, S. *The church and the Jew in the XIIIth century: A study of their relations during the years 1198~1254, based on the Papal Letters and Conciliar Decrees of the period*. New York: Hermon Press, 1966.
- Green, M. H. "Editor's Introduction to Pandemic Disease in the Medieval World: Rethinking the Black Death." *The Medieval Globe*. 1, (2014).
- Green, Monica H. "Putting Africa on the Black Death map: Narratives from genetics and history." *Afriques*. 09, (2018). (https://journals.openedition.org/afriques/2125).
- Grigsby, Bryon Lee. *Pestilence in Medieval and Early Modern English Literature*. New York: Routledge, 2004.
- Guiguen, C. and Beaucournu, J. C. "Presence of Pulex irritans L. (Siphonaptera) in Burundi, plague risk area." *Bulletin de la Société de Pathologie Exotique*. vol. 72, nos. 5~6(1979).
- Gyug, Richard. "The Effects and Extent of the Black Death of 1348: New Evidence for Clerical Mortality in Barcelona." *Mediaeval Studies*. 45, (1983).

- Håland, Evy Johanne. "Water Sources and the Sacred in Modern and Ancient Greece and Beyond." *Water History.* 1(2), (2009).
- Hankin, E. H. "On the Epidemiology of Plague." *The Journal of Hygiene.* vol. 5, no. 1(1905).
- Harrison, Mark. *Disease and the Modern World: 1500 to the present day.* Cambridge: Polity, 2004.
- Hatcher, John. "England in the Aftermath of the Black Death." *Past & Present*, 144, (1994).
- Hauluck, F. W. "Terra Lemnia." *The Annual of the British School at Athens.* 16, (1909/1910).
- Hays, J. N. *Epidemics and Pandemics: Their Impacts on Human History.* SantaBarbara: ABC-CLIO, 2005.
- Hays, J. N. *The Burdens of Disease*. New Brunswick, New Jersey and London: Rutgers University Press, 1998.
- Herlihy, David. *Medieval and Renaissance Pistoia: The Social History of an Italian Town, 1200~1430.* New Haven: Yale University press, 1967.
- Hopley, Russell. "Plague, Demographic Upheaval and Civilisational Decline: Ibn Khaldūn and Muḥammad al-Shaqūrī on the Black Death in North Africa and Islamic Spain." *Landscapes.* 17(2), (2016).
- J., Norris. "East or West? The Geographic Origin of the Black Death." *Bulletin of the History of Medicine*. 51, (1977).
- Jarcho, Saul. "Galen's six non-naturals: a bibliographic note and translation." *Bulletin of the History of Medicine.* 44(4), (1970).
- Jouanna, Jacques. "Air, Miasma and Contagion in the time of Hippocrates and the survival of Miasmas in post-Hippocratic medicine." *Greek Medicine from Hippocrates to Galen*. Leiden: Brill, 2012.

- Kaplan, M. L. "Servitus Judaeorum: Biblical Figures, Canon Law, and the Construction of Hereditary Inferiority." In *Figuring Racism in Medieval Christianity*, Oxford: Oxford University Press, 2019.
- Karaberopoulos, Demetrios et al. "The theriac in antiquity." *The Lancet: Infectious Diseases.* 379(9830), (2012).
- Kelly, John. *The Great Mortality*. London: Harper Perennial, 2006.
- Kieckhefer, Richard. "Radical tendencies in the flagellant movement of the mid-fourteenth century." *Journal of Medieval and Renaissance Studies.* IV, (1974).
- King, Helen. ""First Behead Your Viper": Acquiring knowledge in Galen's poison stories." In Ole Peter Grell, Andrew Cunningham and Jon Arrizabalaga (eds). *"It All Dependes on the Dose": Poisons and Medicines in European History*. London: Routledge, 2018.
- Kinzeblach, Annemrie. "Infection, Contagion, and Public Health in Late Medieval and Early Modern German Imperial Towns." *Journal of the History of Medicine and Allied Science.* 61(3), (2006).
- Kleinhenz, Christopher et al. eds. *Medieval Italy: An Encyclopedia.* New York and London: Routledge, 2004.
- Koester, Craig R. *Revelation and the End of All Things.* Cambridge: Eerdmans Publishing, 2001.
- Laudisoit, A. et al. "Plague and the human flea, Tanzania." *Emerging infectious diseases.* vol. 13, no. 5(2007).
- Levack, Brian P. *The Witch-Hunt in Early Modern Europe*. 김동순 옮김. 『유럽의 마녀사냥』. 서울: 소나무, 2003.
- Levey, Martin. "Medieval Arabic Toxicology: The Book on Poisons of Ibn Wahshiya and Its Relation to Early Indian and Greek Texts." *Transactions of the American Philosophical Society.* 56(7), (1966).

- Liakat Ali Parapia, "History of bloodletting by phlebotomy." *British Journal of Haematology.* 143, (2008).
- Little, Lester K. "Life and Afterlife of the First Plague Pandemic." In Lester K. Little (ed). *Plague and the end of Antiquity: The Pandemic of 541~750*. Cambridge: Cambridge University Press, 2007.
- MacCulloch, Diarmaid. *A History of Christianity.* London: Penguin, 2010.
- Maddicott, John. "Plague in Seventh-Century England." In *Plague and the end of Antiquity*,
- Madhav, Nita et al. "Pandemics: Risks, Impacts, and Mitigation." In Jamison DT. et al. (ed). *Disease Control Priorities: Improving Health and Reducing Poverty.* 3rd edition. Washington: The International Bank for Reconstruction and Development, 2017.
- Maher, Sean P. et al. "Range-wide determinants of plague distribution in North America." *The American journal of tropical medicine and hygiene.* vol. 83, no. 4(2010).
- Malthus, Robert Thomas. *An Essay on the Principles of Population.* 이서행 옮김. 『인구론』. 서울: 동서문화사, 2011.
- Martin, C. J. "Discussion on the spread of plague." *The British Medical Journal.* vol. 2, no. 2654(1911).
- Meier, Mischa. "The 'Justinianic Plague': the economic consequences of the pandemic in the eastern Roman empire and its cultural and religious effects." *Early Medieval Europe.* 24(3), (2016).
- Moore, Robert I. *The Formation of a Persecuting Society: Authority and Deviance in Western Europe 950~1250*. Oxford: Blackwell, 2000.
- Morgan, Ewan. "The Physician Who Presaged the Germ Theory of Disease Nearly 500 Years Ago." *Scientific America*. (2021). (https://www.scientificamerican.com/article/the-physician-

who-presaged-the-germ-theory-of-disease-nearly-500-years-ago/).

- Morony, Michael G. "For Whom Does the Writer Write?: The First Bubonic Plague Pandemic According to Syriac Source." In Lester K. Little (ed). *Plague and the end of Antiquity: The Pandemic of 541~750*. Cambridge: Cambridge University Press, 2007.
- Munro, John H. "'Money Matters': A Critique of the Postan Thesis on Medieval Population, Prices, and Wages." In John Drendel (ed). *Crisis in the Later Middle Ages: Beyond the Postan-Duby Paradigm.* Turnhout: Brepols, 2015.
- Munro, John H. "Before and after the Black Death: money, prices, and wages in fourteenth-century England." (2004). (https://www.economics.utoronto.ca/public/working Papers/UT-ECIPA-MUNRO-04-04.pdf).
- Munro, John H. "Wage-stickiness, monetary changes, and real incomes in late-medieval England and the Low Countries, 1300~1500: did money matter." *Research in Economic History*. 21, (2003).
- Nagy, Piroska and Biron-Ouellet, Xavier. "A Collective Emotion in Medieval Italy: The Flagellant Movement of 1260." *Emotion Review.* 12(3), (2020).
- Nirenberg, David. *Communities of Violence: Persecution of Minorities in the Middle Ages*. Princeton: Princeton University Press, 1996.
- Numbers, Ronald L. and Amundsen, Darrel W. eds. *Caring and Curing: Health and Medicine in the Western Religious Traditions.* New York: Johns Hopkins University Press, 1986.
- O'Neill, Aaron. "Number of military and civilian deaths per country in the First World War 1914~1918." (2022.06.21.) <https://www.statista.com/statistics/1208625/first-world-war-fatalities-per-country/>;

- O'Neill, Aaron. "Second World War: fatalities per country 1939-1945." (2022.08.18.) <https://www.statista.com/statistics/1293510/second-world-war-fatalities-per-country/>.
- *Oxford English Dictionary Online.* 3rd ed. Oxford University Press, 2011. <https://www.oed.com/view/Entry/280254>.
- Penn, A. C. and Dyer, Christopher. "Wages and Earnings in Late Medieval England: Evidence from the Enforcement of the Labour Laws." *The Economic History Review.* 43(3), (1990).
- Petrie, G. F. "A short abstract of the plague commission's work in Bombay with regard to the rat-flea theory." *Transactions of The Royal Society of Tropical Medicine and Hygiene.* vol. 2, no. 2(1908).
- Photos-Jones, A. J. Halland E. "Accessing past beliefs and practices: the case of lemnian earth." *Archaeometry.* 50, (2008).
- Piarroux, R. et al. "Plague epidemics and lice, Democratic Republic of the Congo." *Emerging infectious diseases*, vol. 19, no. 3(2013).
- Piper, Kelsey. "Why the WHO waited to call the coronavirus a pandemic." *Voxmedia.* (2020.3.11) (https://www.vox.com/future-perfect/2020/3/9/21163412/who-coronavirus-covid19-pandemic-world-health-organization).
- Poland, J. D. and Dennis, D. T. "Plague." In P. S. Brachman and A, S. Evans (eds). *Bacterial Infections of Humans: Epidemiology and Control.* New York: Kluwer Academic/Plenum Publisher, 1998.
- Pollitzer, R. "A Review of Recent Literature on Plague." *Bulletin of the World Health Organization.* vol. 23, (1960).
- Pollitzer, R. "Plague Studies: Clinical aspects." Bulletin of the World Health Organization. vol. 9, (1953).

- Poos, L. R. "The Rural Population of Essex in the Later Middle Ages." *Economic History Review*. 38(4), (1985).
- Poos, L. R. "The Social Context of Statute of Labourers Enforcement." *Law and History Review*, 1(1), (1983).
- Postan, Michael M. "The economic foundations of medieval economy." In *Essays on Medieval Agriculture and General Problems of the Medieval Economy*. Cambridge: Cambridge University Press, 1973.
- Postan, Michael M. "The Trade of Medieval Europe: the North." In M. Postan et al. (eds). *Cambridge Economic History of Europe, vol. II: Trade and Industry in the Middle Ages.* Cambridge: Cambridge Univ. Press, 1952. reprint. edited by M. Postan and E. Miller. Cambridge: Cambridge Univ. Press, 1987.
- Postan, Michael M. and Titow, Jan Z. "Heriots and Prices on Winchester Manors." In *Essays on Medieval Agriculture and General Problems of the Medieval Economy.* Cambridge: Cambridge University Press, 1973.
- Postan, Michael M. *The Medieval Economy and Society: An Economic History of Britian, 1100~1500*. Cambridge: Cambridge University Press, 1972.
- Power, Eileen. "The Effects of the Black Death on Rural Organization in England." *History.* new series 3, (1918).
- Prestwich, Michael. *Edward I*. New Haven: Yale University Press, 1997.
- Puckett, Emily E. et al. "Commensal Rats and Humans: Integrating Rodent Phytogeography and Zooarchaeology to Highlight Connections between Human Societies." *BioEssays.* vol. 42, no. 5(2020).

- Raoult, Didier et al., "Molecular identification by "suicide PCR" of Yersinia pestis as the agent of Medieval Black Death." *Proceedings of the National Academy of Sciences.* vol. 97, no. 23(2000).
- Ratovojato, J. et al., "Yersinia pestis in Pulex irritans fleas during plague outbreak." *Emerging infectious diseases.* vol. 20, no. 8(2014).
- Reed, D. S. and Martinez, M. J. "Respiratory immunity is an important component of protection elicited by subunit vaccination against pneumonic plague." *Vaccine.* vol. 24, (2006).
- Reijniers, J. et al., "Plague epizootic cycles in Central Asia." *Biology letters.* vol. 10, no. 6(2014).
- Richardo, David. *On the Principles of Political Economy and Taxation.* 권기철 옮김. 『정치경제학과 과세의 원리에 대하여』. 서울: 책세상, 2019.
- Ring, Trudy ed. *International Dictionary of Historic Places.* vol 3. London and New York: Fitzroy Dearborn, 1995.
- Ritchie, Nora. "Labour Conditions in Essex in the Reign of Richard II." In E. M. Carus-Wilson (ed). *Essays in Economic History,* vol. II. London: Edward Arnold, 1962.
- Robert Sallares, Robert. "Ecology, Evolution, and Epidemiology of Plague." In Lester K. Little (ed). *Plague and the end of Antiquity: The Pandemic of 541~750*. Cambridge: Cambridge University Press, 2007.
- Rogers, J. E. T. "English before and after the Black Death." *Fortnightly Review*. 3, (1866).
- Routt, David. "The Economic Impact of the Black Death." Accessed January 3, 2022. (https://eh.net/encyclopedia/the-economic-impact-of-the-black-death/).
- Rudy, Kathryn. "Medieval medicine: astrological 'bat books' that told doctors when to treat patients." *The Conversation.*

(2019). (https://theconversation.com/medieval-medicine-astrological-bat-books-that-told-doctors-when-to-treat-patients-126737).

- Russell, J. C. "That Earlier Plague." *Demography.* 5(1), (1968).
- Russell, Josiah Cox. *British Medieval Population*. Albuquerque: University of New Mexico Press, 1948.
- Sarris, Peter. "Bubonic Plague in Byzantium: The Evidence of Non-Literary Sources." In Lester K. Little (ed). *Plague and the end of Antiquity: The Pandemic of 541~750*. Cambridge: Cambridge University Press, 2007.*Plague and the end of Antiquity*.
- Schimmel, Solomon. *The Seven Deadly Sins*, New York and Oxford: Oxford University Press, 1992.
- Schmandt, M. "Cologne, Jewish Centre on the Lower Rhine." In C. Cluse (ed). *The Jews of Europe in the Middle Ages (tenth to fifteenth centuries)*. Turnhout: Brepols, 2004.
- Schofield, Phillipp. "M. M. Postan and the Peasant Economy." In John Drendel (ed). *Crisis in the Later Middle Ages: Beyond the Postan-Duby Paradigm*. Turnhout: Brepols, 2015.
- Schotthoefer, Anna M. et al. "Effects of temperature on the transmission of Yersinia Pestis by the flea, Xenopsylla Cheopis, in the late phase period." *Parasite & Vectors.* vol. 4, no. 1(2011).
- Scott, S. and Duncan, C. J. "What caused the Black Death." *Postgraduate Medical Journal*, vol. 81, (2005).
- Scott, Susan and Duncan, Christopher J. *Biology of Plague: Evidence from Historical Populations*. Cambrdige: Cambridge University Press, 2004.
- Scott, Susan and Duncan, Christopher. *Return of the Black Death.* 황정연 역. 『흑사병의 귀환』. 서울: 황소자리, 2005.

- Seebohm, Frederic. “The Black Death and its Place in English History.” *Fortnightly Review.* 2, (1865).
- Shrewsbury, J. F. D. *A History of Bubonic Plague in the British Isles*. New York: Cambridge University Press, 1970.
- Signoli, N. “Reflections on crisis burials related to past plague epidemics.” *Clinical Microbiology and Infection.* vol. 18, no. 3(2012).
- Smith, A. “The susceptibility to dieldrin of Pulex irritans and Pediculus humanus corporis in the Pare area of north-east Tanganyika.” *Bulletin of the World Health Organization.* vol. 21, no. 2(1959).
- Snowden, Frank M. *Epidemics and Society: From the Black Death to the Present*. New Haven and London: Yale University Press, 2019.
- Spyrou, Maria A. and Tukhbatova, Rezeda I. et al. “Historical Y. pestis Genomes Reveal the European Black Death as the Source of Ancient and Modern Plague Pandemics.” *Cell Host & Microbe*. 19(8), (2016).
- Stacey, Robert C. “The Conversion of Jews to Christianity in Thirteenth-Century England.” *Speculum.* 67(2), (1992).
- Stathakopoulos, Dionysios. “Crime and Punishment: The Plague in the Byzantine Empire, 541~749.” In *Plague and the end of Antiquity*.
- Stone, Linda M. A. *“Slay them not”: Twelfth-Century Christian-Jewish Relations and the Glossed Psalms*. Leiden & Boston: Brill, 2019.
- Stow, Kenneth. “The ‘1007 anonymous’ and papal sovereignty: Jewish perceptions of the papacy and papal policy in the High Middle Ages.” In *Popes, Church, and Jews in the Middle Ages: Confrontation and Response*, Aldershot: Ashgate, 2007.
- The ultimate Stabat Mater site. <https://www.stabatmater.info/english-translation/>.

- Thorndike, Lynn. *A History of Magic and Experimental Science, Vols. III and IV: Fourteenth and Fifteenth Centuries*. New York: Colombia University Press, 1934.
- Thrupp, Sylvia Lettice. *Change in Medieval Society: Europe North of the Alps, 1050~1500*. Toronto: University of Toronto Press, 1988.
- Trachtenberg, Joshua. *The Devil and the Jews: The Medieval Conception of the Jew and its Relation to Modern Antisemitism*. New Haven: Yale University Press, 1983.
- Tsiamis, C. et al. "The Red Sea and the Port of Clysma. A Possible Gate of Justinian's Plague." *Gesnerus.* 66(2), (2009).
- Twigg, Graham. *The Black Death: A Biological Reappraisal*. London: Batsford, 1984.
- Twigg, Graham. "The Black Death and DNA." *The Lancet: Infectious Diseases.* vol. 3, no. 1(2003).
- Twitchett, D. "Population and Pestilence in T'ang China." In W. Bauer (ed), *Studia Sino-Mongolica.* Wiesbaden: Fritz Steiner, 1979.
- Ushedo, Benedict O. "Unloading Guilt: The Innocent Victim as Illustrated by James Baldwin and René Girard." *The Journal of Religious Thought*. 53/54(2/1), (1997).
- Varlik, Nükhet. "A Natural History of Plague," *Plague and Empire in the Early Modern Mediterranean World: The Ottoman Experience, 1347~1600*. Cambridge: Cambridge University Press, 2015.
- Varlık, Nükhet. "New Science and Old Sources: Why the Ottoman Experience of Plague Matters." *The Medieval Globe*, 1, (2014).
- Vauchez, Andri. *Sainthood in the later Middle Ages.* New York: Cambridge University Press, 2008.

- Vinogradoff, Paul. "Review of T. W. Page, The end of Villainage in England (New York, 1900)." *English Historical Review*. 15, (1900).
- Wagner, David M. et al. "Yersinia Pestis and the Plague of Justinian 541~543 AD: A Genomic Analysis." *The Lancet: Infectious Diseases.* vol. 14, no. 4(2014).
- Walløe, Lars. "Medieval and Modern Bubonic Plague: Some Clinical Continuities." In Vivian Nutton (ed). *Pestilential Complexities: Understanding Medieval Plague*. London: Well-come Trust for the History of Medicine, 2008.
- Wee, John Z. "Discovery of the Zodiac Man in Cuneiform." *Journal of Cuneiform Studies*. 67, (2015).
- Whalen, B. E. "Contesting the End of Days." *Dominion of God: Christendom and Apocalypse in the Middle Ages.* Cambridge, Harvard University Press, 2009.
- Whittow, M. *Making of Orthodox Byzantium 600~1025*. London: Macmillan, 1996.
- William, E. Watson. "The End of an Epoch." *Greece & Rome.* 9(2), (1962).
- Winkler, Albert. "'The Clamor of the People': Popular Support for the Persecution of Jews in Switzerland and Germany at the Approach of the Black Death, 1348~1350." *Swiss American Historical Society Review.* 53(2), (2017).
- Winkler, Albert. "The Approach of the Black Death in Switzerland and the Persecution of Jews, 1348~1349." *Swiss American Historical Society Review*. 43(3), (2007).
- Winkler, Albert. "The Medieval Holocaust: The Approach of the Plague and the Destruction of Jews in Germany, 1348~1349." *Federation of East European Family History Societies.* XIII, (2005).

- Yaguchi, Naohide. ""Non naturals" in Islamic medicine." *Journal of the Japanese Society for the History of Medicine.* 56(1), (2010).
- Yang, Ruifu. "Plague: Recognition, Treatment, and Prevention." *Journal of Clinical Microbiology.* vol. 56, no. 1(2018).
- Yuval, Israel Jacob. *Two nations in Your Womb: Perceptions of Jews and Christians in Late Antiquity and the Middle Ages*. Los Angeles: University of California Press, 2006.
- Ziegler, Philip. *The Black Death*. New edition. Sutton: Sutton Publishing, 2003.
- Zinsser, Hans. *Rats, Lice, and History.* New York: Routledge, 1935.
- 남종국.「흑사병 서유럽 전파에 관한 오해와 왜곡: 무시스의 기록을 중심으로」.『의사학』. 30(3), (2021.12).
- 네이버 시사상식사전. Accessed 2022년 1월 10일, https://terms.naver.com/entry.naver?docId=69862&cid=43667&categoryId=43667.
- 박흥식.「중세 말기 유럽의 성직자와 교회에 미친 흑사병의 영향」.『서양사연구』. 44, (2011).
- 박흥식.「흑사병과 중세 말기 유럽의 인구문제」.『서양사론』. 93, (2007).
- 박흥식.「흑사병이 잉글랜드의 성직자와 교회에 미친 영향」.『통합연구』. 21(1), (2019).
- 반덕진.「그리스 고전에 나타난 전염병의 원인에 관한 인식」.『의철학연구』. 16, (2013).
- 신규환.『페스트 제국의 탄생: 제3차 페스트 팬데믹과 동아시아』. 서울: 역사공간, 2020.
- 윌리엄 맥닐 저. 김우영 역.『전염병의 세계사』. 서울: 이산, 2012.

- 이상덕.「고대 그리스 비극에 나타난 미아스마($\mu\acute{\iota}\alpha\sigma\mu\alpha$) 개념과 히포크라테스」.『사총』. 106, (2022).
- 이상동.「영혼의 질병, 나병: 11~14세기 서유럽에서」.『사림』. 27, (2007).
- 이상동.「유사 이래 최초의 팬데믹: 유스티니아누스 역병」.『역사비평』. 132, (2020).
- 이상동.「흑사병 창궐과 유대인 학살(pogrom): 1348~1351년 유대인 음모론과 사회적 대응」.『서양중세사연구』. 47, (2021a).
- 이상동.「채찍질 고행: 1260년과 흑사병 창궐 시기(1348~1349년) 활동에 대한 비교사적 접근」.『사림』. 75, (2021b).
- 이상동.「흑사병(Black Death) 병인(病因)론: 흑사병은 페스트인가」.『서양사론』. 149, (2021c).
- 이상동.「흑사병 창궐과 잉글랜드의 사회·경제적 변화: 임금 인상에 대한 논의를 중심으로」.『서양중세사연구』. 49, (2022a).
- 이상동.「1347/8년~1351년 제1차 흑사병 창궐 원인에 대한 당대 의학계의 인식: 전통적 인식론에서 독(poison) 이론까지」.『의사학』. 31(2), (2022b).
- 이상동.「흑사병 예방법: 14세기 후반~15세기 전반기 서유럽 의학계 관점에서」.『사림』. 83, (2023).
- 자크 르 고프, 장 샤를 수르니아 편. 장석훈 역.『고통받는 몸의 역사』. 서울: 지호, 2000년.
- 천문학백과. (https://terms.naver.com/entry.naver?docId=5647305&cid=62801&categoryId=62801).
- 한국컴퓨터선교회. 인터넷성경. (http://kcm.co.kr/bible/korea.html).
- 『가톨릭 성경』.「탈출기」. 11~14장,「사뮤엘기 하권」. 24장, (https://bible.cbck.or.kr/Knb).

- “First Covid-19 case happened in November, China government records show: report.” *The Guardian.* (2020. 3. 13)
- (https://www.theguardian.com/world/2020/mar/13/first-covid-19-case-happened-in-november-china-government-records-show-report).
- “Past pandemics.” WHO. (http://www.euro.who.int/en/health-topics/communicable-diseases/influenza/pandemic-influenza/past-pandemics).
- “What Is a Pandemic?” WHO. (2010. 2.24) (https://www.who.int/csr/disease/swineflu/frequently_asked_questions/pandemic/en/).
- “WHO Director-General’s opening remarks at the media briefing on COVID-19: 11 March 2020.” (https://www.who.int/dg/speeches/detail/who-director-general-s-opening-remarks-at-the-media-briefing-on-covid-19---11-march-2020).
- 『분자·세포생물학백과』. 「천연두」. (https://terms.naver.com/entry.nhn?docId=5751277&cid=61233&categoryId=61233).
- 『서울대학교병원 의학정보』. 「탄저병」. (https://terms.naver.com/entry.nhn?docId=926615&cid=51007&categoryId=51007).
- UN News. “WHO chief declares end to COVID-19 as a global health emergency.” (https://news.un.org/en/story/2023/05/1136367).
- WHO. (https://www.who.int/emergencies/diseases/novel-coronavirus-2019).

찾아보기

사

아

자

차

카

타

파

하

기타

총서 知의회랑 arcade of knowledge 을 기획하며

대학은 지식 생산의 보고입니다. 세상에 바로 쓰이지 않더라도 언젠가는 반드시 인류에 필요할 지식을 생산하고 축적하며 발전시키는 일을 끊임없이 해나갑니다. 오랫동안 대학에서 생산한 지식은 책이란 매체에 담겨 세상의 지성을 이끌어왔습니다. 그 책들은 콘텐츠를 저장하고 유통시키며 활용하게 만드는 매체의 차원을 넘어, 인간의 비판적 사유 능력과 풍부한 감수성을 자극하는 촉매의 역할을 충실히 해왔습니다.

이와 같은 '책을 읽는다'는 것은 단순히 지식과 정보를 습득하는 데 멈추지 않고, 시대와 현실을 응시하고 성찰하면서 다시 그 너머를 사유하고 상상함을 의미합니다. 그러므로 '세상의 밑그림'을 그리는 책무를 지닌 대학에서 책을 펴내는 것은 결코 가벼이 여겨선 안 될 일입니다.

이제 우리는 다양한 방식으로 존재하는 지식과 정보, 그리고 사유와 전망을 담은 책을 엮어 현존하는 삶의 질서와 가치를 새롭게 디자인하고자 합니다. 과거를 풍요롭게 재구성하고 미래를 창의적으로 기획하는 작업이 다채롭게 펼쳐질 것입니다.

대학의 심장부에 해당하는 도서관이 예부터 우주의 축소판이라 여겨져 왔듯이, 그곳에 체계적으로 배치된 다양한 책들이야말로 이른바 학문의 우주를 구성하는 성좌와 다름없습니다. 우리는 그 빛이 의미 없이 사그라들지 않기를, 여전히 어둡고 빈 서가를 차곡차곡 채워가기를 기대합니다.

앎을 쉽게 소비하는 시대를 살고 있지만, 다양한 앎을 되새김함으로써 학문의 회랑에서 거듭나는 지식의 필요성에 우리는 공감합니다. 정보의 홍수와 유행 속에서도 퇴색하지 않을 참된 지식이야말로 인간이 가야 할 길에 불을 밝혀줄 수 있기 때문입니다. 앞으로 대학이란 무엇을 하는 곳이며, 왜 세상에 남아 있어야 하는 곳인지 끊임없이 되물으며, 새로운 지의 총화를 위한 백년 사업을 시작하겠습니다.

총서 '知의회랑' 기획위원

안대회 · 김성돈 · 변혁 · 윤비 · 오제연 · 원병묵

지은이 이상동

성균관대학교 역사교육과와 동 대학원 사학과를 졸업하고, 영국 스털링대학(University of Stirling)에서 「왕실 숭배공간으로서 던펌린수도원의 발전과 변화(The Development of Dunfermline Abbey as a royal centre c. 1070~c. 1420)」로 박사학위를 받았다. 전남대학교 역사교육과를 거쳐 현재 성균관대학교 사학과 교수로 있다.

종교문화사와 정치사를 기반으로 스코틀랜드 중세사에 집중해왔다. 코로나19 팬데믹을 전후로 지난 몇 년간 서유럽의 흑사병 연구에도 주의를 기울였다. 앞으로는 잉글랜드 중세사로 영역을 확장해 중세 맥락에서 잉글랜드의 정체성 형성에 대해 탐색해볼 계획이다.

주요 논문으로 「만들어진 컬트: 성 토마스 베켓(St. Thomas Becket) 숭배의식과 '베켓성수(Becket's water)'」, 「민족 상징물의 기원: 스코틀랜드의 민족 아이콘, '운명의 돌'의 경우」, 「왕국의 수호성인 만들기: 스코틀랜드의 수호성인 성 안드레아의 경우」, 「1347/8년~1351년 1차 흑사병 창궐 원인에 대한 당대 의학계의 인식: 전통적 인식론에서 독(poison) 이론까지」, 'Recreating the Devotional space of Dunfermline Abbey Between Ca. 1124~1180', 'The Miracles and Cult of St Margaret of Scotland' 등이 있다.

知의회랑
arcade of knowledge
039

중세 서유럽의 흑사병

사상 최악의 감염병과 인간의 일상

1판 1쇄 발행 2023년 11월 20일
1판 2쇄 발행 2024년 7월 30일

지 은 이 이상동
펴 낸 이 유지범
책임편집 현상철
편 집 신철호·구남희
마 케 팅 박정수·김지현
펴 낸 곳 성균관대학교출판부
등 록 1975년 5월 21일 제1975-9호
주 소 03063 서울특별시 종로구 성균관로 25-2
전 화 02)760-1254
팩 스 02)762-7452
홈페이지 http://press.skku.edu

ISBN 979-11-5550-602-8 93920

값 26,000원